中国外语教育研究丛书

刘道义 主编

陈自鹏 著

英语高效教学论

YINGYU GAOXIAO JIAOXUELUN

广西教育出版社

南宁

序　一

　　由广西教育出版社策划、刘道义研究员主编的"中国外语教育研究丛书"是出版界和外语教学界紧密合作的一个重大项目。广西教育出版社归纳了本丛书的几个特色：基于中国特色的比较研究，原创性、研究性和可操作性，理论与实践相结合，学科和语种相融合，可读性较强。道义研究员则谈到五点，即理论性、实践性、创新性、研究性、可读性。我非常赞同来自出版社和主编的归纳和总结，尽可能不再重复。在这里，只是从时代性方面汇报一下自己的感受。第一，本丛书上述各个特色具有新时期所散发的时代气息。众所周知，我国的外语教育在20世纪50年代以俄语及其听、说、读、写四项技能的教学为主，改革开放后强调的是英语交际教学法。进入新时期后，我国外语教育的指导思想着眼于如何更好地为"一带一路"倡议和"教书育人"素质教育服务。应该说，外语教材和有关外语教学理念的专著在我国不同时期均有出版，但本丛书更能适应和满足新时期的要求。如果说过去出版社关注的是如何让外语教材在市场上占有一定的份额，那么，本丛书更关注的是如何指导外语教师做好本职工作，完成国家和学校所交给的任务，让学生收到更好的学习效果，让家长和社会提高对外语教学重要性的认识。当然，这套丛书也帮助外语教师实现从"教书匠"转变为真正的外语教学工作者，使他们既是教师，又是研究者。第二，本丛书的内容不仅适用于英、俄、日、法、德等传统外语语种，也适用于其他非通用语种。第三，就本丛书的选题而言，除传统的技能教学和教育学外，还有社会学、心理学、哲学、美学、神经学等内容。这体现了当代多种学科相互融合的先进思想。随着信息技术的发展，多模态的课堂教学和网络教学已成为本丛书关注的选题内容。

我和本丛书的主编刘道义研究员相识多年。由于她从不张扬，因此我有必要以老大哥的身份来介绍一下她。第一，道义自 1960 年从北京外国语学院（今北京外国语大学）毕业后，从事大、中、小学英语教学工作 17 年，对不同层次的外语教学均有亲身体验。第二，从1977 年 8 月起，道义参加了历次的全国中小学英语教学大纲编制工作，编写和修订了 12 套中小学英语教材，并承担其中 9 套教材的主编工作；编著教师理论丛书 4 套、中学生英语读物 2 套、英语教学辅助丛书 3 套；发表有关英语教学改革的文章百余篇。由此可见，除参与教学实践外，她还长期从事外语教学理论的研究。最近在许多学校内时有争论，那就是教师只要教书即可，不必费神搞研究。我想道义以自己的行动回答了这个问题。第三，道义曾任教育部中小学教材审定委员会英语专家组组长、中国教育学会外语教学专业委员会理事长、课程教材研究所副所长、人民教育出版社副总编辑。这表明道义具有很强的领导和组织能力。第四，道义曾任党的十四大代表，我认为这说明了道义本人的政治品质好。党员既要把握正确的政治方向，又要在业务工作中起表率作用。所有这些归纳成一句话，本丛书主编非道义莫属。

除道义外，本丛书汇聚了我国从事外语教育研究的专家和名师。以道义所在的人民教育出版社为例，就有吴欣、李静纯、唐磊三位研究员参与编写工作。我退休后曾经在北京师范大学兼课 10 年，见到丛书各分册的作者名单上有王蔷、程晓堂、罗少茜等大名，顿时兴奋起来。这些当年的同事和年轻学者承担了本丛书 15 卷编写任务中的 4卷，实力雄厚，敢挑重担，我为之感到骄傲。作者名单上国内其他师范院校从事外语教育的领导和专家有华东师范大学的邹为诚、华南师范大学的何安平、东北师范大学的高凤兰、浙江师范大学的付安权、福建师范大学的黄远振、天津师范大学的陈自鹏，来自综合性大学的则有清华大学的崔刚、范文芳和中国人民大学的庞建荣。在这个意义上，本丛书是对我国外语教育研究力量的一次大检阅。难怪本丛书的一个特色是中外外语教育思想和理论的比较研究，而且重点是中国外语教育的实践和理论。上述作者中不少是我的老相识。虽然有的多年未见，如今见到他们仍活跃在第一线，为我国的外语教育事业而奋斗，令我肃然起敬。祝他们身体健康，在事业上更上一层楼。上述作者中有两位（范文芳教授和程晓堂教授）是我在北京大学和北京师范大学指导过的博士生。目睹当年勤奋学习的年轻学子，现已成为各自学校的教学科研骨干，内心一方面感到欣慰，一方面感到自己落在后面了。

本丛书的策划者广西教育出版社成立于1986年12月。就出版界来说，时间不算太早，但本丛书的成功出版在于该社英明的办社方针。据了解，该社主要出版教育类图书。其中教师用书和学术精品板块是该社最为器重的。本丛书的良好质量和顺利出版还得益于该社两个方面的经验。首先，早在20世纪90年代，该社已出版了一套外语学科教育理论丛书（胡春洞、王才仁主编）。该丛书总结了改革开放后外语学科教育研究的成果，展示了其发展的前景，给年轻一代学者的成长提供了帮助，在外语教学界产生了很好的影响，为本丛书的组织和编写提供了宝贵的经验。其次，新时期以来，该社相继出版了数学、化学、物理、语文等学科教育研究丛书，积累了较多经验，如今策划、组织和出版"中国外语教育研究丛书"更是驾轻就熟。

天时、地利、人和，在此背景下诞生的"中国外语教育研究丛书"必然会受到国内外外语教学界和出版界的欢迎和重视。我很荣幸，成了第一批点赞人。

北京大学外国语学院
2016年12月1日

胡壮麟简介：教育部基础教育课程教材专家咨询委员会委员，北京大学资深教授、博士生导师。曾任教育部高等学校外语专业教学指导委员会委员、英语组副组长，中国英语教学研究会副会长，中国语言与符号学研究会会长，中国高校功能语法教学研究会会长。

序 二

一年多以前，当我接到广西教育出版社的邀请，让我主编一套外语教育理论研究丛书时，我欣然接受了。我担此重任的这份自信并非源于自己的学术水平，而是出自我对外语教育事业的责任和未竟的情结。

我这辈子从事外语教育，无非是跟书打交道：读书、教书、编书、写书。虽然教书认真，有良好的英语基础，但成绩平平。因为缺乏师范教育，并不懂得有效的教学方法。然而，17年的大、中、小学教学为我后来的编书和写书提供了宝贵的实践经验。改革开放后，我有幸参加了国家英语课程和教材的研制工作，零距离地与教育专家前辈共事，耳濡目染，有了长进；又有幸出国进修、考察，与海外同行交流切磋，合作编写教材、研究教法、培训师资，拓宽了视野。由于工作需要，我撰写了不少有关英语教育、教学的文章。文章虽多，但好的不多。为了提升自己的理论水平，我对语言教学理论书籍产生了浓厚的兴趣。退休后有了闲空，我反倒读了许多书，而这些书很给力，帮助我不断写文章、写书。2015年，我实现了一个心愿，就是利用我的亲身经历为我国的英语教育做些总结性的工作。我与同行好友合作，用英文撰写了《英语教育在中国：历史与现状》一书，又用中文写了《百年沧桑与辉煌——简述中国基础英语教育史》和《启智性英语教学之研究》等文章。

我已近耄耋之年，仍能头脑清楚，继续笔耕不辍，实感欣慰。

当我正想动笔写一本书来总结有关英语教材建设的经验时，我收到了广西教育出版社的邀请信。这正中我的下怀，不仅使我出书有门，还能乘此机会与外语界的学者们一起全面梳理改革开放以来，特别是这十几年的外语教育教学的研究成果。我计划在20世纪90年代出版的，由胡春洞、王才仁先生主编的外语学科教育理论丛书的基础上进行更新和补充。发出征稿信后，迅速得到了反馈，10所大学及教育研究机构的多位学者积极响应，确定了15个选题，包括外语教学论、教与学的心理过程研究、课程核心素养、教学资源开发、教学策略、教学艺术论、教师专业发展、信息技术的运用、教材的国际比较研究等。

作者们都尽心尽力，克服了种种困难，完成了写作任务。我对所有的作者深表谢意。同时，我还要感谢胡壮麟教授对此套丛书的关心、指导和支持。

综观全套丛书，不难发现此套丛书的特点主要反映在以下几个方面：

一、理论性。理论研究不仅基于语言学、教育学，还涉及社会学、心理学、哲学、美学、神经学等领域。语种不只限于英语，还有日语和俄语。因此，书中引用的理论文献既有西方国家的，也有东方国家的。

二、实践性。从实际问题出发，进行理论研究与分析，提供解决问题的策略和案例。

三、创新性。不只是引进外国的研究成果，还反映了我国改革开放以来的教育改革历程，具有鲜明的中国特色，而且还开创了基础教育教材国际比较的先例。

四、研究性。提供了外语教育科学研究的方法。通过案例展示了调查、实验和论证的过程，使科学研究具有可操作性和说服力。

五、可读性。内容精练，言简意赅，深入浅出，适合高等院校、基础教育教学与研究人员阅读。

此套丛书为展示我国近十几年的外语教育理论研究成果提供了很好的平台，为培养年轻的外语教育研究人才提供了很好的平台，为广大外语教研人员共享中外研究成果提供了很好的平台，也在高等教育机构的专家和一线教学人员之间建起了联通的桥梁。为此，我衷心感谢平台和桥梁的建造者——广西教育出版社！

我除组稿外，还作为首位读者通读了每一本书稿，尽了一点儿主编的职责。更重要的是，我从中了解到了我国外语教育近期的发展动态，汲取了大量信息，充实了自己，又一次体验了与时俱进的感觉。为此，我也很感谢广西教育出版社给了我这个学习的机会。

1998 年，我曾经在我的文章《试论我国基础外语教学现代化》中预言过，到 21 世纪中叶中华人民共和国成立一百年时，我国的基础外语教学将基本实现现代化。今天，这套丛书增强了我的信心。我坚信，到那时，中国不仅会是世界上一个外语教育的大国，而且会成为一个外语教育的强国，将会有更多的中国成功经验走出国门，贡献给世界！

刘道义

2016 年 11 月 21 日

刘道义简介：课程教材研究所研究员、人民教育出版社编审。曾任中国教育学会外语教学专业委员会理事长、课程教材研究所副所长、人民教育出版社副总编辑。曾参与教育部中学英语教学大纲的编订和教材审定工作。参加了小学、初中、高中 12 套英语教材和教学参考书的编写和修订工作。著有《刘道义英语教育自选集》《英语教育在中国：历史与现状》，主编"著名英语特级教师教学艺术丛书"、《基础外语教育发展报告（1978—2008）》、《新中国中小学教材建设史 1949—2000 研究丛书：英语卷》等，并撰写了有关英语教育与教学的文章 100 多篇。

前　言

　　对于如何实现英语高效教学，仁者见仁，智者见智，众说纷纭，世人关注。可以毫不夸张地说，它不仅是中国教育领域的一个难题，也是世界教育领域不好解决的问题之一。

　　著者在英语高效教学研究中有两个发现。一是高效教学研究始于西方。西方高效教学的研究理论根基深厚，实践成果丰富，尤其是巴班斯基教学过程最优化理论和梅里尔高效教学首要原理对我们推动高效教学有着启发和借鉴作用。一般来说，研究中国的高效教学应该首先研究西方高效教学的理论和实践。二是高效教学研究始于有效教学研究。从国际上看，有效教学研究经历了三个历史阶段，相关一些理论译介到国内后，引起了我国理论工作者和实践工作者的关注，国内部分地区不少教师先后开展了有效教学实验和高效教学实验，取得了很多值得研究、借鉴、推广的成果。这些理论和实践成果若能得到进一步研究、推广和借鉴，英语教学效率、效果、效益一定会大有改观。这也是高效教学研究的价值和魅力所在。

　　研究伊始，著者反复问自己一个问题：高效教学究竟是怎样实现的？或者说它跟哪些关键要素有关？通过长期的观察发现，英语课堂教学呈现出不同的形态，大概有五种基本的类型：无效教学、低效教学、等效教学、有效教学和高效教学。毋庸置疑的是，高效教学才是理论工作者和实践工作者的理想追求。为了进一步弄清高效教学的成因，著者选择五所中小学 20 名英语高成效教师和一所市重点中学高一、高二 20 名高成效学生进行了问卷调查，通过统计分析最后确定目的、过程、方法、模式、规律应该是实现高效教学的五个关键要素，在此基础上形成了英语高效教学实践架构模型。

本书分为概论、目的论、过程论、方法论、模式论和规律论，共六章二十二节。第一章概论重点讨论了国内外有效教学和高效教学理论研究的历史和现状，分别论述了实际存在的五种基本类型教学的特点，以及英语高效教学实践架构模型形成的过程和意义。第二章目的论简要阐述了教育方针和英语教育教学目的的历史演变过程，描述了英语教育教学目标历史演变的轨迹，明确提出教育教学目的在实现高效教学过程中的重要性。第三章过程论详细探讨了如何优化教学目标、教学环节、教学策略、教学评价以真正实现英语高效教学。毋庸讳言，教学过程优化是实现高效教学的关键所在。第四章方法论系英语教与学的系列方法专论，专门论述语音、词汇和语法知识的具体教学方法，并系统论述了高效提升英语听、说、读、写技能的不同方法。第五章模式论主要介绍了国内外经典的英语教学模式和国内一些有影响的英语教学模式。众所周知，教学模式是教学理论和教学实践之间的桥梁，高效教学需要行之有效的教学模式。本书对各种英语教学模式的理论基础和教学程序做了简要分析，并对其中一些实用的教学模式列有课堂教学举隅。第六章规律论集中论及和揭示英语语言规律和英语教学规律。规律是事物之间内在的、本质的、必然的联系。研究高效教学，规律探讨至关重要。英语教师只有研究、遵循、运用语言规律和教学规律，教学才能真正做到有效乃至高效。

著者在研究过程中精选和引用了国内外理论工作者、一线实践工作者以及自己和同事们大量的原汁原味的研究成果，以备他人后续研究之用。在此，向所引成果的所有作者、译者、出版社表示衷心的感谢。

感谢人民教育出版社刘道义编审的热情关怀、悉心指导和高度信任，感谢广西教育出版社黄力平编审，邓霞、潘安、陶春艳编辑和其他工作人员始终如一的支持。感谢我的同事，中学高级教师曹甘、高秋舫和杨文清以及外地几位教师为国内外部分经典的英语教学模式提供了鲜活的教学设计案例。另外，也要感谢天津市河东区天铁教育中心所属中小学部分师生参与调查问卷。感谢王志强、崔永海、白玉芬在资料收集等方面提供的热情帮助。

研究的过程是个学习的过程、探索的过程，也是提升的过程。学习中发现了很多自己过去没有发现的东西，探索中发现了很多自己过去没有关注的问题，提升中发现了自己过去在理论研究和实践研究中的短板。对自己而言，这过程本身就是专业发展和成长，因此著者十分感恩这个研究的过程带来的喜悦和收获。

最后需要说明的是，高效英语教学研究实际上是个非常复杂的课题，研究本身也是一个逐步纠正错误逐步向真理靠近的过程。受自己学术视野和著作篇幅所限，本书收入的理论和实践成果可能会挂一漏万，观点谬误也在所难免。心怀忐忑但满怀赤诚地捧上自己的一点研究心得，诚请并感谢方家不吝批评斧正。

2018 年 1 月

目 录

第一章 概 论

1862 年，英语课程进入京师同文馆。经历 160 多年的改革变迁，英语在中国的中小学落下脚、扎下根。然而，英语怎么学、怎么教，怎么有效地学、怎么有效地教，怎么高效地学、怎么高效地教，一直是教师、学生和理论研究工作者十分关注的问题。

其实，英语教学效果问题不仅学英语的中国人关注，操本族语的外国人也很关注。美国人比尔·布莱森在其所著《布莱森英语简史》中就揶揄说，当今世界有 3 亿人说英语，其余的人则在努力学习英语，至于学习的效果如何，客气地说，也只是好坏参半。[1]

刘润清在《刘润清英语教育自选集》中指出，一直以来，学生在探索学习道路，教师在探索行之有效的教学方法，都在力求提高教学效率。[2] 显然，有效教学、高效教学始终是教师、学生和理论研究工作者的理想追求。

追根溯源，国外对有效教学和高效教学的研究比我们起步要早。洋为中用，其经验和成果在中国国内的介绍和研究对指导我们开展英语有效教学和高效教学实践和研究有着促进作用。

---

[1] 布莱森. 布莱森英语简史［M］. 曾琳，赵菁，译. 北京：中国人民大学出版社，2013：2-10.

[2] 刘润清. 刘润清英语教育自选集［M］. 北京：外语教学与研究出版社，2007：序言.

第一节　国外有效教学与高效教学研究

有学者指出，自教学活动诞生以来，大量教育研究者和教育实践者就一直在努力研究和探索降低教学所耗，增大教学所得。西方有效教学研究始于 20 世纪 20 年代初，这一概念频繁地出现在英语教育文献之中，引起了世界各国学者的广泛关注。然而，有效教学作为鲜明的教学理念和教学追求，历史并不长，国内的研究刚起步不久。[1]有效教学研究是高效教学研究的基础，研究高效教学当从有效教学研究开始。

一、国外有效教学研究的三个阶段

文献研究结果显示，20 世纪初至今，国外有效教学研究主要经历了三个阶段：

第一阶段，有效教师特征研究（20 世纪 20 年代初至 50 年代末）。有效教学的早期研究集中于教师的人格、态度、品质和经验，少有研究探讨什么是好的教学。截至 20 世纪 70 年代，西方已经出版、发表了 10000 多项从有效教师角度研究有效教学的文献，它们明确了有效教师（Effective Teacher）所具有的特征和品质，可以归纳为两个方面：一是教师的生理和心理特征或品质，如个人外表、魅力、整洁、善良、亲切、机智、开放、热情、幽默等；二是与教学工作相关的特征或品质，如体谅学生、对学生有高要求、教学能力强、学科知识丰富、教学的适应性等。

第二阶段，有效教学行为研究（20 世纪 60 年代初至 80 年代末）。在瑞安斯（D.G.Ryans）等人研究的基础上，有效教学的研究重心从专门指向教师特征开始转向教师的教学行为，特别是教师在课堂上的行为表现对教学效果的影响。这一阶段的有效教学研究几乎都以"场景—过程—结果"这一范式作为基本框架。其中，场景变量是指对课堂教学有影响的场景特征，主要包括教师特征、学生特征、班级特征、学校特征等；

---

[1] 张亚星，胡咏梅. 国外有效教学研究回顾及启示［J］. 课程·教材·教法，2014（12）：109-114.

过程变量包括教师的课堂教学行为和学生的课堂学习行为；结果变量是指教学所达到的效果。

第三阶段，有效教学综合研究（20世纪90年代初至今）。这一阶段的研究经历了以教师的教学行为为研究对象到以学生的学习行为为研究对象的转变。教师教学行为和学生学习结果是以学生学习行为的变化为中介的：教师教学行为影响学生学习行为，学生学习行为发生变化会对学习结果产生显著的影响。[1]

国外有效教学研究的三个阶段提示我们，有效教学研究不仅要关注有效教师的心理和生理特征或品质以及教学工作相关特征，还要关注有效教师的教学行为，更要特别关注有效教师教学行为如何影响学生的学习行为，如何引起学生学习行为的变化。三个阶段研究为我们划定了一条有效教学和高效教学研究的路线。

二、巴班斯基与有效以及高效教学

应该指出的是，有效教学思想发展的一个里程碑式的人物是著名教育家巴班斯基。[2] 众所周知，巴班斯基提出了著名的教学最优化的理论。巴班斯基指出："最优化不是什么特别的教学方法或教学手段，而是在教学规律和教学原则的基础上，教师对教育过程的一种目标明确的安排，是教师有意识的、有科学根据的一种选择（而不是自发的、偶然的选择），是最好的、最适于具体条件的课堂教学和整个教学过程的安排方案。"[3]

巴班斯基的教学最优化系统是以系统论、信息论、控制论为依据建立起来的，其示意图如下[4]：

［1］ 张亚星，胡咏梅. 国外有效教学研究回顾及启示［J］. 课程·教材·教法，2014（12）：109-114.

［2］ 杨勇. 有效教学与有效学习的方法和路径［J］. 课程·教材·教法，2014（3）：20-25.

［3］ 巴班斯基，波塔什尼克. 教育过程最优化问答［M］. 李玉兰，译. 北京：北京师范大学出版社，1988：1.

［4］ 阎承利. 教学最优化通论［M］. 北京：教育科学出版社，1992：9-11.

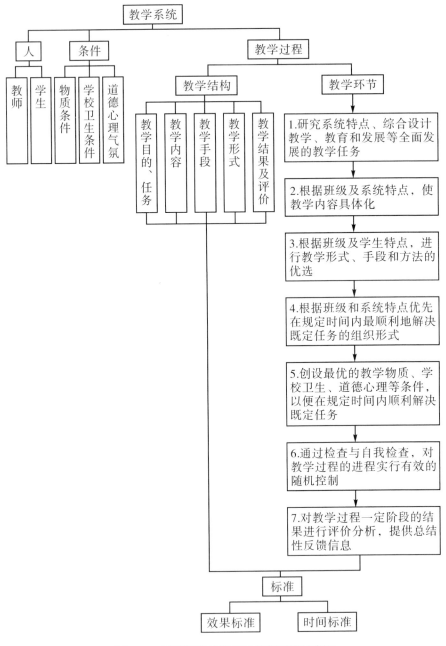

图 1-1　巴班斯基的教学最优化系统示意图

　　按照图 1-1，教师与学生是在一定的物质条件、学校卫生条件以及道德心理气氛下，运用教学结构，通过七个教学环节力争以较少的时间取得较好的教学效果。巴班斯基的系统设计全面，步骤完整，符合实际，尤其是提出了综合设计教学任务，注意教学组织实施，实行过程随机控制以及确定评价基本标准，令人深受启发。但只是以时间耗费量的大小来衡量教学效果似乎还不太全面，还应考虑教学过程中的人力、物力、精力的投入，既要考虑单位时间完成教学任务的多少（即效率），又要考虑投入与产出的比率（即效果）。总之，应以效能标准来衡量教学的结果。[1]

尽管理论上还需要完善，需要改进，但不可否认的是，巴班斯基提出的最优化教学确实具有里程碑意义。他倡导的最优化教学无疑既综合概括了有效教学，又包含着高效教学的要素。最优化教学理论给我们的启发是，有效教学和高效教学的关键在于优化，优化的关键在于教学过程最优化。

三、有效教学研究范式和判定标准

国外学者对有效教学有其独特的研究视角，他们提出的有效教学基本特征和判定标准对我们的研究有一定参考价值。

（一）有效教学研究范式

国外学者关于有效教学特征的研究主要从教师的"教"和学生的"学"两方面进行概括和探讨。

第一，基于教师的"教"的研究。一方面，国外有些研究基于教师的教学行为探讨有效教学的特征。费尔德曼（Kenneth A. Feldman）通过回顾 72 项研究，提炼出有效教学的九个重要特征，得到教师和学生的一致认可。这九个特征分别是科目或学科知识、备课和组织、清晰度和理解度、教学热情、对学生水平和学习进度的敏感和关心、可用性和帮助性、考试质量、评价学生的公正性、对学生的总体公平。[2]另一方面，国外有些研究者用有效教师的素质、能力和人格等方面的特征来诠释有效教学的特征。波尔克（Jeremy A. Polk）提出有效教学的十个基本特征：良好的学术表现、沟通技巧、创造力、专业性、教学知识、全面且适当

［1］陈自鹏. 我做管理——从班主任到教委主任［M］. 北京：线装书局，2010：75.

［2］FELDMAN K A. Effective college teaching from students' and faculty's view: matched or mismatched priorities［J］. Research in Higher Education, 1988, 28（4）：291-344.

的学生评价和测评、自我发展或终身学习、人格、天赋或学科知识以及在学科领域建构观念的能力。[1]

第二，基于学生的"学"的研究。研究者以满足学生的学习需要、实现学习效果为基准界定有效教学的特征。美国高等教育学会和约翰逊基金回顾了过去 50 多年基于教育实践的研究，总结出有效教学的七个特征，即鼓励师生互动、鼓励学生主动学习、注重任务时间、给予及时反馈、尊重不同学生的天赋和学习方式、鼓励学生合作、传达高期望。[2]这七个特征界定清晰、易于理解，得到学术界的广泛关注和认可。

有效教学的"教学"是师生共同参与教学活动的全过程，既包括教师的教学，也包括学生的学习。[3]从教和学两个角度对有效教学特征进行研究是基本的研究范式，值得我们借鉴和思考。

（二）有效教学判定标准

教学是否有效，判断标准也无外乎以教得怎样和学得怎样两方面为依据，并且学得怎样是重要判定标准。

国外学者对有效教学标准的界定，主要以教师的教学行为为依据，从教学目标、教学内容、教学态度、教学环境、教学方法、教学活动、教学能力、教学反馈、教学组织与管理等几个方面详尽地阐释了有效教学的标准。Young 和 Shaw 的研究表明，判断有效教学的行为标准主要有七项，即教师有效地与学生交流和沟通，教师营造愉快的学习气氛，教师关心学生的学习，教师善于激励学生学习，教师有效地组织课程，教师讲授的内容对学生有价值，教师尊重学生[4]。

Jere Brophy 和 Thomas L. Good 认为学生有无进步和发展是衡量教学有没有效果的唯一指标。为此，可从以下几方面的科学性、合理性、针

［1］POLK J A. Traits of effective teachers［J］. Arts Education Policy Review, 2006, 107（4）：23–29.

［2］CHICKERING A W, GAMSON Z F. Seven principals for good practice in undergraduate education［M］. Racine, WI: The Johnson Foundation Inc, 1987: 3–7.

［3］张亚星，胡咏梅. 国外有效教学研究回顾及启示［J］. 课程·教材·教法，2014（12）：109–114.

［4］YOUNG S, SHAW D G. Profiles of effective college and university teachers［J］. The Journal of Higher Education, 1999, 70（6）：670–686.

对性、投入与成效之比等判断有效教学：一是教学量和进度，即覆盖的内容、时间的分配、课堂的管理、进度等；二是提供信息，即组织条理性、结构化，内容丰富性，过程清晰明了，态度热情等；三是提问，即问题的难度水平、认知水平、清晰明了度等；四是对学生的反应做出反馈，即对正确、不完整和不正确的反应做出反馈等；五是其他行为，即课堂作业和家庭作业的布置等。[1]

美国教育多元化与卓越化研究中心在广泛实证研究的基础上，提出有效教学的五项标准及其相关指标：一是创造性活动，即师生共同参与创造性活动，运用多元的班级环境和小组合作促进学生学习；二是语言和文学素养，即通过课程提升学生的语言和文学素养；三是情境化，即把学校的课程和教学与学生在家庭和社区的生活经验联系起来；四是复杂思维，即通过挑战性活动，提升学生复杂思维的水平；五是教学对话，即通过对话进行教学，确保学生参与教学对话。[2]

张亚星和胡咏梅指出，这些评价标准阐述了有效教学应具有的行为标准。例如，在教学目标层面，教师努力提升学生的语言素养和复杂思维能力；在教学内容层面，教师保证讲授的内容对学生有价值；在教学态度层面，教师尊重学生，坦诚、公平地对待每一名学生；在教学环境层面，教师营造舒适的学习环境；在教学方法层面，教师恰当使用提问；在教学活动层面，教师组织有效的师生互动；在教学能力层面，教师善于激励学生学习，授课清晰；在教学反馈层面，教师对学生的反应做出恰当反馈；在教学组织与管理层面，教师有效地组织课程，控制教学量和进度。其中，多项有效教学标准得到学者共同认可，比如提供恰当的学习内容、清晰授课、恰当提问、激励学生、营造学习环境、关爱学生、师生有效互动。[3]

［1］ BROPHY J, GOOD T L. Teacher behavior and student achievement［M］// WITTROCK M C. Handbook of Research on Teaching. 3rd ed. New York: McMillan, 1986: 328-375.

［2］ DALTON S S. Five standards for effective teaching: how to succeed with all learners, grades K-8［M］. San Francisco, CA: Jossey-Bass Publishers, 2008: 25.

［3］ 张亚星，胡咏梅. 国外有效教学研究回顾及启示［J］. 课程·教材·教法，2014（12）：109-114.

判定教学是否有效尽管很复杂，但还是有据可循。一条最重要的判定标准是，看通过教学学生身上发生了哪些变化。有效教学判定标准的提出为我们进一步理解和研究高效教学奠定了基础。

四、梅里尔与高效教学首要原理

毋庸置疑，教学的最终指向是高效教学。高效教学是教学的理想追求。

在有效教学研究的基础上，国外有专家提出了高效教学的首要原理。首要原理的提出，揭示了高效教学最基本、最重要的原理。

当代国际著名教育技术理论家和教育心理学家、美国杨百翰大学（Brigham Young University）夏威夷分校的梅里尔（M. David Merrill）教授考察了不同的教学设计理论与模式，提出一组相互关联的"首要教学原理"。其核心主张是在"聚焦解决问题"的教学宗旨下，教学应该由不断重复的四阶段循环圈——"激活原有知识""展示论证新知""尝试应用练习""融会贯通掌握"构成。

原理一：聚焦解决问题（Problem-centered）——教学内容是否在联系现实世界问题的情境中加以呈现。

标准1：交代学习任务（Show Task）——教学有没有向学习者表明在完成一个单元或一节课后他们将能完成什么样的任务或将会解决什么样的问题。

标准2：安排完整任务（Task Level）——学习者是否参与到解决问题或完成任务中，而不是只停留在简单的操作水平或行为水平上。

标准3：形成任务序列（Problem Progression）——教学是不是涉及了一系列逐渐深化的相关问题，而不是只呈现单一的问题。

原理二：激活原有知识（Activation）——教学中是否努力激活学习者先前的相关知识和经验。

标准1：回忆原有经验（Previous Experience）——教学有没有指导学习者回忆、联系、描绘或者应用相关的已有知识经验，使之成为学习新知识的基础。

标准2：提供新的经验（New Experience）——教学有没有提供那些作为新知识学习所必需的相关经验。

标准 3：明晰知识结构（Structure）——如果学习者已经知道了这些内容，教学中是否能为他们提供展示先前掌握的知识和技能的机会。

原理三：展示论证新知（Demonstration or Show Me）——教学是不是展示论证（实际举例）了要学习什么，而不是仅仅陈述要学习的内容。

标准 1：紧扣目标施教（Match Consistency）——展示论证（举例）是不是和将要教学的内容相一致，即是否展示了所教概念的正例和反例，是否展示了某一过程，是否对某一过程做出了生动形象的说明，是否提供了行为示范。

标准 2：提供学习指导（Learner Guidance）——教学中是否采用了下列学习指导，即是否引导学习者关注相关内容信息，是否在展示时采用多样化的呈现方法，是否对多种展示的结果或过程进行明确比较。

标准 3：善用媒体促进（Relevant Media）——所采用的媒体是不是和内容相关并可以促进学习。

原理四：尝试应用练习（Application or Let Me）——学习者是否有机会尝试应用或练习他们刚刚理解的知识或技能。

标准 1：紧扣目标操练（Practice Consistency）——尝试应用（练习）和相关的测验是否与（已说明的或隐含的）教学目标相一致。即针对记忆信息的练习要求学习者回忆和再认所学的内容；针对理解知识之间关系的练习要求学习者找出、说出名称或者描述每一部分的内容；针对知识类型的练习要求学习者辨别各个类型的新例子；针对"应怎样做"的知识进行的练习要求学习者实际去完成某一过程；针对"发生什么"的知识进行的练习要求学习者根据给定的条件预测某个过程的结果，或针对未曾预期的结果找出错误的条件。

标准 2：逐渐放手操练（Diminishing Coaching）——教学有没有要求学习者使用新的知识或者技能来解决一系列变式问题；针对已经表现的学业行为，学习者有没有得到教师的反馈。

标准 3：变式问题操练（Varied Problems）——在大部分应用或练习中，学习者是不是能在遇到困难的时候获得帮助和指导，这种帮助和指导是不是随着教学的逐渐深化而不断减少。

原理五：融会贯通掌握（Integration）——教学能不能促进学习者把

新的知识和技能应用（迁移）到日常生活中。

标准 1：实际表现业绩（Watch Me）——教学有没有为学习者提供机会以公开展现他们所学的新知识和新技能。

标准 2：反思完善提高（Reflection）——教学有没有为学习者提供机会以反思、讨论他们所学的新知识和新技能。

标准 3：灵活创造运用（Creation）——教学有没有为学习者提供机会以创造、发明或探索新的富有个性特点的应用新知识和新技能的途径。

首要教学原理不适用于孤立事实的教学，也可能不适合动作技能教学，较适宜于可概括化技能的教学，对指导性或体验性（Tutorial or Experiential）教学也特别适宜。[1]

我们认为，聚焦解决问题、激活原有知识、展示论证新知、尝试应用练习、融会贯通掌握等之所以成为高效教学的首要原理，主要是因为这些原理体现了教学的基本目的、基本过程、基本方法和基本程序。呈现现实问题、新知纳入旧知、重视知识建构、练习巩固应用、系统掌握迁移是高效教学的必由之路，也为我们研究高效教学提供了一个可供借鉴的思路。

---

［1］ 盛群力. 高效教学的首要原理［J］. 新课程（综合版），2009（1）：1.

第二节 国内有效教学与高效教学研究

我国古代教育早就包含着有效性教学的要求，比如《学记》就抨击了当时教学效率低下的状况。《学记》中说："今之教者，呻其占毕，多其讯言，及于数进而不顾其安。使人不由其诚，教人不尽其材。其施之也悖，其求之也佛。夫然，故隐其学而疾其师，苦其难而不知其益也。虽终其业，其去之必速。教之不刑，其此之由乎！"这段话的大意是说："如今教书的人，只知照本宣科，一味进行知识灌输，急于完成教学进度，不顾学生能否适应。教学不能照顾学生兴趣，也不能做到因材施教。对学生的教育违背规律，达不到教育的要求。如此这样，学生厌学逃学，厌恶老师，对学习的困难感到畏惧，不懂得学习的好处。他们虽然勉强完成了学业，但学到的东西很快就忘记了。教学效果不好，原因就在这里吧！"两千多年前，我国的教育先贤就开始思考教育效果问题，其对当时教育的抨击和批判令今人警醒。

千百年来，有效教学、高效教学一直是教育工作者的目标愿景。特别是近几十年来，在国外有效教学和高效教学理论的基础上，国内教育工作者始终没有停止过探索和实践的步伐。中国知网检索结果表明，1991年至2016年，国内（不含港澳台）研究有效教学的硕士论文、博士论文以及期刊论文多达63096篇，研究高效教学的论文共有6608篇，可见有效教学研究和高效教学研究是国内教学研究中的一个热点。

一、教学最优化理论介绍及其实验

如果说国外巴班斯基教学最优化理论在研究有效教学和高效教学方面具有里程碑意义的话，那么国内对其教学最优化理论的介绍、研究以及实验则是对有效教学和高效教学理论和实践的拓展和深化。

巴班斯基的教学最优化理论问世以后，引起我国教育理论工作者和实践工作者的关注。据不完全统计，仅在20世纪80年代，吴文侃、李建刚等人就在20余家报纸杂志上发表30余篇介绍和研究教学最优化理论的文章。比如，吴文侃在《全球教育展望》（1984年第5期）发表了《巴班斯基教学论方法论的基本观点》，李建刚在《山东教育》（1987年第5期）发表了《巴班斯基的教学过程最优化理论》，陶西平在《教学参考》（1986年第23期）发表了《实现教学过程的整体优化问题》。这些论著对于介绍巴班斯基的教学最优化理论以及结合中国的教育教学实际构建具有中国特色的教学整体优化体系无疑都是功不可没的[1]。阎承利于1992年5月出版了《教学最优化通论》一书。该书由教育科学出版社出版，分上、下两编。上编是教学最优化理论的介绍，下编是教学最优化的实施。阎承利的研究系统、完整，有理论探讨，有实践探索，为教学整体优化体系的建立奠定了理论与实践的基础。在他的指导下，山东省济宁市教研室从1991年开始，借鉴巴班斯基教学过程最优化理论，着手进行"优化教学过程，大面积提高教学质量"的整体改革实验。阎承利于1995年又出版了《教学最优化艺术》（教育科学出版社）一书。此外，施良方、朱正义、高文等对最优化理论或优化教学理论都有不少研究。尽管他们的研究侧重点不同，但其探索和实践都深化了我们对教学整体优化的认识。[2]

甄德山教授等人主持的国家教委"八五"重点研究课题"教学成效相关研究"就教学过程各构成要素对教学效果的影响进行了深入的探讨。该课题获得的结论有以下四点：一是教学过程构成要素在一定程度上都对教学成效产生影响；二是在影响教学成效的诸多因素中，有一些因素是主要的，它们分散在实施教学的各个环节和师生先行因素（素质）与环境之中，但更多地集中于教学目标陈述、教学内容安排和教学方法（含教学组织形式）选择之中；三是在影响教学成效的主要因素之中，存在一组基本因素组合，它们对教学结果构成最大影响；四是教师素质和教师行为特征是影响教学成效的重要因素。[3]

1997~2000年，依据巴班斯基最优化理论，陈自鹏构建了教学整体优化体系模型，此后用十几年时间指导师生进行了区域教学优化的实验，

[1] 陈自鹏.我做管理——从班主任到教委主任［M］.北京：线装书局，2010：71.
[2] 同［1］72.
[3] 甄德山，王学兰.教学成效相关研究［M］.天津：天津人民出版社，1997：1-2.

实验效果良好。陈自鹏在巴班斯基教学最优化理论的基础上以动态和静态的教学观点考察教学系统，构建了教学整体优化体系模型，如图 1-2 所示：

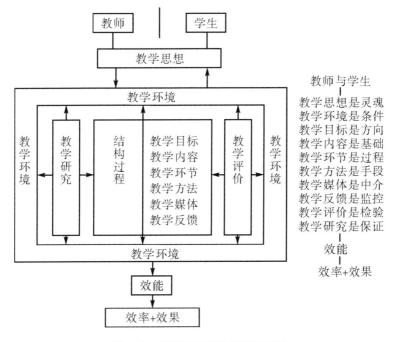

教师与学生
教学思想是灵魂
教学环境是条件
教学目标是方向
教学内容是基础
教学环节是过程
教学方法是手段
教学媒体是中介
教学反馈是监控
教学评价是检验
教学研究是保证
效能
效率+效果

图 1-2 教学整体优化体系模型图

教学整体优化体系模型图明确了系统中的各要素，说明了要素在系统中的地位和作用以及各要素在系统中运行的方式，即教师和学生在一定的教学思想指导下，在一定的教学环境中借助教学环节、教学方法、教学媒体、教学反馈、教学评价、教学研究，达成教学目标，完成教学内容。在这一系统中，教学思想是灵魂，教学环境是条件，教学目标是方向，教学内容是基础，教学环节是过程，教学方法是手段，教学媒体是中介，教学反馈是监控，教学评价是检验，教学研究是保证。教学评价和教学研究贯穿整个教学工作的始终。[1]教学整体优化体系研究实际上是巴班斯基最优化教学理论的运用、改造与实践，也是高效教学的一次有价值、有意义、有实际收获的探索与实践。

［1］陈自鹏.我做管理——从班主任到教委主任［M］.北京：线装书局，2010：75.

二、英语有效教学及高效教学研究

近20年，伴随着其他学科有效教学、高效教学研究的开展，英语学科的有效教学、高效教学研究也有了新的进展。中国知网检索结果表明，截至2016年，研究英语有效教学以及高效教学的论文（包括硕士论文、博士论文以及期刊论文）分别有1022篇和117篇，说明英语学科有效教学研究取得了一定成效，英语高效教学研究也已经起步。

新课改后，很多英语教师和学者在对策、方法和归因方面对英语有效教学和高效教学进行了探索和研究，取得了丰硕的成果。

曹甘从研究问题入手，提出了教学中应该采取的相关对策。他认为，目前英语教学特别是高中英语教学中存在以下突出问题：教育观念滞后，教学设计不当；教学缺乏策略，课堂管理不当；教学过程拖沓，活动安排不当；课后缺乏反思，教学评价不当。对于这些问题，他提出实施高中英语高效教学的常用策略：更新教育观念，进行高效科学的教学设计；巧用教学策略，落实高效智慧的课堂管理；优化教学过程，开展高效多样的课堂活动；做好教学反思，实施高效矫正的课堂评价。[1]曹甘的研究有问题思考，有解决对策，强调教学设计、课堂管理、课堂活动、课堂评价，针对性强，有利于高效教学的实施。

陈萍则强调为了实现高效教学，英语教师应该在教学方法上有所创新，可以从以下几方面入手：一是以课堂为依托，二是借助多媒体设备开展教学，三是凸显学生的主体性地位，四是及时反思和改进。[2]陈萍的研究关注课堂教学，关注媒体辅助，关注学生主体作用，关注教学反思和矫正改进，抓住了高效教学的要害，有利于高效教学的达成。

郭志明则从高效教学归因的角度解读高效教学行为。她指出，归因是人们对其行为原因的推论过程，是一种以认知的观点看待动机的理论。他们在天津、重庆、湖北、江苏等地的十几所中学，观摩了大量的教学效率高的英语教师（简称高效英语教师）的英语课，并对其中一些教师

---

［1］曹甘.问题与对策：高中英语高效教学探究［J］.天津教育，2014（7）：49-51.

［2］陈萍.探究高中英语高效教学的几个方法［J］.中学教学参考，2014（18）：48.

进行了深度访谈。研究发现，绝大多数高效英语教师认为，教育信念是影响中学英语教师高效教学行为的内源性稳定因素，是支撑高效教学行为的主要原因。

郭志明认为，中学英语教师高效教学行为的内源性因素是教育信念。教育信念之一是强调实践性英语教学，包括改革英语教学方式的信念和正确处理英语语言知识学习与语言运用能力发展关系的信念。教育信念之二是促进学生自主学习与主动发展，包括尊重学生，发展学生自主学习能力，保持学生积极的心理状态，促进学生主动发展的信念。教育信念之三是坚持教师专业发展，包括强调英语语言基本功的信念，要有对语言知识与语言能力关系的理解和浓厚的兴趣以及扎实的语言基本功，还包括坚持不断学习与实践教育学科知识的信念，要有对教师角色的新理解和对教育信念的评判与反思意识。[1]

郭志明对高效教学行为归因的研究很有价值。教师的教育信念确实非常重要，它不仅对当前的教学效率、教学效果、教学效益有影响，还会对学生一生的成长和进步有影响。我们认为，英语教师的教育信念最终会体现在教师的教学行为中，体现在教师教学行为对学生学习行为的改变上，体现在教师对英语语言规律和英语语言教学规律的思考、研究、运用中。

值得一提的是，除了以上研究，近些年还有一些国外的有效教学、高效教学译著被引介到国内来，对国内英语学科有效教学和高效教学理念和方法的改变都产生了一定影响。部分译著包括美国鲍里奇的《有效教学方法》，美国麦克唐纳、赫什曼的《如何打造高效能课堂》，英国海恩斯的《高效能教师备课完全指南》，英国特布尔的《高效能教师的9个习惯》，美国迪恩、哈贝尔、彼得勒、斯通的《提高学生学习效率的9种教学方法》等。

我国还有一批专家学者和教师开展了关于有效教学和高效教学的研究，取得了一定的成果。这些研究成果中有专著，有论文。据不完全统计，比较有影响的著作有崔允漷的《有效教学》，杜萍的《有效课堂管理：方

---

[1] 郭志明.中学英语教师高效教学行为归因研究——教育信念的分析视角 [J].齐鲁师范学院学报，2011（2）：134–140.

法与策略》，何善亮的《有效教学的整体构建》，朱晓燕的《英语课堂教学策略——如何有效选择和运用》，潘洪建的《有效学习的策略与指导》，胡庆芳的《优化课堂教学：方法与实践》，于春祥的《发现高效课堂密码》，余文森的《有效教学十讲》，汤颖的《高效英语学习秘诀》等；论文数量繁多，如王鉴、申群英的《近十年来我国"有效教学"问题研究评析》，方关军的《关于"有效教学"的另类思考》，程红、张天宝的《论教学的有效性及其提高策略》，宋秋前的《有效教学的含义和特征》等。这些研究都从某个侧面或某个角度论述了有效教学和高效教学的含义、特征以及策略。虽然有的研究并不限于英语学科教学，而是有效教学和高效教学的一般理论探索，但对推动英语有效教学和高效教学的实践和研究都有一定作用。

第三节　不同类型教学与高效教学模型

总体来说，科学地评价教学是否有效或高效大致有以下三种方法：

一是从经济学角度以投入与产出的关系来确定。认为有效教学（Effective Teaching）是指教师遵循教学活动的客观规律，以尽可能少的时间、精力和物力投入，取得尽可能好的教学效果，从而实现特定的教学目标，满足社会和个人的教育价值需求。[1]

二是从教学行为的结果来界定。认为有效教学是教师通过一段时间的教学使学生获得具体的进步或发展，也就是说，学生有无进步或发展是教学有没有效益的唯一指标。[2]

三是从教学的有效性与学习的有效性的结合点进行定义。认为有效教学是师生遵循教学活动的客观规律，以最优的速度、效益和效率促进学生在知识与技能、过程与方法、情感态度与价值观的"三维目标"上获得整合、协调、可持续的进步和发展，从而有效地实现预期的教学目标，满足社会和个人的教育价值需求而组织实施的教学活动。[3]

在教学评价过程中，三种方法可以结合起来使用，既要看教学投入，也要看教学产出；既要看教学行为，也要看教学行为之下的学习行为变化；既要看教师教学的有效性，也要看学生学习的有效性。总之，教学是否有效，要看效率、效果和效益如何。

有效教学是高效教学研究的逻辑起点。但是观察日常教学，我们发现教学评价其实要复杂得多。比如，凡是教学都会有无效教学、低效教学、等效教学、有效教学和高效教学之分，这五种类型可能并没有穷尽教学的实际类型，中间可能还会有一些教学亚型存在。

---

[1] 程红，张天宝.论教学的有效性及其提高策略［J］.中国教育学刊，1998（5）：37-39.

[2] 崔允漷.有效教学：理念与策略（上）［J］.人民教育，2001（6）：46-48.

[3] 宋秋前.有效教学的含义和特征［J］.教育发展研究，2007（1）：39-42.

一、五种不同类型教学图解

依据巴班斯基和国内一些专家的观点，为了研究更加方便，评价更加直观，我们用矩形图对五种不同类型的教学进行分析（如图1-3所示）。

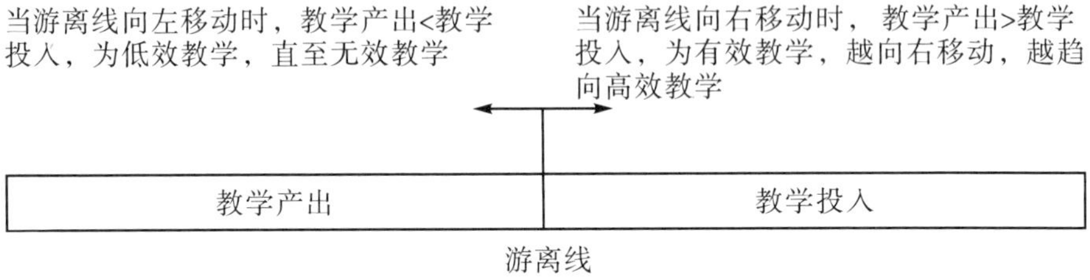

当游离线向左移动时，教学产出<教学投入，为低效教学，直至无效教学

当游离线向右移动时，教学产出>教学投入，为有效教学，越向右移动，越趋向高效教学

教学产出	教学投入

游离线

图1-3 高效教学、有效教学、等效教学、低效教学和无效教学矩形图

在图1-3中，教学投入是指师生双方为实现教育教学目标在人力、物力、财力、时间等各种教育资源耗费的总和。教学产出是指学生各学科核心素养等目标方面的实现程度，包括学生德、智、体诸方面的进步与发展。

具体到英语学科教学，教学投入同样是指师生双方为实现英语教育教学目标在人力、物力、财力、时间等各种教育资源耗费的总和。教学产出则表现为学生在主题、语篇、语言知识、文化知识、语言技能和学习策略方面的学习效果或者语言能力、文化意识、思维品质、学习能力等学科核心素养都能得到有效提升。

二、五种不同类型教学描述

给不同类型教学以适当定义并对其特点进行分析，有助于对教学的效率、效果、效益等概念有更深入的理解和把握。

（一）无效教学

从经济学角度讲，凡是只有投入没有产出的教学都是无效教学。比如，一个教师用15分钟讲解语法知识，后来发现讲错了，而教师备课、讲课费时多于15分钟，学生听课费时15分钟，却没有产生任何教学效益，这样的教学无疑是无效教学。从学生发展角度来看，学生通过课堂教学没有知识的增长，没有技能的提升，没有思维的发展，没有智慧的增加，没有情感态度与价值观的培养，这样的教学也是无效教学。

无效教学鲜有存在。从效率、效果、效益上看，无效教学具有如下特点：一是相应的教学投入没有教学产出；二是学生几乎没有获得任何发展；三是班级学科成绩几乎为零。

（二）低效教学

从经济学角度讲，凡是投入多于产出的教学都是低效教学。这种教学不是没有效果、效益，而是效果、效益比较差。比如教师的教学方法不科学，教学策略不对头，教学模式不合理，学生并没有实现应该实现的最低学习目标，这当然就是低效教学。从学生发展角度讲，学生通过课堂教学没有完全达到知识的增长、技能的提升、思维的发展、智慧的增加、情感态度与价值观的培养的目的，这样的教学就是低效教学。

低效教学是一种常见的教学类型和教学形态。从效率、效果、效益上看，低效教学具有如下特点：一是教学投入远多于教学产出；二是学生没有得到预期的发展；三是班级学科成绩未达到同质化样本平均成绩。

（三）等效教学

从经济学角度讲，等效教学是指投入与产出相当的教学。教师和学生有时间、精力、体力甚至财力投入，教学获得的产出与其相当，这样的教学谓之等效教学。从学生发展角度看，教师的教学在学生身上引起了相应的变化，学生获得了相应的发展，这种变化和发展与教师的付出和努力相当，这种教学是等效教学。

等效教学在理论上是客观存在的，但在评价中有一定的难度。因此，人们在考量教学效果和教学效益时对等效教学少有提及，但对其研究却有理论意义。从效率、效果、效益上看，等效教学的特点包括：一是教学投入与教学产出相当；二是教与学基本上达到预期效果；三是班级学科成绩达到或等于同质化样本平均成绩。

（四）有效教学

从经济学角度讲，有效教学是指产出大于投入的教学。教师和学生的投入能够获得较高的产出，这种教学可视为有效教学。如英语学科从学生发展角度讲，在教学中，语言能力、文化意识、思维品质、学习能力等学科核心素养都得到有效提升。

有效教学是教师基本的职业追求。从效率、效果、效益上看，有效教学具有如下特点：一是教学产出大于教学投入；二是学生的进步和发展比较显著；三是班级学科成绩高于同质化样本平均成绩。

（五）高效教学

从经济学角度讲，高效教学是指产出明显高于投入的教学。高效教学出自高效课堂，来自高成效教师，也是优质教学的同义语。从学生发展角度讲，学生在最近发展区里获得最大的发展，因材施教在一定意义上相对达到极致。

高效教学是教师理想的职业追求。从效率、效果、效益上看，高效教学具有如下特点：一是教学产出明显高于教学投入；二是教师的教和学生的学都具有高成效；三是班级学科成绩明显高于同质化样本平均成绩。

对五种类型的教学定义和特点进行研究有一定价值。在英语教学实践中，我们应该采取的态度是：杜绝无效教学，避免低效教学，提倡等效教学，力争有效教学，追求高效教学。

三、英语高效教学架构模型

研究和借鉴国内外有效教学、高效教学研究的成果，我们通过高成效教师和学生问卷调查构建了一个英语高效教学的实践架构模型。模型构建基本过程分为如下七个步骤：

1. 第一步，厘清要素。

首先思考可能对高效教学和高效学习起作用的要素，诸如语言及教学规律、教学目的、教学过程、教学方法、教学模式、教学评价以及兴趣培养等。

2. 第二步，设计问卷。

对应设计教师高效教学问卷和学生高效学习问卷（陈自鹏于2015年12月设计）。问卷设计如下：

教师问卷

尊敬的老师：

您好！

您认为您英语教学取得高效的经验是什么？

（a）重视教学目的的达成；（b）重视教学过程的落实；（c）重视教学方法的选择；（d）重视教学模式的运用；（e）重视语言及教学规律的研究；（f）重视教学评价的激励；（g）重视学生兴趣的培养；（h）重视借鉴他人的经验。

请从中选择三项，按照顺序分别填入括号中：1（ ）；2（ ）；3（ ）。

谢谢您的合作！

学生问卷

亲爱的同学：

你好！

你认为你英语学习取得高效的经验是什么？

（a）重视学习目的的达成；（b）重视学习过程的落实；（c）重视学习方法的选择；（d）重视学习模式的运用；（e）重视语言及学习规律的研究；（f）重视学习评价的激励；（g）重视学习兴趣的培养；（h）重视借鉴他人的经验。

请从中选择三项，按照顺序分别填入括号中：1（ ）；2（ ）；3（ ）。

谢谢你的合作！

3. 第三步，确定对象。

选定20名小学、初中、高中高成效英语教师为问卷调查对象，这些教师的教学成绩一直名列前茅，所带班英语成绩明显高于同质化样本班平均成绩。同时，选定高一、高二各10名高成效学生为问卷调查对象，这些学生的英语学习成绩一直名列前茅，明显高于班里其他同学英语成绩。

4. 第四步，进行问卷调查。

向教师和学生各发出20份问卷，各收回20份，且均为有效答卷。所有教师和学生都做了选择排序，且有一位教师进行了原因分析。

5. 第五步，问卷分析。

从教师问卷调查的结果看，选项从高到低依次排列为：重视教学过程的落实占85%，重视学生兴趣的培养占75%，重视教学方法的选择占55%，重视教学目的的达成占40%，重视语言及教学规律的研究占20%，重视教学评价的激励占 20%，重视教学模式的运用占 5%，重视借鉴他人的经验为 0。如果说学生兴趣的培养可以纳入教学方法范畴，教学评价激励可以纳入教学过程范畴的话，那么我们可以认定，英语高效教学大致可以由五个要素组成：规律、目的、过程、方法、模式。

从学生问卷调查的结果看，选项从高到低依次排列为：重视学习兴趣的培养占 80%，重视学习过程的落实占 65%，重视学习方法的选择占 55%，重视学习目的的达成占 35%，重视语言及学习规律的研究占 30%，重视学习模式的运用占 20%，重视借鉴他人的经验占 10%，重视学习评价的激励占 5%。学生问卷结果与教师问卷结果基本一致，其中略有差异，透露出的一些重要的信息值得研究：一是教师认为教学过程落实最重要，学生认为学习兴趣培养更重要；二是教师和学生都认为教学方法和学习方法很重要；三是教师工作独立性较强，不注重借鉴别人经验，而部分学生则较为注重借鉴别人经验。如果说学习兴趣培养和借鉴他人经验可以纳入教学方法范畴，学习评价激励可以纳入教学过程范畴的话，那么我们也可以认定，英语高效教学大致也是由五个要素组成：规律、目的、过程、方法、模式。

6. 第六步，得出结论。

从教学角度分析研究后，我们得出如下结论：

第一，教学是有规律性的认识活动，高效教学要研究规律，不仅要研究语言规律，还要研究教学规律，保证教学不做无用功。

第二，教学是有目的性的认识活动，包括上位的教育目的和教学目的，以及下位的教育目标和教学目标。

第三，教学需要有严密的过程控制，要抓实每个教的环节和每个学的环节的优化，环环相扣，相互促进，相得益彰。

第四，教学要讲求具体、科学的方法，这样才能使得知识和技能、过程和方法、情感态度和价值观等教学目标落到实处。

第五，教学要有较理想的高效模式，有了理想的教学模式，才能产生较高的教学效益。

7. 第七步，形成模型。

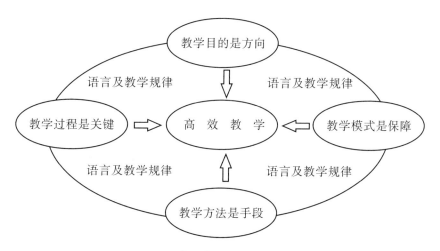

图1-4 英语高效教学架构模型图

规律、目的、过程、方法和模式是高效教学中必不可少的五个要素。其中，语言及教学规律是前提，教学目的是方向，教学过程是关键，教学方法是手段，教学模式是保障。

我们认为，要实现英语高效教学，需要有明确的目的，优化的过程，科学的方法，理想的模式，除此之外，最为重要的是要研究、遵循、运用语言规律和语言教学规律。

本书试图从理论和实践的角度阐释这一高效教学架构模型的实现方式。

第二章 目的论

　　英语教育教学是有目的性的社会实践活动。研究英语教育教学目的需要了解国家教育方针的变化，因为教育方针是一切教育教学活动的政策依据。一般来讲，教育方针决定教育教学目的，教育教学目的决定课程目标，课程目标决定教育教学目标。相互关系图示如下：

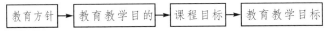

教育方针、教育教学目的、课程目标、教育教学目标关系图

　　教育教学目的受教育方针的指导，同时又以课程目标为实现方式。因此，研究教育教学目的的变化和形成，首先应该探讨教育方针的演变，然后探讨由于教育方针的演变而形成的课程目标的演变，尤其是要深入探讨教育教学目标的演变及其特点，以便我们能够更加理性地把握教育教学的目的，高效地达成教育教学目标。

第一节　教育方针及英语教育教学目的

教育方针决定教育教学目的，影响着外语教育政策的走向，是外语教育发展的风向标。近代以来，我国的教育宗旨或教育方针有着比较大的变化，英语教育政策也随之不断变化。

一、我国教育方针的历史演变

教育方针（中华人民共和国成立前被称为"教育宗旨"），是指一个国家为了发展教育事业，在一定阶段根据社会和个人两方面发展的需要与可能而制定的具有战略意义的总政策或总的指导思想，内容包括教育的性质、地位、目的和基本途径等。[1]不同的历史时期有不同的教育方针，相同的历史时期因需要强调某个方面，教育方针的表述也会有所不同。根据郑刚[2]的梳理和研究，不同时期的教育方针演变情况如下：

（一）晚清政府的教育宗旨

晚清政府的教育宗旨始于19世纪中叶洋务学堂及维新学堂的办学宗旨，是在"中学为体，西学为用"指导思想下颁布的。1905年12月，清政府设立专司教育管理之职的中央职能机构——学部。1906年3月，学部拟订了《奏请宣示教育宗旨折》，提出了"忠君、尊孔、尚公、尚武、尚实"五宗旨，并经清政府批准，正式颁布。其中，"尚公"一方面要求将"三纲五常"伦理道德教育依旧作为学校教育的中心任务，另一方面又要求仿效西方，注重团体合作和社会公德，以期扫除"支离涣散""自私自利"的陋习。"尚武"要求仿效"东西各国，全国皆兵"之制，旨在去掉学生"性命之虑重"的积习，并使其身强力壮。"尚实"是针对固定有的"虚病"提出的，特别强调学习西方的实证精神，各科教学均为了"发达实科学派"，进而造就"可农、可工、可商之才"，以利国计民生。"尚公、尚武、尚实"注意到国民公共心、国家观念、身体素质和基本生

---

[1]　顾明远.教育大辞典（上）[M].上海：上海教育出版社，1998：744.
[2]　郑刚.中国教育方针的百年变迁历程[J].教育探索，2005（9）：37-38.

活技能的培养以及教学方法上学用结合等，都代表着中国近代教育的现代发展方向。这是中国教育史上第一个由中央政府明令颁发的教育宗旨，它沿用到清朝灭亡为止。

（二）民国初期政府的教育宗旨

1912 年 1 月，南京临时政府成立，改学部为教育部，蔡元培为首任教育总长。蔡元培致力于共和思想，倡导民主平等、全面和谐发展的教育，发表《对于教育方针之意见》，从"养成共和国健全之人格"的观点出发，提出民国教育应包括军国民教育、实利主义教育、公民道德教育、世界观教育和美育教育并举的教育指导思想，成为制定民国元年（即 1912 年）教育方针的理论基础。1912 年教育部在北京召开的临时教育会议确定了新的教育方针，但仍沿用清末教育宗旨旧称。中华民国教育宗旨为："注重道德教育，以实利教育，军国民教育辅之，更以美感教育完成其道德。"

（三）国民政府的教育宗旨

南京国民政府成立后强调："要使全国人民对于三民主义不但接受而且实行，而政治上实现三民主义，便非有以实现三民主义为目的的教育不可。"1929 年 3 月，确定了以"充实人民生活、扶植社会生存、发展国民生计、延续民族生命"四项为教育的具体目的。1929 年 4 月，国民政府正式颁布《中华民国教育宗旨及实施方针》，即"中国民国之教育，根据三民主义，以充实人民生活，扶植社会生存，发展国民生计，延续民族生命为目的；务期民族独立，民权普遍，民生发展，以促进世界大同"。与此同时，还颁布了相关的实施细则。该教育宗旨一直沿用到 1949 年。这一教育宗旨积极引导和促进了民国中后期教育的健康发展，使其在非常困难的情况下仍为国家培养了大批人才。

（四）中华人民共和国前期的教育方针

1949 年 12 月 23~31 日，教育部在北京召开第一次全国教育工作会议，确定了中华人民共和国成立初期教育工作的总方针：中华人民共和国的教育是新民主主义的教育，它的主要任务是提高人民文化水平，培养国家建设人才，肃清封建的、买办的、法西斯的思想，发展为人民服务的思想。这种新教育是民族的、科学的、大众的教育，其目的是为人民服务，首先为工农兵服务，为当前的国家建设服务。

1957 年 2 月，毛泽东在《关于正确处理人民内部矛盾的问题》的讲话中指出："我们的教育方针，应该使受教育者在德育、智育、体育几方面都得到发展，成为有社会主义觉悟的有文化的劳动者。"1958 年，毛泽东又提出："教育必须为无产阶级政治服务，教育必须同生产劳动相结合，劳动人民知识化，知识分子劳动化。"1958 年 9 月，中共中央、国务院发布《关于教育工作的指示》，指出："党的教育工作方针，是教育为无产阶级政治服务，教育与生产劳动相结合，为了实现这个方针，教育必须由党领导。"

1961 年，经由中共中央批准，教育部将毛泽东在 1957 年和 1958 年的两个讲话合二为一，确定了新中国的教育方针："教育必须为无产阶级政治服务，教育必须同生产劳动相结合，使受教育者在德智体几方面都得到发展，成为有社会主义觉悟的有文化的劳动者。"这个教育方针于 1978 年载入《中华人民共和国宪法》。

（五）改革开放新时期的教育方针

1978 年底，中共十一届三中全会确立了以经济建设为中心，坚持四项基本原则，实行改革开放的总路线和总政策。在此背景下，教育界也开展了教育方针的大讨论，主要集中在新的历史时期要不要制定教育方针，教育为什么服务，以前提出的教育为无产阶级政治服务是否适用于新时代，教育与生产劳动相结合要不要写入教育方针，应培养什么样的人等基本问题上。在 1990 年 12 月由中共十三届七中全会通过的《中共中央关于制定国民经济和社会发展十年规划和"八五"计划的建议》中，教育方针表述为："教育必须为社会主义现代化服务，必须同生产劳动相结合，培养德智体全面发展的建设者和接班人。"1993 年 2 月，国务院颁发的《中国教育改革和发展纲要》对它做了修改和补充。1995 年 3 月，第八届全国人民代表大会第三次会议审议通过的《中华人民共和国教育法》中表述为："教育必须为社会主义现代化建设服务，必须与生产劳动相结合，培养德、智、体等方面全面发展的社会主义事业的建设者和接班人。"

（六）新世纪的教育方针

中共十六大报告强调了教育在发展科学技术和培养人才方面的

基础地位以及教育在现代化建设中的先导性、全局性作用，报告指出，"坚持教育为社会主义现代化建设服务，为人民服务，与生产劳动和社会实践相结合，培养德智体美全面发展的社会主义建设者和接班人"。

中共十八大报告指出，"坚持教育为社会主义现代化建设服务、为人民服务，把立德树人作为教育的根本任务，培养德智体美全面发展的社会主义建设者和接班人"，中共十九大报告和二十大报告都指出要"落实立德树人根本任务"。

二、英语教育教学目的的演变

一百多年来，我国教育方针的演变也引起了教育教学目的的变化。

晚清"忠君、尊孔、尚公、尚武、尚实"教育宗旨的提出，特别是"尚公""尚实"强调向西方学习，使得外语教育进入中小学课程体系中。此外，中国为了更好地向西方学习，需要培养大量的翻译人才。这一时期，学校英语教学以传授知识、培养技能为目的。

民国期间倡导"实利主义教育""务期民族独立、民权普遍、民生发展，以促进世界大同"的教育宗旨为英语教育发展提供了条件。这一时期，中国学校和社会与西方学校和社会交流的机会增多，教学中强调语言的直接应用能力。

中华人民共和国成立以后到 21 世纪，教育方针先是强调教育的社会本位作用，尔后强调个体本位作用，再后来强调社会本位和个体本位作用并重，新时期"立德树人"根本任务的提出赋予了教育新的使命，英语教育走了一条从"重社会本位"到"重个体本位"又到"既重社会本位又重个体本位"的道路。这一时期，教学中逐步重视智能发展、交际能力培养和核心素养的提高。

从一百多年的英语教育教学发展历史看，中小学英语教育教学呈现以下不同的目的观。

（一）知识观

知识观认为英语教学以传授知识为主，主要侧重英语语音、词汇、语法知识。1902 年《钦定中学堂章程》规定中学堂四年的外国语课程分年表为：第一年读法、习字；第二年读法、习字、讲解；第三年讲解、文法、翻译；第四年讲解、文法、翻译。1904年《奏定中学堂章程》规定中学堂五年的外国语课程均为读法、讲解、会话、文法、作文、习字。可见这两个章程中规定的外语课程是以语音、词汇、语法为主的。时隔半个世纪的1956年《高级中学英语教学大纲（草案）》说明中指出："为了达到这个目的，在高中三年内必须使学生学会发音、拼写、朗读等方面的基本技巧，学会一千五百个单词，获得必要的语法知识并能应用这些知识，进行造句、问答、翻译等练习"，"三年里面，依次以语音、语法、词汇为重点"。[1] 在此后的很长一段时间里，大纲或课程标准教学内容的编排都还是以语音、词汇、语法为主线的。由此可见，知识目的观在英语教学中占据着非常重要的地位，在某种程度上也正确地反映了英语语言学习的规律：知识为基础，能力为归宿。

（二）技能观

技能观认为英语教学不仅应传授知识，更应训练听、说、读、写甚至译的技能，应该说，这是英语目的观的历史进步，它更科学地反映了语言学习的规律。技能观也是在我国中小学英语教学中长期占主导地位的目的观之一，只不过经历了从不自觉到自觉的一个过程。自1929年《初级中学英语暂行课程标准》开始，直至1948年《修订高级中学英语课程标准》颁行，几乎所有的大纲或课程标准均在时间支配一项中规定，每周上课不得分某几个小时专属读本，某几个小时专属语法等。实际上，这是防止英语课上只传授知识特别是防止语法知识与课文学习相互分离的一项有效的规定。1963年《全日制中学英语教学大纲（草案）》在教学中应该注意的几点中提出，英语是一门工具课。英语教学的目的在于使学生确实掌握英语，作为学习文化科学知识和进行国际交往的工具。为此，英语教学必须重视基本训练。基本训练就是指导学生听音和发音，写字、掌握单词和惯用词组，合乎语法、合乎习惯地造句等。英语教学的任务就是要通过基本训练的途径来培养学生的阅读、会话和写作能力。教学的一切活动，包括课堂教学和课外指导，都要服从这个任务。词汇、

---

[1] 课程教材研究所. 20世纪中国中小学课程标准·教学大纲汇编：外国语卷（英语）
　　[G]. 北京：人民教育出版社，2001：89.

语音、语法知识的讲解，课文语音和内容的讲解，课内和课外的练习作业，都要从这个任务出发。只有切切实实地抓紧基本训练，培养好各项能力，才是完满地达到了英语教学的目的。

（三）智能观

智能观认为英语教学的目的不仅在于传授知识、技能，更在于促进人的智能的发展。人的智能主要是指智力方面的能力，包括观察能力、记忆能力、想象能力、思维能力等，其核心是思维能力。语言是思维的载体，人的一切思维活动都是以语言为媒介进行的。确切地说，认识到英语学习可以促进人的智能的发展是在 20 世纪 90 年代。虽然 1904 年《奏定中学堂章程》提出，"习外国语要义在使得临事应用，增进智能"，1912 年《中学校令施行规则》中提出"外国语要旨在通解外国普通语言文字，具运用之能力，并增进智识"，但其中的"智能""智识"两词显然与我们现在所说的"智能"尚有很大距离。明确提出英语教学可以增进学生的智能发展，主要体现在三个课程文件中。第一个是 1992 年颁布的《九年义务教育全日制初级中学英语教学大纲（试用）》，其中明确提出，外国语教学有助于对学生进行思想情感教育，有助于学生发展智力，开阔视野和提高文化素养。第二个是 1993 年的《全日制高级中学英语教学大纲（初审稿）》，该大纲提出，"全日制高级中学英语教学的目的，是在义务教育初中英语教学的基础上，巩固、扩大学生的基础知识，发展听、说、读、写的基本技能……发展智力，提高思维、观察、注意、记忆、想象、联想等能力"。第三个是 2001 年 7 月颁发的《全日制义务教育普通高级中学英语课程标准（实验稿）》，该课程标准提出英语课程的学习既是学生通过英语学习和实践活动，逐步掌握英语知识和技能，提高语言实际运用能力的过程，又是他们磨砺意志、陶冶情操、拓展视野、丰富生活经历、开发思维能力、发展个性和提高人文素养的过程。可以认为，智能观是对语言教学规律更全面的认识。

（四）交际观

交际观认为英语教学的目的不仅要传授知识、学习技能、发展智能，更要培养交际能力，交际是根本。交际观是对语言教学规律最本质的认识。交际观是对知识观、技能观、智能观的发展，也是思想认识的飞跃。

从本质上讲，教是为了交际，学也是为了交际，失去了交际的目的和作用，语言学习也就失去了其本来的社会意义。可以这样认为，交际观的形成是经历了较长一段时间的摸索和思考的。尽管交际能力的培养目前还有这样和那样的困难和问题，但其价值和作用是不容置疑的。从历史上看，交际能力培养的提出经历了实用阶段、语训阶段和社会交际阶段。中小学英语教育发展的滥觞期和启动期（即 1922 年以前），中小学英语教育是以实用为主的教育，这在 1904 年《奏定中学堂章程》、1912 年《小学校教则及课程表》《中学校令施行规则》、1916 年《高等小学校令施行细则》等课程文件中都有阐述，在此不一一赘述。1922 年以后，中小学英语教育进入发展期，后又进入摇摆期，直至"文革"结束以前，中小学英语教育都是强调语言训练的，为语言而语言，虽有"直接法"的影响，但文学课程、语法课程、翻译课程仍占很大比重，重视听、说、读、写、译等语言训练。1978 年以后，我国的中小学英语教育相继进入恢复期、提高期和繁荣期，实际运用英语能力的培养引起人们的重视。1978 年《全日制十年制中小学英语教学大纲（试行草案）》提出："中小学英语教学的目的是培养学生一定的听、说、读、写、译的能力，教师不可满足于向学生讲解语言知识而忽视实际运用英语能力的培养。"1986 年《全日制中学英语教学大纲》明确规定，要精讲语言基础知识，着重培养学生运用语言进行交际的能力。1992 年《九年义务教育全日制初级中学英语教学大纲（试用）》和 1993 年《全日制高级中学英语教学大纲（初审稿》再次强调交际能力的培养。培养学生运用语言进行交际的能力是语言教学理论和实践上的突破，从某种程度上看，既抓住了语言教学的要害，也抓住了语言作用的本质——为交际而学习语言。更为关键的是，交际观在注意语言实用功能的同时，还注意了语言交际功能的社会性，在一定程度上说，这对于促进学生个体社会化是有益处的。

（五）素养观

素养观认为英语教学归根到底是培养和提升学生的核心素养。

21 世纪初，经济合作与发展组织（OECD）率先提出了"核心素养"结构模型。它要解决的问题是：21 世纪培养的学生应该具备哪些最核心的知识、能力与情感态度，才能成功地融入未来社会，才能在满足个人自我实现需要的同时推动社会发展。

教育部《关于全面深化课程改革落实立德树人根本任务的意见》于2014年3月30日正式印发，这份文件中有个词引人关注——核心素养体系：研究提出各学段学生发展核心素养体系，明确学生应具备的适应终身发展和社会发展需要的必备品格和关键能力，突出强调个人修养、社会关爱、家国情怀，更加注重自主发展、合作参与、创新实践。

此后几年，关于核心素养，专家们提出了各种不同的意见，对于丰富核心素养理念和核心素养培育有着重要的价值和意义。我们认为，在个体终身发展过程中，每个人都需要许多素养来应对生活的各种情况，所有人都需要的共同素养可以分为核心素养以及由核心素养延伸出来的素养。其中，最关键、最必要、居于核心地位的素养被称为"核心素养"。

陈琳教授撰文指出，新一轮各科高中课程标准修订的一大亮点，就是"学生发展核心素养"和"学生学业质量标准"的正式完整提出。他指出，《普通高中英语课程标准（修订稿）》中对"学科核心素养"这一重要理念是这样界定和说明的：学生学习外语的目的，不仅是学习到一项语言技能，同时应注重通过外语学习和对外国文化的了解与借鉴，促进学生自身价值观、人生观的发展和综合人文素质的提高。这一目标和理念，应当说是多年来"一以贯之，与时俱进"的。

之所以说"一以贯之"，是因为自20世纪我国制定各科课程大纲以来，就提出学生的学习过程应当是达到自身"又红又专"的过程，这一提法之后发展为"德智体美全面发展"，到2003年英语课程标准实验本，则发展为人文性目标和工具性目标的融合统一的理念。而之所以说"与时俱进"，是因为课程标准的修订，必须适应时代发展的新形势。党的十八大报告指出，"坚持教育为社会主义现代化建设服务、为人民服务，把立德树人作为教育的根本任务，培养德智体美全面发展的社会主义建设者和接班人"。《中共中央关于全面深化改革若干重大问题的决定》还提出，"加强社会主义核心价值体系教育，完善中华优秀传统文化教育，形成爱学习、爱劳动、爱祖国活动的有效形式和长效机制，增强学生社会责任感、创新精神、实践能力"。2017年高中各科课程标准的修订，正是本着"与时俱进"的精神，将"立德树人"的主旨贯彻到课程标准之中，因而才有了"学生发展核心素养"的提出。[1]

2017年正式颁布的《普通高中英语课程标准》和2022年版《义务教育英语课程标准》中提出，学生英语核心素养应该包括语言能力、文化意识、思维品质和学习能力[2]，见图2-2。

图2-2 英语学科核心素养的四大要素[3]

英语核心素养观的提出是英语教育理念的一次飞跃，是全面发展教育方针和素质教育要求的最新诠释，是英语教育目的观的一个进步和发展。

［1］陈琳.颂"学生发展核心素养体系"［J］.英语学习（教师版），2016（1）：5-6.

［2］中华人民共和国教育部.普通高中英语课程标准［S］.北京：人民教育出版社，2017：4.

［3］梅德明，王蔷.普通高中英语课程标准（2017年版）解读［M］.北京：高等教育出版社，2018：44.

第二节　英语课程目标及教育教学目标

教育教学目的的变化引起课程目标的变化，而课程目标的变化主要是从教育目标变化和教学目标变化体现出来。

我们知道，1902年至今一百多年的英语课程文件有四五十个之多，且有不同的名称。其中，清末多以学堂章程为主，民国初年多以校令、规则、细则为主，"壬戌学制"后近十年间以课程纲要为主，1929年到1951年称为课程标准，此后到2000年由于受苏联影响改称为"教学大纲"，2001年后，又改为课程标准。无论是学堂章程，还是课程纲要、教学大纲甚或是课程标准，我们从中不难发现英语学科在课程目标方面的变化和改进。

英语课程目标是完成英语课程学习任务后要达到的预期学习效果，是实现英语教育教学目的的落脚点。我们认为，课程目标大致应包括教育目标和教学目标两个部分。教育目标是教学目标的上位概念，有时二者很难分开。一般来说，教育目标侧重全面发展要求，教学目标侧重学业发展要求。我们以清末、民国和新中国三个历史时期为限，从课程教材研究所的《20世纪中国中小学课程标准·教学大纲汇编：外国语卷（英语）》和2017年普通高中英语课程标准以及2022年版义务教育英语课程标准中选取几个有代表性的英语课程文件作为参照，对英语教育目标和教学目标特点及其演变进行讨论，以期更清晰地了解英语教育教学目标变化的特点与要求，使得我们的英语课堂教学更加有的放矢，更为简捷高效。

一、中小学英语教育目标演变

英语教育目标是英语课程目标的一个组成部分，它规定要把学生培养成什么样子的人，涉及教育目的、教育方向、教育主旨等。对三个历史时期的英语教育目标的演变进行回顾，可以帮助我们直观地感受这一百多年中英语教育目标的演变轨迹。

（一）清末英语教育目标

1904年《奏定中学堂章程》明确提出，英语课程进入中学课堂之初，教育目标应放在"临事应用""入高等专门各学堂""读西书""远适异域，不假翻译""与之对话，知其情状"之上。

（二）民国英语教育目标

1912年《小学校教则及课程表》教则第十五条规定："英语要旨，在使儿童略解浅易之语言文字，以供处事之用。"[1]1912年《中学校令施行规则》第一章第四条规定："外国语要旨在通解外国普通语言文字，具运用之能力，并增进智识。"[2]

1923年胡宪生起草的《新学制课程纲要初级中学公共必修的外国语课程纲要》颁布。该纲要提出学生应能自动补充阅读故事、书报，进行普通会话，能造简单语句，能做简单之翻译（汉译英）等。1923年《新学制课程纲要高级中学公共必修的外国语课程纲要》颁发，由朱复起草。该课程纲要对养成学生欣赏优美文学的兴趣，培养学生通常会话的优良习惯，鼓励学生表演以及学习修辞学和作文法的知识都提出了明确的要求。[3]

1948年《修订初级中学英语课程标准》提出学生要认识英美民族精神及风俗习惯，启发学习西洋事物之兴趣等。1948年《修订高级中学英语课程标准》提出要从英语方面增加学生对于西方文化之兴趣，从语文中认识英语国家风俗之大概，从英美民族史迹记载中激发爱国思想及了解国际等。

（三）新中国英语教育目标

1951年《普通中学英语科课程标准草案》初级中学英语课程标准草案部分提出要使学生养成阅读和练习英语的兴趣，打下继续进修的基础，养成语言习惯；要在学习中发现规律并利用好规律。高级中学英语课程标准草案中规定，要养成阅读和练习英语的志趣，打下进修专科用的英语基础；提出要丰富学生的阅读经验，训练学生的自学能力，要求书写整齐优美，克服潦草散漫的偏向等。

1963年《全日制中学英语教学大纲（草案）》指出英语是世界上使用范围非常广泛的语言。掌握英语对吸取有益于我国社会主义建设的科学技术成果，或者向友好的国家和人民介绍我们的经验，对加强与各国

---

[1]　课程教材研究所. 20世纪中国中小学课程标准·教学大纲汇编：外国语卷（英语）
　　[G].北京：人民教育出版社，2011：6.
[2]　同[1]7.
[3]　同[1]11.

人民之间的联系，都会有许多便利。因此，在中学里把英语列为重要课程之一，开设英语课程的目的是使学生初步掌握英语这个工具，具有初步阅读英语书籍的能力。

1978年《全日制十年制中小学英语教学大纲（试行草案）》指出：英语是世界上使用范围非常广泛的一种语言……在国际经济贸易联系、文化技术交流和友好往来中，英语是一个重要的工具……我们要在本世纪内实现农业、工业、国防和科学技术现代化，把我国建设成为强大的社会主义国家……这就需要培养大量又红又专并通晓外语的各方面人才……因此，我们要切实加强中小学的英语教学。[1]这一段表述尽管富有时代气息，但从"又红又专并通晓外语"教育目标的角度看，已接近全人教育的本义。

1980年《全日制十年制中小学英语教学大纲（试行草案）》指出：外国语是学习文化科学知识，进行国际交往的重要工具……为了提高整个中华民族的科学文化水平，在本世纪内实现农业、工业、国防和科学技术现代化，把我国建设成为强大的社会主义国家，需要培养大量又红又专并通晓外语的各方面人才。因此，应当在中小学开设外语课，切实加强外语教学。英语是中小学应当开设的语种之一。

1993年《全日制高级中学英语教学大纲（初审稿）》指出：外国语是学习文化科学知识，获取世界各方面信息与进行国际交往的重要工具……我国实行对外开放政策，国内经济、政治、科技和教育体制的改革正在全面展开，世界范围的新技术革命正在兴起，为了把我国建设成为文明、民主的社会主义现代化国家，教育要面向现代化、面向世界、面向未来，要贯彻德、智、体全面发展的方针，培养大批有理想、有道德、有文化、有纪律，并在不同程度上掌握一些外国语的各方面的人才，以提高中华民族的思想道德素质和科学文化素质。这个大纲对"三个面向""四有""德智体""思想道德素质和科学文化素质"的提法虽然语义上有交叉重复，但显然是全人教育的完整表述。

2001年，教育部颁发《全日制义务教育普通高级中学英语课程标准

---

[1] 课程教材研究所. 20世纪中国中小学课程标准·教学大纲汇编：外国语卷（英语）[G]. 北京：人民教育出版社，2011：120.

（实验稿）》。课程标准将语言技能、语言知识、情感态度、学习策略和文化意识统称为综合语言运用能力，其目标总体分为九级描述：一、二级为小学目标，三、四、五级为初中目标，六、七、八、九级为高中目标。

2011年修订的《义务教育英语课程标准》课程总目标中提出，通过英语学习使学生形成初步的综合语言运用能力，促进心智发展，提高综合人文素养。综合语言运用能力的形成建立在语言技能、语言知识、情感态度、学习策略和文化意识等方面整体发展的基础之上。语言技能和语言知识是综合语言运用能力的基础；文化意识有利于正确地理解语言和得体地使用语言；有效的学习策略有利于提高学习效率和发展自主学习能力；积极的情感态度有利于促进主动学习和持续发展。这五个方面相辅相成，共同促进学生综合语言运用能力的形成与发展。该课程标准又特别指出，以语言技能、语言知识、情感态度、学习策略和文化意识等五个方面共同构成的英语课程总目标，既体现了英语学习的工具性，也体现了其人文性；既有利于学生发展语言运用能力，又有利于学生发展思维能力，从而全面提高学生的综合人文素养。

2017年正式颁布的《普通高中英语课程标准》中规定的总目标：全面贯彻党的教育方针，培育和践行社会主义核心价值观，落实立德树人根本任务，在义务教育的基础上，进一步促进学生英语学科核心素养的发展，培养具有中国情怀、国际视野和跨文化沟通能力的社会主义建设者和接班人。基于课程的总目标，普通高中英语课程的具体目标是培养和发展学生在接受高中英语教育后应具备的语言能力、文化意识、思维品质、学习能力等学科核心素养。[1]

2022年正式颁布的《义务教育英语课程标准》也明确提出要培育语言能力、文化意识、思维品质和学习能力等核心素养。

二、中小学英语教学目标演变

英语教学目标也是英语课程目标的有机组成部分之一。英语教学目标主要强调在语言知识和语言技能方面对学生的具体要求。对三个历史

---

［1］　中华人民共和国教育部.普通高中英语课程标准［S］.北京：人民教育出版社，2017：5.

时期英语教学目标的回顾，有利于我们从总体上把握英语教学目标演变的全貌。

（一）清末英语教学目标

1904 年《奏定中学堂章程》规定教学内容及目标为："当先审发音，习缀字，再进则习简易文章之读法、译解、书法，再进则讲普通之文章及文法之大要，兼使会话、习字、作文。"[1]

（二）民国英语教学目标

1912 年《小学校教则及课程表》教则第十五条规定：英语宜授发音及单词短句，进授浅近文章之读法、书法、作法、语法。同年颁发的《中学校令施行规则》中规定外国语首先应教学发音拼写，逐步学习文章的读法、书法、译解、默写，进而传授普通文章及文法要略、会话、作文。[2]

1923 年《新学制课程纲要初级中学外国语课程纲要》提出英语教学要达到以下三个目的：一是使学生能阅浅易的英文书报；二是使学生能用英语作浅近的书札及短文；三是使学生能操日常用的英语。这实际上是听、说、读、写四项技能的基本要求。1923 年《新学制课程纲要高级中学公共必修的外国语课程纲要》中提出了诸多目标要求，如阅读能力（复述、分解、摘记、领受、自译）、会话能力、作文能力（说明的、辩证的、描写的、记载的）、语法翻译能力等。[3]

1948 年《修订初级中学英语课程标准》指出英语教学要让学生练习运用切于日常生活之浅近英语，建立进修英语之正确基础。1948 年的《修订高级中学英语课程标准》提出英语教学要练习运用切于实用之普通英语，就英文诗歌散文中增进其语文训练。

（三）新中国英语教学目标

1951 年颁发的《普通中学英语科课程标准草案》初级中学英语课程标准草案中提出了比较具体的教学目标：能认识 1000~1500 个一般的常用字；能练习运用常用的典型短语（包括片语、简单的会话）约 200 句；能阅读生字不超过十分之一二的浅近英语；能作清晰熟练的书写（即常用

---

［1］ 课程教材研究所. 20世纪中国中小学课程标准·教学大纲汇编：外国语卷（英语）［G］. 北京：人民教育出版社，2001：2.

［2］ 同［1］6.

［3］ 同［1］14.

之书写体，印刷体仅能辨认即可）。上述目标要求是语音、词汇、语法方面的要求，也是听、说、读、写方面的要求。同年颁发的《普通中学英语科课程标准草案》对高中英语课程提出了比较具体的教学目标：除了复习、继续运用初中所学的1000~1500个单字以外，能再加修大约3000~4000个一般通用的单词（连初中共约5000个），能练习运用普通英语，包括简单的会话和写作；能认识一种标音制（如国际音标或韦氏音标）；能利用字典、词典阅读一般性的英文书报杂志。同时对高一年级的读音、单词、语法、写作，高二年级的读音、单词、语法、写作、字典、辞典的使用以及继续课外阅读，高三年级的阅读、单词、语法、写作、字典、词典及参考书后所附索引的使用和继续课外阅读等目标提出了明确的要求。

1963年《全日制中学英语教学大纲（草案）》提出中学英语教学的要求是教学生掌握3500~4000个单词和一定数量的惯用词组，以及必要的语音、语法的知识和技能，指导学生熟读一定数量的文章，进行阅读、会话、作文的各种训练。其中高中阶段，要求在初中掌握1500~2000个单词和一定数量的惯用词组的基础上，继续掌握2000个左右的单词和一定数量的惯用词组和进一步的语法知识，具有借助词典初步阅读书籍的能力，就日常生活方面的题材进行简单会话和作文的能力，以及初步的翻译能力。该大纲对各年级教学提出了总的要求，如表2-1所示：

表2-1　1963年《全日制中学英语教学大纲（草案）》各年级教学总要求

年级	教学总要求
初一	掌握字母、音标，打好语音基础，掌握一定数量的单词和简单句式。通过发音、拼写、朗读、问答、背诵、听写等各种训练，培养良好的学习习惯
初二	巩固语言技能，具有初步的用词造句能力
初三	比较牢固地掌握所学的词汇和语音、语法知识，学会造各种简单句和普通的复合句，初步阅读浅易的短文，并就熟悉的题材作简单的会话
高一	复习和巩固初中学过的词汇和语法知识，进一步补充必要的语法知识，分析比较复杂的句子，从阅读较短的课文逐步过渡到阅读篇幅较长的课文，初步具有阅读简易读物的能力
高二	继续增加词汇和惯用词组，补充构词知识、词的用法知识，通过课文讲读补充个别新语法知识，逐步扩大阅读范围并提高阅读速度，要求逐步做到不太费力地阅读简易读物
高三	最后达到初步具有阅读浅近英语原著的能力

　　从1963年高中各个年级的总的教学要求中我们不难发现，阅读能力被放在了非常重要的位置。强调阅读并且强调阅读英语原著是这个时期英语教学的特点。可惜的是，按照这个大纲编写的高中三册教材已经编出了送审本，但教材未来得及出版就报废了。

　　1980年《全日制十年制中小学英语教学大纲（试行草案）》规定：小学阶段，侧重听说，使学生通过模仿和口头练习掌握基本语音和少量词汇以及简易的语法项目，同时进行一些笔头练习，养成良好的拼写和书写习惯。其中对小学三年级提出了字母、语音、书法、语法、词汇和听写方面的要求；对四年级提出了语音、语法、词汇、听写方面的要求；对五年级提出了语音、语法、词汇和听写方面的要求，对于知识技能要求更加具体化。初中阶段，在归纳复习小学的语音、语法和词汇的基础上，通过听、说、读、写、译等方式继续进行并完成基本语法的教学。其中，对初一年级语音、书法、语法、词汇、课文提出了具体的目标要求；对初二年级语音、语法、词汇、课文提出了具体的目标要求；对初三年级的语音、语法、词汇、课文、造句、会话提出了具体的目标要求。初中阶段不仅重视语言的基本训练，而且重视知识的初步灵活运用。高中阶段着重培养阅读能力，并进行一些较难较深的语法项目的教学，同时进行适当的听、说、写、译的训练。为了实现这一目标，必须培养学生学习词汇的能力，掌握基本语法，培养学生分析句子的能力，朗读能力，口笔头问答、复述、会话能力，英译汉能力，借助词典阅读的能力，短文、书信写作的能力等。"双基"之上的能力培养是教学的出发点，也是归宿。

　　1992年《九年义务教育全日制初级中学英语教学大纲（试用）》中提出：义务教育全日制初级中学英语教学的目的，是通过听、说、读、写的训练，使学生获得英语基础知识和为交际初步运用英语的能力，激发学生的学习兴趣，养成良好的学习习惯，为进一步学习打好初步的基础；使学生受到思想品德、爱国主义和社会主义方面的教育；发展学生的思维能力和自学能力。该大纲规定初中英语按不同情况分两级要求，从一年级起学习两年的为一级要求，根据需要和可能继续学习一年或两年的为二级要求，一、二级要求对听、说、读、写、语音、词汇、语法分别制订了需达到的目标，并规定了为达到上述目标需要掌握的日常交际用语、语音、词汇、语法和话题的具体内容。

2001年《全日制义务教育普通高级中学英语课程标准（实验稿）》指出：基础教育阶段英语课程的总体目标是培养学生的综合语言运用能力（含语言技能、语言知识、情感态度、学习策略和文化意识）并将小学至高中的英语教学目标（含语言技能、语言知识、情感态度、学习策略和文化意识教学目标）分为九级，其中一、二级为小学目标，三、四、五级为初中目标，六、七、八、九级为高中目标。语言技能是教学的出发点和归宿，其中语言技能一级规定了听做、说唱、玩演、读写、视听的要求，二级规定了听、说、读、写、玩演、视听的要求，其余各级都对听、说、读、写提出明确要求。2011年修订的《义务教育英语课程标准》也体现了上述要求。

2017年颁布的《普通高中英语课程标准》指出：通过本课程的学习，学生应能达到本学段英语课程标准所设定的四项学科核心素养的发展目标。总体要求如下：

1.语言能力目标。具有一定的语言意识和英语语感，在常见的具体语境中整合性地运用已有语言知识，理解口头和书面语篇所表达的意义，识别其恰当表意所采用的手段，有效地使用口语和书面语表达意义和进行人际交流。

2.文化意识目标。获得文化知识，理解文化内涵，比较文化异同，汲取文化精华，形成正确的价值观，坚定文化自信，形成自尊、自信、自强的良好品格，具备一定的跨文化沟通和传播中华文化的能力。

3.思维品质目标。能辨析语言和文化中的具体现象，梳理、概括信息、建构新概念，分析、推断信息的逻辑关系，正确评判各种思想观点，创造性地表达自己的观点，具备初步运用英语进行独立思考、创新思维的能力。

4.学习能力目标。进一步树立正确的英语学习观，保持对英语学习的兴趣，具有明确的学习目标，能够多渠道获取英语学习资源，有效规划学习时间和学习任务，选择恰当的策略与方法，监控、评价、反思和调整自己的学习内容和进程，逐步提高使用英语学习其他学科知识的意识和能力。

2017年《普通高中英语课程标准》还在课程内容中规定了主题语境、语篇类型、语言知识、文化知识、语言技能和学习策略应该达到的要求，其中主题语境划分为人与自我、人与社会、人与自然三个部分，其余五项按照必修、选择性必修和选修（提高类）三个类别分别提出了具体要求。

2022年正式颁布的《义务教育英语课程标准》也明确提出，学生应通过本课程的学习，达到如下目标。

（1）发展语言能力。能够在感知、体验、积累和运用等语言实践活动中，认识英语与汉语的异同，逐步形成语言意识，积累语言经验，进行有意义的沟通与交流。

（2）培育文化意识。能够了解不同国家的优秀文明成果，比较中外文化的异同，发展跨文化沟通与交流的能力，形成健康向上的审美情趣和正确的价值观；加深对中华文化的理解和认同，树立国际视野，坚定文化自信。

（3）提升思维品质。能够在语言学习中发展思维，在思维发展中推进语言学习；初步从多角度观察和认识世界、看待事物，有理有据、有条理地表达观点；逐步发展逻辑思维、辩证思维和创新思维，使思维体现一定的敏捷性、灵活性、创造性、批判性和深刻性。

（4）提高学习能力。能够树立正确的英语学习目标，保持学习兴趣，主动参与语言实践活动；在学习中注意倾听、乐于交流、大胆尝试；学会自主探究，合作互助；学会反思和评价学习进展，调整学习方式；学会自我管理，提高学习效率，做到乐学善学。

从英语教学目标演变情况看，中小学英语教育长期以来是以知识传授和技能培养为主的。1963年以后，特别是改革开放以后，教学要求更为明确、具体，在注重知识传授的基础上，更加注重心理规律研究、语言能力培养、自学能力培养、学生智力发展等，教学要求具有明显的现代教育特征。

三、英语课程目标的演变特点分析

综合分析一百多年来各个时期的英语教育教学目标，英语课程目标的演变呈现如下几个特点：

（一）从单纯重实用到既重实用又重发展

从课程目标变化情况看，课程目标变革的第一个特点就是从最初的单纯重视语言的实用功能演变成后来的既重视语言的实用功能又重视语言的发展功能。在 1904 年至今一百多年间颁行的英语课程标准中，不论是小学还是初中甚或高中的教育目标或教学目标都体现了这一特点。

我们比较几个课程标准，可以非常清楚地看出其中的巨大变化。1904 年颁布的《奏定中学堂章程》规定英语课程目标如下："盖中学教育，以人人知国家，知世界为主，上之则入高等专门各学堂，必使之能读西书；下之则从事各种实业，虽远适异域，不假翻译。方今世界舟车交通，旅欧美如户庭；假令不能读其书，不能与之对语，即不能知其情状。"[1] 而 2001 年颁布的《全日制义务教育普通高级中学英语课程标准（实验稿）》中对课程性质和目标是这样规定的：外语是基础教育阶段的必修课程，英语是外语课程中的主要语种之一。英语课程的学习，既是学生通过英语学习和实践活动，逐步掌握英语知识和技能，提高语言实际运用能力的过程，又是他们磨砺意志、陶冶情操、拓展视野、丰富生活经历、开发思维能力、发展个性和提高人文素养的过程。基础教育阶段英语课程的任务是：激发和培养学生学习英语的兴趣，使学生树立自信心，养成良好的学习习惯和形成有效的学习策略，发展自主学习的能力和合作精神；使学生掌握一定的英语基础知识和听说读写技能，形成一定的综合语言运用能力；培养学生的观察、记忆、思维、想象能力和创新精神；帮助学生了解世界和中西方文化的差异，拓展视野，培养爱国主义精神，形成健康的人生观，为他们终身学习和发展打下良好的基础。显然，1904 年中学英语课程目标是强调语言的实用性和工具性的，而 2001 年高中课程目标在实用性和工具性的基础上又增加了教育性和发展性的因素，2011 年修订的《义务教育英语课程标准》又明确提出了工具性和人文性的要求，2017 年《普通高中英语课程标准》则明确提出了培育和提高核心素养的要求。

在英语教学中既强调语言的工具性，又强调语言的人文性，既重视语言的实用功能，又重视语言对人的发展功能，体现了语言具有自然属性和社会属性的基本规律，是英语教育教学理论的一种丰富和发展。

（二）从单纯重知识学习到知识能力并重

从教学目标的变化看，我国的初中及高中英语教育起初是重视知识

---

[1] 课程教材研究所. 20世纪中国中小学课程标准·教学大纲汇编：外国语卷（英语）[G]. 北京：人民教育出版社，2001：2.

技能的，1923 年以后开始注意在学好知识、技能的基础上培养学生灵活运用语言的能力。2001 年《全日制义务教育普通高级中学英语课程标准（实验稿）》颁行，明确提出培养学生综合语言运用能力。该标准不仅规定了语言技能目标，还规定了语言知识目标、情感态度目标、学习策略目标和文化意识目标，这些共同构成综合语言运用能力目标，这是英语教学理论的一次重大变化。

语言技能是构成语言交际能力的重要组成部分，它包括听、说、读、写四个方面的技能以及这四种技能的综合运用能力。听和读是理解的技能，说和写是表达的技能，这四种技能在语言学习和交际中相辅相成、相互促进。语言技能一级目标、二级目标为小学技能目标，包括一级的听做、说唱、玩演、读写、视听，二级的听、说、读、写、玩演视听；三级至九级目标为初、高中技能目标，包括听、说、读、写技能目标。语言知识是语言能力的有机组成部分，是发展语言技能的重要基础。该标准中列出二级、五级、八级的分级目标，包括语音、词汇、语法、功能、话题的具体目标要求。情感态度指兴趣、动机、自信、意志和合作精神等影响学生学习过程和学习效果的相关因素以及在学习过程中逐渐形成的祖国意识和国际视野。学习策略指学生为了有效地学习和发展而采取的各种行动和步骤，其中二级列出了基本学习策略 10 条，五级和八级分别列出认知策略、调控策略、交际策略、资源策略若干条。文化意识是指对所学语言国家的历史地理、风土人情、传统习俗、生活方式、文学艺术、行为规范、价值观念等的认识，该标准中列出二级、五级、八级的分级目标要求共 31 条。[1]

从单纯重知识到知识能力并重，特别是在重视知识学习基础上培养学生交际能力，是语言及其教学规律的重要体现，对语言教学产生深刻的影响。

（三）从单纯重教到既重教也重学

英语语言教学是教师教、学生学的双边活动的统一。长期以来，我们的英语课堂因受母语教学和其他学科教学的影响，是以教师传授为主

---

［1］ 中华人民共和国教育部. 全日制义务教育普通高级中学英语课程标准（实验稿）［S］. 北京：北京师范大学出版社，2001：9-27.

的，"一言堂""满堂灌""重知识""重语法""重应试"导致语言教学效率低下，这种现象一直受到业界关注。经过百年演变，英语课堂正在由单纯重教向既重教也重学特别是重视自学能力培养演变。

1932年颁发的《高级中学英语课程标准》教法要点（十五）中首次指出：逐渐使学生在课外自修未见过之新教材，大概第一年每课自修一小部分，第二年一大部分，第三年全部，使能充分利用教学时间与逐渐养成自修能力。1951年颁发的《高级中学英语课程标准草案》指出：在学生对英语有相当根基后，应采自学辅导的精神，训练学生的自学能力，教学要辅助学生自行解决困难，避免灌输式的教学，教学的工作应该要在指示学习方法、检查学习效果并纠正偏差、培养自学辅导的精神方面逐年地提高其比重。1978年颁发的《全日制十年制中小学英语教学大纲（试行草案）》在教学目的和要求中更明确提出了中小学英语教学的目的，是着重培养学生的阅读和自学英语的能力，并培养一定的听、说、写和译的能力，为毕业后进一步运用英语或进入高等学校学习打好基础。2001年《全日制义务教育普通高级中学英语课程标准（实验稿）》一至九级应达到的综合语言运用能力目标更加强调教向学的转变：目标总体描述中，一级要求学生对英语有好奇心，喜欢听他人说英语；二级要求学生对英语学习有持续的兴趣和爱好；三级要求学生对英语学习表现出积极性和初步的自信心；四级要求学生明确自己的学习需要和目标，对英语学习表现出较强的自信心；五级要求学生有较明确的英语学习动机和积极主动的学习态度；六级要求学生进一步增强英语学习动机，有较强的自主学习意识；七级要求学生有明确和持续的学习动机及自主学习意识；八级要求学生有较强的自信心和自主学习能力；九级要求学生有自主学习能力。2011年修订的《义务教育英语课程标准》包含有上述要求。2017年《普通高中英语课程标准》对学习能力提出了更具体的要求。

我们认为，自学能力和自主学习意识是英语教育应培养的目标。自学能力培养和自主学习意识培养的提出无疑是从单纯重教向既重教也重学的转变，也是学生可持续发展能力的客观需要。

（四）从单纯重视智力因素到既重视智力因素也重视非智力因素

学习英语的观察力、注意力、想象力、记忆力、思维力等智力因素当然很重要，但非智力因素也不可或缺，有时还非常重要。在近百年来的各个课程标准中可以看到，对语言教学的要求是从最初的重视智力因素比如运用记忆、概括、归纳、比较、分析、综合等思维方法，到后来同时强调意志力培养和兴趣培养等。如 1923 年《新学制课程纲要高级中学公共必修的外国语课程纲要》中有"教高中学生者，宜注重于学生的兴趣，利用其表演的本能"的要求；1929 年《初级中学英语暂行课程标准》提出英语教学要"使学生从英语方面加增他们研究外国事物的兴趣"；1929 年《高级中学普通科英语暂行课程标准》也提出英语教学要"使学生从英语方面加增他们研究外国文化的兴趣"；1936 年《初级中学英语课程标准》《高级中学英语课程标准》也有类似要求；1941 年、1948 年的课程标准也体现了这样的要求；1951 年《普通中学英语科课程标准草案》目标要求中第一条就是要让学生"养成阅读和练习英语的兴趣，打下继续进修的基础"；之后的课程标准还有"发挥教师主导作用，调动学生学习积极性"的要求；1990 年《全日制中学英语教学大纲（修订本）》提出要"根据不同阶段和不同年龄的特点，采取多样化的教学方法，充分发挥学生的视觉、听觉等感官的作用，培养学生的学习兴趣"；1996年《全日制普通高级中学英语教学大纲（供试验用）》提出要激发学生的学习兴趣等；2001 年《全日制义务教育普通高级中学英语课程标准（实验稿）》以及 2011 年修订的《义务教育英语课程标准》中明确规定了情感态度目标，并且提出了"国际视野、祖国意识、合作精神、自信意志、动机兴趣"的要求。可见，语言教学中非智力因素的培养有加强的趋势。

重视智力因素，也要重视非智力因素。只有这样才能使学生学有方法，学有兴趣，学有动力，学有意志，学有毅力，学有成效。非智力因素的参与是心理学发展的结果，是心理学成果在英语教育教学中的应用。

（五）从单纯重视个别技能到重视全面技能培养

清末英语教学在技能要求方面是以翻译、发音、书写、阅读为主的，这与当时培养读"西书"、远适异域可以不假翻译的人才需求密切相关，同时也与当时英语师资奇缺，英语教育教学理论、教学方法不甚成熟有很大关系。

进入民国以后，特别是"壬戌学制"颁行以后，中外往来加强，英语师资队伍相对充实，英语教育教学理论方法得到发展，清末以单一的翻译、发音、书写、阅读为主的知识、技能要求逐步有了变化。比如

1923 年《新学制课程纲要高级中学公共必修的外国语课程纲要》中主旨部分主要对阅读、会话、作文、翻译做出要求，这实际上有了听、说、读、写、译的萌芽。从 1929 年起，民国期间的课程标准中大都有"每周时间不得分某几个小时专属读本，某几个小时专属文法等"这样的规定，如此规定可以保证学生的全面语言训练和全面语言技能发展。1929 年《初级中学英语暂行课程标准》规定了听、说、看、写的练习，并且规定：第一年特别注重听和说，使初步工作做得坚实，并且使得学生对于外国语的学习，得到一个适当的态度；第二年听、说、看、写并重，使学生能在各方面平均发展；第三年特别注重看，使能适合一般学生最普通的用处。

1951 年，《普通中学英语科课程标准草案》高中学段要求：各学年均应有教学重点，第一学年应着重复习并加强学生的初中英语基础，同时注意听、说、看、写四方面，第二学年要开始着重阅读练习，第三学年要有计划地培养学生养成阅读英文参考书的习惯，记录其阅读速度，测验其领会能力并提高其阅读技术。1980 年《全日制十年制中小学英语教学大纲（试行草案）》提出要对学生进行听、说、读、写、译各方面的基本训练，侧重培养学生的阅读和自学英语能力。1990 年《全日制中学英语教学大纲（修订本）》教学原则规定要"综合训练，阶段侧重"，指出"学习外语，听、说、读、写几方面的训练是相辅相成、互相促进的。通过听、说、读、写的综合训练，可以较好较快地培养运用外语进行交际的能力"，即听、说、读、写训练在不同的教学阶段可以有所侧重。在初级阶段，以听说训练为主，同时进行适当的读写训练。在学生已经具有一定的听说能力，掌握了一定数量的词汇，并学完了大部分的基本语法之后，在继续进行听、说、读、写训练的同时，侧重培养阅读理解能力。2001 年《全日制义务教育普通高级中学英语课程标准（实验稿）》和 2011 年修订的《义务教育英语课程标准》除对听、说、读、写语言技能目标做出明确规定之外，还对一级的听做、说唱、玩演、读写、视听和二级的听、说、读、写、玩演视听做出了具体的规定。

在英语教育教学中，语言技能如听、说、读、写是相互关联、相辅相成的。学好英语需要阶段侧重，各个击破，也需要全面训练，全面发展。

（六）从单纯重视全面技能培养到重视核心素养提升

重视技能培养是英语教学一以贯之的目标要求，现代英语教育更加注重学生素质的提升。2017 年修订的《普通高中英语课程标准》强调，普通高中英语课程总目标是全面贯彻党的教育方针，培育和践行社会主义核心价值观，落实立德树人根本任务，在义务教育的基础上，进一步促进学生英语学科核心素养的发展，培养具有中国情怀、国际视野和跨文化沟通能力的社会主义建设者和接班人。通过课程学习，学生应能达到相应学段英语课程标准所设定的语言能力目标、文化意识目标、思维品质目标、学习能力目标等四项学科核心素养的发展目标。该课程标准不仅强调语言的知识、技能教学，强调语言的工具性和人文性的统一，还强调了语言能力、文化意识、思维品质和学习能力等核心素养的培育，增加和扩大了英语课程目标的内涵和外延。

2022 年正式颁布的《义务教育英语课程标准》进一步强调核心素养培育要求，指出：核心素养是课程育人价值的集中体现，是学生通过课程学习逐步形成的适应个人终身发展和社会发展需要的正确价值观、必备品格和关键能力。英语课程要培养的学生核心素养包括语言能力、文化意识、思维品质和学习能力等方面。语言能力是核心素养的基础要素，文化意识体现核心素养的价值取向，思维品质反映核心素养的心智特征，学习能力是核心素养发展的关键要素。核心素养的四个方面相互渗透，融合互动，协同发展。

现在的英语教学更加强调满足社会发展需求和学生个体发展需求，更加强调全人教育和全面发展教育，这是现代英语教育观的体现，也是现代英语教育观的发展和进步。[1]

---

[1] 中华人民共和国教育部. 普通高中英语课程标准 [S]. 北京：人民教育出版社，2017：5.

第三节　教育教学目的与英语高效教学

研究教育方针、英语教育教学目的、英语课程目标演变及其特点，是为了明确英语教育教学改革的方向，优化英语教育教学的内容、过程、方法和评价，不断改进英语教育教学的效率、效果和效益。我们建议，要着力做好以下两方面的工作。

一、带着目的组织英语教学

英语教学有着鲜明的目的性。我们认为，没有目的的教学是盲目的、低效的，也可能是无效的，甚至是负效的。

在英语教学过程中，为了增强教学的目的性，提高英语教学的效率、效果和效益，我们需要做到以下几点：

第一，教师要认真研读英语课程标准中的教育教学目标，明确课程标准规定的教育目标和教学目标，做到目的明确，目标清晰。

第二，学生要认真了解英语课程标准中的教育教学目标，明确课程标准规定的教育目标和教学目标，做到方向明确，任务在胸。

第三，师生要了解和掌握每个学年乃至每个学期英语学科教学总体应该达到的教育教学目标，做到心中有数，戮力同心。

第四，师生要透彻了解和掌握每个月每一周乃至每节课英语学科教学具体应该达到的教育教学目标，做到稳扎稳打。

二、高效实现英语教学目的

带着目的去教学，这是高效教学的前提。教学中高效率地实现教学目的，才是真正的高效教学。为此，我们要做好以下几点：

第一，要重视研究和运用语言规律与教学规律。语言教学涉及语言自身的规律和语言教学的规律。英语教学要认真研究并运用好语言规律和语言教学规律，只有这样，英语教育教学目标才容易顺利实现。

第二，要重视培养学生的语言交际能力。学习语言的目的是为了交际。"为交际"是英语课程的最终目的之一，因此，在英语教学中，不仅要重视语音知识、词汇知识和语法知识的学习，而且还要重视听、说、读、写四项技能的学习，做好记忆练习、模仿练习、机械练习、活用练习等用语言完成任务的练习，以提高用语言进行实际交际的能力。

第三，要重视培养学生的语言自学能力。教是为了不教。"师傅领进门，修行在个人。"语言教学是为了给学生打好自学英语的基础，培养他们日后自学英语的能力。要在课内外给学生布置一定量的英语自学任务，指导和督促学生自主进行听、说、读、写，并对其自学任务的完成情况予以检查和评价，以帮助他们真正提高自主学习意识和语言自学能力。

第四，要重视培养学生的非智力因素。语言学习需要智力因素，然而非智力因素如情感态度与价值观等也是语言学习不可或缺的。无数英语学习成功的事例表明，非智力因素在语言学习中起着非常重要的作用。因此，要使学生的英语学习真正做到快乐、持久又高效，非智力因素培养也应在英语教学目的中占有一席之地。

第五，要重视工具性和人文性的统一。工具性和人文性的统一是英语教育教学理念现代化的标志之一。在教学中，我们既要重视语言的工具功能，也要重视语言的人文功能；既要重视学生的语言技能提升，也要重视学生的人文精神提升；既要让学生通过语言学习获得一技之长，也要使得他们得到全面、和谐发展。

第六，要把核心素养作为出发点和归宿。在教学中要瞄准语言能力、文化意识、思维品质、学习能力等具体目标，通过课堂语言实践活动和课下语言实践活动，不断提高学生的语言能力，不断提升学生的文化意识，不断改进学生的思维品质，不断加强学生的学习能力特别是可持续学习的能力，使得每一个学生的素养都有所加强和完善，满足个体发展和社会发展的需求。

带着目的组织英语教学并且高效实现教学目的，应该成为英语教师的基本信念和基本理念，这也是实现英语高效教学的基本途径和基本方式之一。

第三章 过程论

英语教学是一个比较复杂的过程，其中有很多因素需要考量。一个完整的教学过程需要制订具体的教学目标，需要通过一定的教学环节完成教学目标，为了实现教学目标需要选择一定的教学策略，并需要对教学目标达成情况进行科学的评价。本章重点探讨教学过程中的教学目标、教学环节、教学策略和教学评价等四个要素的优化。

第一节 优化教学目标

教学目标是教育教学目的的具体化。教学目标的优化是一个动态的教学实践过程，需要了解和把握教学目标原理和现行课标要求，同时还要采取相应措施和对策建立目标优化体系。

一、了解和把握教学目标原理和现行课标要求

教学目标是人们从事教学活动预期所要达到的最终结果。了解和掌握教学目标原理是优化教学和实现高效教学的前提。

（一）教学目标原理：不同水平、领域及旨趣

对教学目标，世界上一些著名的教育理论家做了很多研究。他们的研究对世界范围内教学目标理论的丰富和发展有着特别的贡献，也对我们认识和把握英语教学目标有一定的启发作用。

苏联的别斯帕利科教授把教学目标分为四级"掌握水平"：知识水平、复现水平、主观获取新信息水平、客观获取新信息水平。[1]

美国的布卢姆的研究极具价值。他把全部教学目标分为认知、情感和心智肌体活动三个领域，并着重进行了认知领域的研究，划分出六级学习水平的目标：识记、理解、应用、分析、综合和评价。下文的三个表对应了三个不同阶段——初级（表3-1）、中级（表3-2）和高级（表3-3），各个级别里每一类都有一系列的关键词或动词。教初级学生时，学生学习新技能时主要是前三个阶层。一年之后才会上升到更高的级别。但是，鉴于班里有的学生已经掌握了一些技能，能够上升到更高的阶层，因此要同时准备一些能够让学生进行更高级别思考和技能使用的活动。[2]

---

［1］阎承利.教学最优化通论［M］.北京：教育科学出版社，1992：84-85.

［2］麦克唐纳，赫什曼.如何打造高效能课堂［M］.车蕾，龚锐，译.北京：中国青年出版社，2011：151-153.

表3-1 布卢姆认知技能的教育目标分类（初级）

知识	理解	应用	分析	综合	评价
列举	解释	展示	比较	创建	同意
选择	描述	绘画	对比	设计	不同意
画圈	复述	练习	考查	模仿	支持观点
寻找	举例	表演	整理	画	给出观点
命名	计算	使用	问问题	创新	决策
数数	书写	做	分组	计划	推荐
讲述		写	排序	组合	分级

表3-2 布卢姆认知技能的教育目标分类（中级）

知识	理解	应用	分析	综合	评价
列举	解释	展示	比较	创建	辩护
标记	描述	说明	对比	设计	批评
下定义	复述	练习	考查	发展	支持观点
识别	举例	展示说明	解释	重新安排	证明
命名	计算	发展	分级	创新	辩论
陈述	总结	做	排序	想象	推荐
选择	估算	论证	分类	假设	分级

表3-3 布卢姆认知技能的教育目标分类（高级）

知识	理解	应用	分析	综合	评价
列举	解释	展示	比较	建立	辩护
找出位置	描述	说明	对比	设计、创新	批评
下定义	复述	应用	区分	发展	支持观点
鉴定	举例	展示说明	解释	重新安排	证明
背诵	计算	发展	演绎	融合	辩论
识别	总结	解决问题	分级	假定	推荐
引用	估算	熟练使用	分类	假设	区分优先次序
记忆	解释		分析	结合	证实

在布卢姆研究的基础上，国内一些教师进行了目标教学的探索和实践。目标教学体系含有四个子系统，即目标系统、操作系统、动力系统和控制系统。目标系统涉及教育观念和目标分类；操作系统涉及教学原理原则和教学模式；动力系统涉及情感动机的激励与维持，主导、主体作用的发挥；控制系统涉及教学评价和教学管理。[1]

目标教学是布卢姆教学目标理论在实践中的应用，四个子系统使得教学目标有分类，有操作，有动力，有控制。特别是通过展标、达标、验标等过程，师生围绕教学目标共同努力，最后使课堂教学实现高效。

另外值得一提的是，美国的道格拉斯·费舍和南希·弗雷两位作者在他们的《带着目的教与学》一书中描述了一个叫作"SMART"的目标。这个目标的描述很有意思，也很有意义。

"SMART"是一种为人们广泛使用的辅助记忆工具，能够帮助人们记住精心设计的目标。最初"SMART"代表 Specific（具体的），Measurable（可测量的），Attainable（可获得的），Relevant（相关的）和 Time-based（以时间为基础的），但是，随着时间的推移，"SMART"的所指有了改变，增加了新的单词和含义。例如，豪伊（Haughey）建议，"SMART"代表下列内容：（1）S—Specific, Significant, Stretching（具体的，重大的，可拓展的）；（2）M—Measurable, Meaningful, Motivational（可测量的，有意义的，可激励的）；（3）A—Agreed-upon, Attainable, Achievable, Acceptable, Action-oriented（同意的，可获得的，可实现的，可接受的，可操作的）；（4）R—Realistic, Relevant, Reasonable, Rewarding, Results-oriented（现实的，相关的，合理的，有收获的，有结果的）；（5）T—Time-based, Timely, Tangible, Trackable（以时间为基础的，及时的，可见的，可追踪的）。[2]

这些目标描述给我们的启示有：一是教学目标具体实在，教学中不可或缺，实施中要有扩展；二是教学目标可供测评，有价值意义，能激

[1] 冯克诚，西尔枭. 实用课堂教学模式与方法改革全书 [M]. 北京：中央编译出版社，1994：124-126.

[2] 费舍，弗雷. 带着目的教与学 [M]. 刘白玉，包芳，潘海会，译. 北京：中国青年出版社，2004：13-14.

励学生不断进步；三是教学目标师生约定，若协同一致，全力以赴，便能够达成；四是教学目标关乎现实，富于理性，达成过程便是师生成长过程；五是教学目标的实现是用最少、最短的时间获得最大、最显著的效益。

（二）现行英语课标：具体分级标准要求

优化教学目标需要掌握现行英语课标的具体要求。2001 年《全日制义务教育普通高级中学英语课程标准（实验稿）》和 2011 年修订的《义务教育英语课程标准》都强调以语言技能、语言知识、情感态度、学习策略和文化意识等五个方面共同构成英语课程总目标。这个总目标既体现了英语学习的工具性，也体现了人文性；既有利于学生发展语言运用能力，又有利于学生发展思维能力，从而全面提高学生的综合人文素养。综合人文素养的提出为 2017 年普通高中英语课程标准的修订和 2022 年版义务教育英语课程标准的制订以及核心素养的提出奠定了基础。

按照 2022 年义务教育英语课程标准中的课程总目标要求，提出了学段目标。学段目标是对本学段结束时学生学习本课程应达到的学业成就的预设或期待，是总目标在各学段的具体化。义务教育英语课程分为三个学段，各学段目标设有相应的级别，即一级建议为 3~4 年级学段应达到的目标，二级建议为 5~6 年级学段应达到的目标，三级建议为 7~9 年级学段应达到的目标。各学段目标之间具有连续性、顺序性和进阶性。基于核心素养四个方面的英语课程学段目标如表 3-4 至表 3-7 所示。[1]

---

[1] 中华人民共和国教育部. 义务教育英语课程标准（2022年版）. 北京：北京师范大学出版社，2022：5-11.

表3-4　语言能力学段目标

表现	3~4年级/一级	5~6年级/二级	7~9年级/三级
感知与积累	能感知单词、短语及简单句的重音和升降调等；能有意识地通过模仿学习发音；能大声跟读音视频材料；能感知语言信息，积累表达个人喜好和个人基本信息的简单句式；能理解基本的日常问候、感谢和请求用语，听懂日常指令等；能借助图片读懂语言简单的小故事，理解基本信息；能正确书写字母、单词和句子	能领悟基本语调表达的意义；能理解常见词语的意思，理解基本句式和常用时态表达的意义；能通过听，理解询问个人信息的基本表达方式；能听懂日常学习和生活中简单的指令、对话、独白和小故事等；能理解日常生活中用所学语言直接传递的交际意图；能读懂语言简单、主题相关的简短语篇，获取具体信息，理解主要内容	能识别不同语调与节奏等语音特征所表达的意义；能听懂发音清晰、语速较慢的简短口头表达，获取关键信息；积累日常生活中常用的习惯用语和交流信息的基本表达方式；积累常用的词语搭配；了解句子的结构特征，如句子种类、成分、语序及主谓一致；在收听、观看主题相关、语速较慢的广播影视节目时，能识别其主题，归纳主要信息；能读懂语言简单、主题相关的简短语篇，提取并归纳关键信息，理解隐含意义
习得与建构	在听或看发音清晰、语速较慢、用词简单的音视频材料时，能识别有关个人、家庭，以及熟悉事物的图片或实物、单词、短语；能根据简单指令作出反应；体会英语发音与汉语发音的不同；能借助语音、语调、手势、表情等判断说话者的情绪和态度；能在语境中理解简单句的表意功能	在听或看发音清晰、语速适中、句式简单的音视频材料时，能获取有关人物、时间、地点、事件等基本信息；能识别常见语篇类型及其结构；能理解交流个人喜好、情感的表达方式；能根据图片，口头描述其中的人或事物；能关注生活中或媒体上的语言使用	能在听、读、看的过程中，围绕语篇内容记录重点信息，整体理解和简要概括主要内容；能根据听到或读到的关键词对人物、地点、事件等进行推断；能根据读音规则和音标拼读单词；能归纳学过的语法规则；能辨识和分析常见句式的结构特征；能分析和梳理常见书面语篇的基本结构特征；能用简单的连接词建立语义联系

续表

表现	3~4年级/一级	5~6年级/二级	7~9年级/三级
表达与交流	能围绕相关主题，运用所学语言，进行简单的交流，介绍自己和身边熟悉的人或事物，表达情感和喜好等，语言达意；在书面表达中，能根据图片或语境，仿写简单的句子	能围绕相关主题，运用所学语言，与他人进行简单的交流，表演小故事或短剧，语音、语调基本正确；在书面表达中，能围绕图片内容或模仿范文，写出几句意思连贯的话	能围绕相关主题，运用所学语言，与他人进行日常交流，语音、语调、用词基本正确，表达比较连贯；在书面表达中，能选用不同句式结构和时态，描述和介绍身边的人、事物或事件，表达情感、态度、观点和意图等

表3-5　文化意识学段目标

表现	3~4年级/一级	5~6年级/二级	7~9年级/三级
比较与判断	有主动了解中外文化的愿望；能在教师指导下，通过图片、配图故事、歌曲、韵文等获取简单的中外文化信息；观察、辨识中外典型文化标志物、饮食及重大节日；能用简单的单词、短语和句子描述与中外文化有关的图片和熟悉的具体事物；初步具有观察、识别、比较中外文化的意识	对学习、探索中外文化有兴趣；能在教师引导下，通过故事、介绍、对话、动画等获取中外文化的简单信息；感知与体验文化多样性，能在理解的基础上进行初步的比较；能用简短的句子描述所学的与中外文化有关的具体事物；初步具有观察、识别、比较中外文化异同的能力	能初步理解人类命运共同体和全人类共同价值的概念；能通过简短语篇获取、归纳中外文化信息，认识不同文化，尊重文化的多样性和差异性，并在理解和比较的基础上作出自己的判断；能用所学语言描述文化现象与文化差异，表达自己的价值取向，认同中华文化；树立国际视野，具有比较、判断文化异同的基本能力

续表

表现	3~4年级/一级	5~6年级/二级	7~9年级/三级
调适与沟通	有与人交流沟通的愿望；能大方地与人接触，主动问候；能在教师指导下，学习和感知人际交往中英语独特的表达方式；能理解基本的问候、感谢用语，并作出简单回应	对开展跨文化沟通与交流有兴趣；能与他人友好相处；能在教师引导下，了解不同文化背景下人们待人接物的礼仪；能注意到跨文化沟通与交流中彼此的文化差异；能在人际交往中，尝试理解对方的感受，知道应当规避的谈话内容，适当调整表达方式，体现出礼貌、得体与友善	能认识到有效开展跨文化沟通与交流的重要性；对具有文化多样性的活动和事物持开放心态；了解不同国家人们待人接物的基本礼仪、礼貌和交际方式；能初步了解英语的语用特征，选择恰当的交际策略；能意识到错误并进行适当的纠正；在人际交往中，学会处理面对陌生文化可能产生的焦虑情绪，增强跨文化沟通与交流的自信心；初步具备用所学英语进行跨文化沟通与交流的能力
感悟与内化	有观察、感知真善美的愿望；明白自己的身份，热爱自己的国家和文化；能在教师指导下，感知英语歌曲、韵文的音韵节奏；能识别图片、短文中体现中外文化和正确价值观的具体现象与事物；具有国家认同感，对中华优秀传统文化感到骄傲	对了解中外文化有兴趣；能在教师引导下，尝试欣赏英语歌曲、韵文的音韵节奏；能理解与中外优秀文化有关的图片、短文，发现和感悟其中蕴含的人生哲理；有将语言学习与做人、做事相结合的意识和行动；体现爱国主义情怀和文化自信	能理解与感悟中外优秀文化的内涵；领会所学简短语篇蕴含的人文精神、科学精神和劳动价值，感悟诚实、友善等中外社会生活中的传统美德；能自尊自爱，正确认识自我，关爱他人，尊重他人，有社会责任感；能欣赏、鉴别美好事物，形成健康的审美情趣；具有国家认同感和文化自信，有正确的价值观和积极向上的情感态度；有自信自强的良好品格，做到内化于心、外化于行

表3-6 思维品质学段目标

表现	3~4年级/一级	5~6年级/二级	7~9年级/三级
观察与辨析	能通过对图片、具体现象和事物的观察获取信息，了解不同事物的特点，辅助对语篇意义的理解；能注意到不同的人看待问题是有差异的；能从不同角度观察周围的人与事	能对获取的语篇信息进行简单的分类和对比，加深对语篇意义的理解；能比较语篇中的人物、行为、事物或观点间的相似性和差异性，并作出正确的价值判断；能从不同角度辩证地看待事物，学会换位思考	能发现语篇中事件的发展和变化，辨识信息之间的相关性，把握语篇的整体意义；能辨识语篇中的衔接手段，判断句子之间、段落之间的逻辑关系；能发现同类型语篇的相似之处和不同类型语篇的结构特征；能多角度、辩证地看待事物和分析问题
归纳与推断	能根据图片或关键词，归纳语篇的重要信息；能就语篇信息或观点初步形成自己的想法和意见；能根据标题、图片、语篇信息或个人经验等进行预测	能识别、提炼、概括语篇的关键信息、主要内容、主题意义和观点；能就语篇的主题意义和观点作出正确的理解和判断；能根据语篇推断作者的态度和观点	能提取、整理、概括稍长语篇的关键信息、主要内容、思想和观点，判断各种信息的异同和关联；能根据语篇推断人物的心理、行为动机等，推断信息之间简单的逻辑关系；能从不同角度解读语篇，推断语篇的深层含义，作出正确的价值判断
批判与创新	能根据个人经历对语篇内容、人物或事件等表达自己的喜恶；初步具有问题意识，知晓一问可有多解	能就作者的观点或意图发表看法，说明理由，交流感受；能对语篇内容进行简单的续编或改编等；具有问题意识，能初步进行独立思考	能针对语篇的内容或观点进行合理质疑；能依据不同信息进行独立思考，评价语篇的内容和作者的观点，说明理由；能根据语篇内容或所给条件进行改编或创编

表3-7　学习能力学段目标

表现	3~4年级/一级	5~6年级/二级	7~9年级/三级
乐学与善学	对英语学习感兴趣、有积极性；喜欢和别人用英语交流；乐于学习和模仿；注意倾听，敢于表达，不怕出错；乐于参与课堂活动，遇到困难能大胆求助	对英语学习有较浓厚的兴趣和自信心；能积极参与课堂活动，注意倾听，大胆尝试用英语进行交流；乐于参与英语实践活动，遇到问题积极请教，不畏困难	对英语学习有持续的兴趣和较为明确的学习需求与目标；有积极主动的学习态度和较强的自信心；能主动参与课内外各种英语实践活动，注意倾听，积极使用英语进行交流，遇到问题主动请教，勇于克服困难；主动学习并积极使用现代信息技术，具备初步的信息素养
选择与调整	能在教师帮助和指导下，制订简单的英语学习计划；能意识到自己英语学习中的进步与不足，并作出适当调整；能尝试借助多种渠道学习英语	能在教师指导下，制订并完成简单的英语学习计划，及时预习和复习所学内容；能了解自己英语学习中的进步与不足；能在教师指导下，初步找到适合自己的英语学习方法；尝试根据学习进展调整学习计划和策略；能借助多种渠道或资源学习英语	能制订明确的英语学习目标和计划，合理安排学习任务，主动预习和复习；能整理、归纳所学内容，把握重点和难点；能主动反思自己英语学习中的进步与不足，根据问题查找原因并加以解决；能找到适合自己的英语学习方法；能根据学习目标和进展合理调整学习计划和策略；能借助不同的数字资源或平台学习英语
合作与探究	能在学习活动中尝试与他人合作，共同完成学习任务；能在学习过程中积极思考，发现并尝试解决语言学习中的问题	能在学习活动中与他人合作，共同完成学习任务；能在学习过程中认真思考，主动探究，尝试通过多种方式发现并解决语言学习中的问题	能在学习活动中积极与他人合作，共同完成学习任务；能在学习过程中积极思考，主动探究，发现并尝试使用多种策略解决语言学习中的问题，积极进行拓展性运用

　　2017年颁布的《普通高中英语课程标准》中提出，学生英语核心素养按三级划分，列表如下：

表3-8 英语学科核心素养水平划分[1]

素养级别	素养1：语言能力
一级	意识到英语和英语学习与个人发展、国家发展和社会进步的关系，意识到语言与世界、语言与文化和思维之间有联系；具有初步的英语语感。在熟悉的语境中，较为熟练地使用已有的英语语言知识，理解多模态语篇传递的要义、主要信息和意图，辨识语篇的整体结构和文体，根据上下文推断意义；陈述事件，传递信息，表达个人见解和情感，在熟悉的人际交往中，尝试构建恰当的交际角色和人际关系
二级	认识英语和英语学习与个人发展、国家发展和社会进步的密切关系，认识语言与世界、语言与文化和思维之间的紧密联系；具有一定的英语语感，在理解和表达中发挥英语语感的作用。在常见的语境中，较为熟练地整合性运用已有的英语语言知识，理解多模态语篇传递的要义和具体信息，推断作者的意图、情感、态度和价值取向，提炼主题意义，分析语篇的组织结构、文体特征和语篇的连贯性，厘清主要观点和事实之间的逻辑关系。了解语篇恰当表意所采用的手段；有效地陈述事件，传递信息，表达个人观点和情感，体现意图、态度和价值取向，在常见的人际交往中，建构恰当的交际角色和人际关系
三级	深刻认识英语和英语学习与个人发展、国家发展和社会进步的密切关系，深刻认识语言与世界、语言与文化和思维之间的紧密联系；具有较强的英语语感，在英语理解和表达中有效发挥英语语感的作用。在更加广泛的语言情境中，熟练地整合性运用已有的英语语言知识，准确理解多模态语篇传递的要义和具体信息，推断作者的意图、情感、态度和价值取向，提炼并拓展主题意义。解析语篇结构的合理性和语篇主要观点与事实之间的逻辑关系，批判性地审视语篇的内容、观点、情感态度和文体特征，赏析语篇中精彩语段的表意手段，准确、熟练和得体地陈述事件，传递信息，表达个人观点和情感，体现意图、态度和价值取向，在较为广泛的人际交往中，建构恰当的交际角色和人际关系

---

[1] 中华人民共和国教育部. 普通高中英语课程标准［S］. 北京：人民教育出版社，2017：117-120.

素养级别	素养2：文化意识
一级	能够在明确的情境中根据直接提示找出文化信息；有兴趣和意愿了解并比较具有文化多样性的活动和事物；感知中外文化的差异，初步形成跨文化意识，通过中外文化对比，加深对中国文化的理解，坚定文化自信；了解中外优秀文化，形成正确的价值观；感知所学内容的语言美和意蕴美；能够用所学的英语简单介绍中外文化现象
二级	能够选择合适的方式方法在课堂等现实情境中获取文化信息；具有足够的文化知识为中外文化的异同提供可能的解释，并结合实际情况进行分析和比较；提高跨文化意识，在进行跨文化交流时，能够注意到彼此之间的文化差异，运用基本的跨文化交际策略；尊重和理解文化的多样性，具有国际视野，进一步坚定文化自信；感悟中外优秀文化的精神内涵，树立正确的价值观；理解和欣赏所学内容的语言美和意蕴美；有传播中国特色社会主义文化的意识，能够用所学的英语描述、比较中外文化现象
三级	能够运用多种方式方法在真实生活情境中获取文化信息；基于对中外文化差异和融通的理解与思考，探究产生异同的历史文化原因；具有跨文化意识，能够以尊重文化多样性的方式调适交际策略；领悟世界文化的多样性和丰富性，具有人类命运共同体的意识；分析、鉴别文化现象所反映的价值取向，坚定文化自信；汲取优秀文化，具有正确的价值观、健康的审美情趣和道德情感；能够用所学的英语讲述中国故事，描述、阐释中外文化现象

素养级别	素养3：思维品质
一级	注意观察语言和文化的各种现象，通过比较，识别各种信息的异同；根据不同的环境条件，客观分析各种信息之间的关联和差异，发现产生差异的基本原因，从中推断出它们之间形成的简单逻辑关系；根据所获得的信息，提取共同特征，形成新的简单概念，并试用新概念解释新的问题，尝试从另一个角度认识世界；针对所获取的信息，提出自己的看法，并通过简单的求证手段，判断信息的真实性，形成自己的看法，避免盲目接受或否定
二级	主动观察语言和文化的各种现象，通过比较，识别各种信息之间的主次关系；根据不同的环境条件，客观分析各种信息之间的内在关联和差异，发现产生差异的各种原因，从中推断出它们之间形成的逻辑关系；根据所获得的多种信息，归纳共同要素，建构新的概念，并通过演绎、解释、处理新的问题，从另一个视角认识世界；针对所获取的各种观点，提出批判性的问题，辨析、判断观点和思想的价值，并形成自己的观点

续表

素养级别	素养3：思维品质
三级	正确观察语言和文化的各种现象，通过比较，从错综复杂的信息中，识别关键问题，把握全局；根据不同的环境条件，综合分析各种信息之间的内在关联和存在的各种矛盾，梳理产生这些矛盾的原因，从中推断出它们之间形成的各种逻辑关系；根据所获得的综合信息，归纳、概括内在形成的规律，建构新的概念，并在实践中，用于处理、解决新的问题，从多视角认识世界；针对各种观点和思想的假设前提，提出合理的质疑，通过辨析、判断其价值，做出正确的评价，以此形成自己独立的思想

素养级别	素养4：学习能力
一级	认识到英语的重要性；对英语学习感兴趣；有学习动力；有学习计划；掌握英语学习的常用方法和策略；有学好英语的决心和克服困难的意志；虚心学习并向他人求教；有较强的合作精神；了解多种学习资源渠道；积极参与英语学习活动
二级	正确认识英语学习的意义；对英语学习抱有较浓厚的兴趣和较强烈的愿望；有明确的学习目标，能制订并按需调整学习计划；有稳定的学习动机；面对学习困难能分析原因并尝试解决，调节自己的情绪和情感，对英语学习有较强的自信心；能开展课外学习，能利用网络资源等扩充学习内容和信息渠道；开展自主学习和合作学习，反思学习效果并据此优化学习策略和方法，运用英语进行交流和表达
三级	全面和正确认识英语学习的重要意义；对英语学习抱有浓厚的兴趣和强烈的愿望；有长远规划和明确的学习目标，按需制订、调整并优化学习计划；有强烈的学习动机；积极拓宽课外学习资源，通过网络等多种信息渠道获取最新知识，并根据学习需要加以取舍；勇于面对学习困难并加以解决，主动调控心态和情绪，积极反思学习效果，对英语学习有很强的自信心和成就感；善于自主学习和合作学习，举一反三，积极争取和把握各种学习和表现机会，运用英语进行有效沟通和交流

　　掌握现行课标的分段目标，可以使师生更清晰地了解教学具体要求，学生语言能力、文化意识、思维品质、学习能力等核心素养目标才能落实到位，语言学习才能更为高效。

二、科学设计教学目标并建立目标优化体系

优化教学目标，才能提高教学效率、效果和效益。为此，应该科学设计教学目标，建立教学目标优化体系。

（一）科学设计教学目标

科学设计教学目标，首先应该清晰了解教学目标的功能，使教学目标功能得到最大限度的发挥。就现有研究，教学目标至少有以下六种功能：

一是定向功能。每一课的教学目标都是整个学科目标系统中的一环，它是教学的可靠依据，对教学过程起着指引作用，使课堂上的师生活动有共同的指向性，从而避免盲目性。

二是强化功能。教学开始前，向学生明确而具体地陈述教学目标，能激发学生对新的学习任务的期望，激发学生达到学习目标的欲望，从而调动学生学习的积极性、主动性，帮助他们形成正确的学习定式，并通过教学过程中的及时反馈对学生的学习动机和学习定式不断强化。

三是适应功能。学生有了清楚可行的目标，可以知道自己在特定的时间内（比如一堂课、一周、一学期）应完成的学习任务，从而帮助他们根据自己原有的学习程度及个性差异，自主安排学习进程，如学困生可以做预前学习或课后补偿学习，学有余力的学生可做加深学习，从而使学习活动在某种程度上能适应不同发展水平的学生的学习特点。

四是评价功能。教学目标既是学生学习应达到的程度，也是考查学生学习成果的客观尺度。教学目标应作为评价这一学科教学质量的测评体系的客观依据，教学与评价的标准一致，就能避免教学的主观性、随意性，使教学评价科学化。

五是交流功能。教学目标的制订是否科学，实施是否扎实有效，方法措施是否正确得当，均可以成为人们为改进教学而进行相互切磋、相互借鉴的内容。教学目标的交流功能使得人们取长补短、相互学习成为可能。

六是激励功能。教学目标的激励性体现在学习过程之前、学习过程之中及学习过程之后。学前，教学目标能激其志；学中，教学目标能鼓其力；学后，教学目标能励其行。教学目标能够使学生始终不懈地为完成一个个学习任务而竭智尽力。

科学设计教学目标，还要努力实现社会发展需要、课程目标特点与学生身心发展需要三位一体的有机统一。实现三位一体的有机统一对于优化教学目标有着特殊意义。单纯地以课程为中心，以学生为中心，或以社会为中心都是有碍教学目标达成的。

一是仅仅以课程为中心，丝毫不考虑学生的兴趣、爱好和社会的需要，教学工作就不能做到高效、经济。

二是仅仅以学生为中心，不考虑课程特点和社会的需要，无法保证培养出来的学生具备应有的素质。

三是仅仅以社会需要为中心，不考虑课程特点和学生身心需要，则无法实现教学的系统性和灵活性。

（二）建立教学目标优化体系

优化教学目标最主要的对策和措施是建立目标教学优化体系。目标教学是以目标为核心进行的教学设计与安排。在设计教学方案时应做到：建立教学目标系统、达标检测系统和目标教学的教学模式，即以教师为主导、学生为主体、目标为主线的模式；要明确认知领域、情感领域、动作技能领域的要求，既要抓好"双基"，又要提高能力、发展智力。

建立教学目标优化体系还要对存在的问题采取对应性纠正措施。目前，在教学目标的制订、实施过程中存在着一系列问题，有的问题还相当严重，这突出表现在：（1）只重视教的目标不重视学的目标。教学是教师教、学生学的双边活动，因而制订教学目标不仅要考虑课程的目标要求、教师本身的优势特点，还要充分考虑学生身心发展的特点，要考虑学生智力因素、非智力因素等方面的差异，做到"因材定标"。（2）只重视考的目标，不重视发展的目标。教学的目的是为了促进学生的发展，教学的目标应是围绕学生的发展而制订，不能急功近利，"以考定标"。（3）只重视认知目标，不重视情感目标和动作技能目标。教学目标的制订应体现全面发展教育的原则，不仅要有知识、理解、应用、分析、综合、评价等方面的要求，还要有培养兴趣、意志、性格、气质等方面的要求，此外，也要有培养学生创新意识、实践能力方面的要求。（4）只重视知识、技能目标，不重视智力、能力目标。制订教学目标时重视基础知识、基本技能的目标是正确的，但仅仅停留在这个目标上是不够的，还必须充分考虑智力与能力目标。智力与能力是成功地解决某种问题（或完成任务）所表现出的良好适应性的个性心理特征，这种心理特征的核心成分是思维，因而培养学生的思维品质和思维能力应该成为教学目标之一。

（5）只重视目标制订，不重视目标验收。缺少验收这一环节会使教学目标得不到应有的评价，教学目标容易流于形式，教学好坏无法判定，教学方法无法得到改善，教学手段无法得到改进，教学效能也无法得到提升。

毋庸置疑，发现、分析、解决问题的过程也是教学目标优化的过程，同时也是教学效果得以改进和提高的过程。

第二节 优化教学环节

教学环节是教学过程的具体体现，又不同于教学过程，它是教学过程的核心和关键。与其他学科一样，英语学科的教学环节也分为教的环节和学的环节。教的环节包括备课、授课、布置与批改作业、辅导学生、考核学生学业成绩等；学的环节包括预习、听课、练习、接受辅导、接受检测等。教与学的环节一一对应，落实得好，教学质量就会提高；落实得不好，教学质量就会下降。

教学环节是教学过程中的核心部分，也是关键部分。教学优化、高效教学主要看教学环节的落实情况如何，而教学环节最核心、最关键的部分要看授课质量如何。

一、教师教的环节优化

教师教的环节优化包括备课、授课、辅导、布置与批改作业、考核等五个环节的优化。

（一）备课

备课是教师上课前的准备，是上好课的前提，是发挥教师主导作用的保证。对如何备课，林崇德在《教育的智慧》一书中提出，备课要备出教学大纲的目的、单元或章节的目的和课时的目的；要突出重点，讲好难点，说明疑点；要从教材实际出发，从社会发展实际出发，从学生实际出发；要抓住基本知识和概念、基本技能和技巧，灵活地发展智力和能力；要注意一门学科的上下联系、年级之间的联系，各学科也要彼此照顾。[1]

对如何备课，王义智有非常独到的研究。他指出，备课一要明确目的性；二要考虑全面性；三要强调准备的充分性；四要讲究针对性；五是设计要有层次性；六要注重计划性，含学期（学年）教学计划、单元（课题、模块）教学计划、课时（节次）教学计划；七要具有创新性。

[1] 林崇德.教育的智慧：写给中小学教师［M］.北京：开明出版社，1999：56-61.

为此，教师要做好以下几件事情：

第一，备课时要确定教学重点。如何确定重点呢？要根据教学目的要求、内容的地位和作用、知识的生长点、学生知识水平、教材内容详略、练习题的设置、学科的特点确定重点。

第二，备课时应做好八项设计，即结构设计、过程设计、问题设计、板书设计、育人设计、头尾设计、手段设计、应用设计。

第三，备课时要科学地处理教材。总体上做到目的适宜，要求适度；统观全面，确定重点；化难为易，分散难点；防患未然，杜绝弱点。权衡轻重，适当增删，重其所重，轻其所轻；增要慎重，删要放心；琢磨深浅，考虑宽窄，处理顺序也要讲究艺术。

第四，备课时还要克服心理障碍，即"自我中心倾向、优生中心倾向、知识第一倾向、思维定式倾向、角色冲突心理、显示自己心理、目的偏颇心理、迷信名家心理、认识偏差心理、形式主义倾向"等。[1]

我们认为备课应以目标为导向、以内容为中心、以方法为重点、以效果为目的。英语备课要备出重点，备出难点，备出疑点，备出高度，备出深度，备出宽度，备出教法，备出学法，备出考法，备出知识，备出技能，备出策略，备出媒体，备出手段，备出新意。如此备课，才能保证教学的高效率。

（二）授课

授课是指教师指导学生培养品德、掌握知识、发展能力、形成个性的活动。什么是一节好课？一般认为，应该目的明确，内容正确，重点突出，难点突破，不留疑点，方法得当，手段适宜，语言科学，板书合理，联系实际，寓教于乐，气氛和谐，组织有序。

为此，要做好以下几点：

第一，巧妙导入新课。英语课导入新课要讲求目的性、针对性、启发性、新颖性、趣味性、简洁性、情境性、引导性。王义智提出，可以以旧引新——连贯性导入；适时开导——点拨性导入；立疑激趣——悬念性导入；析题解意——释题性导入；开门见山——直接性导入；鼓动褒奖——

---

[1] 王义智.实用教学艺术［M］.天津：天津科学技术出版社，1995：40.

激励性导入；比较分析——对比性导入；巧设疑难——问答式导入；错中识真——逆反式导入。[1]我们认为，还可以课件展示——情境性导入；故事叙述——趣味性导入；任务检查——实践性导入等。

第二，做到精当讲解。英语授课要讲在学生的疑难点、兴趣点、兴奋点、困惑点上，讲在知识的"引发点""衔接点""关键点""薄弱点""特色点""浓缩点"上，讲在技能的"发展点"上，讲在策略的"形成点"上，讲在文化的"扩展点"上。

第三，善于突破难点。英语教学突破难点的方法有：纳新入旧，化解难点；以旧促新，突破难点；设置情境，减少难点；启发点拨，消除难点；专项练习，攻克难点；综合练习，分散难点；分析对比，降解难点；讨论争辩，消弭难点。

第四，能够把握好度。教学中把握好几个度：程度，即教学对象的实际水平；广度，即教学内容的设计范围；深度，即对教科书的恰当把握；难度，即教学内容的难易程度；速度，即教学节奏和表述快慢；进度，即教学内容的课时分配；密度，即向学生传授的信息量；精度，即教学内容的精炼性；坡度，即教学难度上升的快慢；角度，即指从不同侧面考虑问题。

第五，努力走出误区。授课还要注意走出几个误区：简单地以"满堂问"代替"满堂灌"的误区，以"少讲少练"代替"精讲精练"的误区，以教参代替教案的误区，以教法代替学法的误区，以结论代替过程的误区，以语言讲授代替语言实践的误区。

授课是教学活动过程中的中心环节，是教学环节中最重要、最关键的一环。教学成效主要取决于授课质量和授课水平。34位高成效教师教学系统相关要素问卷[2]表明，有20.58%的教师重视备课环节，有76.47%的教师重视授课环节，有2.95%的教师重视辅导环节，这说明，提高授课质量是提高教学质量的一个重要条件。

（三）辅导

辅导是课堂教学之后由教师帮助、指导学生学习的一种教学形式，

［1］王义智.实用教学艺术［M］.天津：天津科学技术出版社，1995：61-65.
［2］陈自鹏.我做管理——从班主任到教委主任［M］.北京：线装书局，2010：118.

它是课堂教学的补充、延续和深入，是因材施教原则的具体体现，它对于了解教学效果、培养优秀生、转化学困生起着积极作用。辅导的基本要求:认识要正确，态度要端正，准备要充分，施教要因材，方法要灵活，内容要全面，形式要多样，安排要适当。[1]

要提高辅导效果，应做到"五确定":确定辅导对象，确定辅导内容，确定辅导时间，确定辅导地点，确定辅导方式。"五确定"是提高辅导效果的前提和条件。确定辅导对象，需要分析和了解学生的学习现状和学习潜能，以便做到因材施教。确定辅导内容，需要事先掌握学生的知识和技能欠缺情况，以便查漏补缺。确定辅导时间，需要合理分配和利用课上和课下时间，以便发挥时间效能。确定辅导地点，需要弄清楚有多少学生需要接受辅导,以便确定是个别辅导还是集体辅导。确定辅导方式,需要改进辅导方法和手段，以提升辅导的效果。

要提高辅导效果，还应注意引疑、设疑、质疑、释疑和点化艺术。引疑要唤起注意，设疑要激发兴趣，质疑要引发动力，释疑要解除困惑。点化方式也有很多，如直观点化、认知点化、情境点化、类比点化、趣味点化、旁敲点化、示范点化、联想点化、诱导点化，英语学科学生辅导还可以实行任务点化、交际点化等。

（四）布置与批改作业

布置与批改作业也是教学过程中的一个重要的环节。要求如下：

第一,作业设计有特点。英语作业设计要体现启发性、趣味性、层次性、多样性、典型性、针对性、创新性等特点。作业的种类有很多，按知识技能划分，有语音、词汇、语法和听、说、读、写作业；按作用用途划分，有预习性作业、巩固性作业、扩展性作业、矫正性作业和改进性作业等。

第二，作业布置有创新。作业布置要循序渐进，形式多样，针对性强，注重创新。为此，作业布置中要克服重讲轻练、讲练分离、为练而练、题海战术、内容雷同等五个问题，要避免给学生布置过度机械性、过度重复性、无效性、低效性或惩罚性作业，努力减轻学生的课业负担。要

---

[1] 王义智.实用教学艺术［M］.天津：天津科学技术出版社，1995：166-170.

抓好学生的基本练习、机械练习、记忆练习、替换练习、变式练习、比较练习、改错练习、操作练习、发展练习、综合练习和创造练习。

第三，作业批改有原则。批改作业的基本原则：科学性原则、正确性原则、严格性原则、公正性原则、及时性原则、适度性原则、启发性原则、针对性原则、鼓励性原则、巩固性原则、矫正性原则、改进性原则。

第四，作业批语有要求。要严肃认真，忌潦草从事；因人而异，忌千篇一律；生动活泼，忌死板教条；具体鲜明，忌笼统模糊；表扬为主，忌一味批评；考虑承受，忌评语过度；注重教育，忌忽视育人；实事求是，忌形式主义。

第五，作业差错有分析。作业批改后，要对学生解题差错的心理进行科学分析。学生英语作业出现差错一般有如下几种：知识性差错、理解性差错、选择性差错、遗忘性差错、马虎性差错、习惯性差错、环节性差错、想象性差错、逻辑性差错、应用性差错、阻滞性差错、特殊性差错。

第六，作业指导有侧重。指导学生作业，要重视几种练习。基本练习重在明理，变式练习重在固本，比较练习重在思辨，纠错练习重在扶正，操作练习重在内化，综合练习重抓联系，发展练习重在引发。[1]

第七，作业讲评有方法。作业讲评的方式方法可以多样化，比如可以个别讲评，可以集体讲评；可以边改边评，可以边评边改；可以对比讲评，可以概括讲评；可以点拨讲评，可以启发讲评；可以师生共评，可以生生互评；等等。

（五）考核

考核是教师用一定的标准对学生学业成绩进行检查与评定。从时间安排上看，分平时考核与阶段考核两种；从考核方式上看，有口头考核和书面考核两种；从考核目的上看，有诊断性考核和选拔性考核。

考核是一件很复杂的事情，一般包括考试和考查。考试和考查从过程上看大致可分为五个阶段：命题、组织考试考查、评阅试卷、试卷分析、考后讲评。

［1］王义智.实用教学艺术［M］.天津：天津科学技术出版社，1995：156-159.

考试和考查首先应注意科学性，科学性是前提。保证其科学性尤其要保证考试和考查的信度和效度两个主要指标。信度是指避免测试误差的程度，即同一个学生在不同场合参加同一测试或参加与内容和难度相当的不同测试，其成绩保持一致的程度。效度是指一个测试达到预期目的的程度，是对测试成绩所做的确切的、有意义的和实用的推断，即测出了应该测出的东西。信度与效度有联系，也有区别。效度是测试的最重要的标准，因为任何对测试成绩的分析和推断都必须确切、有意义与实用，也就是说，它们必须达到测试的目的，否则，再高的信度也无济于事。然而，信度的重要性也不容忽视，因为信度是效度的前提和必要条件，如果一个测试不能保持稳定性，它就不能为分析效度提供依据。

考试和考查要重视命题原则、类型和方法。试题内容要符合课标要求，应紧扣教材内容；试题难易程度要适当，分量要适当；试题应理解和记忆相结合，具有启发性；试题形式应多样化，题型可包括客观题、主观题，口试题、书面题，填空题、选择题，扩展题、摘要题、补充题、续写题等。命题有任课教师自行命题、任课教师交叉命题、其他非任课教师命题、同年级任课教师集体命题、学校教务处统一命题、选用题库已有命题、请校外人员命题等几种不同的方式。

考试和考查成绩的评定方法可采用百分制、等级制或评语法。成绩评定需要制订统一评卷标准，先进行试评和评估，采取个人评与集体评相结合，注意加强复评、复查、复核、复审工作，一要为学生提供真实可信的学业成绩，二要为教师考后采取措施、矫正教学、改进教学、完善教学提供真实有效的数据。

考试和考查完毕后要做好试卷分析，包括对试题质量的分析、成绩的统计与分析、试卷存在问题的分析以及应该改进的措施分析。教师通过测试要明确教学的缺失点，学生通过测试要知道自己的薄弱点。

考试和考查还要关注其丰富的教育性。考核除了要坚持科学性、目的性、客观性、全面性、激励性、反馈性和实效性外，它对学生还是一种训练、一种约束、一种规范、一种鞭策、一种激励。无论是平时考核还是阶段考核，口头考核还是书面考核，抑或诊断性考核还是选拔性考核，都应教育学生严肃对待，要通过考核对学生进行刻苦治学、严谨治学、遵规守纪、奋发拼搏的教育。

二、学生学的环节优化

教学是师生双边的教学活动，教师主导作用重要，学生的主体作用更重要。教学成效的取得与教师有关，更与学生有关。学生在教学过程中的积极程度和思想行为方式对学习成绩产生重大的影响。在英语学习环节中，我们应特别强调自主、合作、探究的学习方式。

对应教师教的环节优化，学生学习环节优化包括预习、听课、练习、接受辅导、接受检测等五个主要环节的优化。

1. 预习。预习是学生听课前对学习内容的自学活动，它起着心理准备、知识准备、问题准备的作用。学生预习完要学习的课程之后，会产生一种心理指向、一种欲望和动机，对要学习的知识有了大概的了解，并且能够带着问题和思考去听课。提高预习的效果，必须加强预习的目的性、计划性、针对性和渐进性。英语课程的预习要特别注意语音、词汇、语法及其在句子或者语篇中的运用问题。

2. 听课。听课是学生学习活动中最重要的环节之一。60名高中生学习活动相关要素问卷[1]表明，30名学习成绩较好者有22人重视听课环节，30名学习成绩较差者有16人重视听课环节，这说明听课对提高学习成绩的作用是不可低估的。为了提高学生听课的效果，教师必须加强听课指导，使学生听课时集中精力、排除干扰、专心向学，引导学生善抓重点、善破难点、善除疑点，注重基础、积极思考、重视联系、分析综合、概括归纳、建立网络。学思结合是听课中的关键，学生一方面要把课听清、听懂，另一方面要把有关问题弄通、弄透。

3. 练习。练习是学生巩固所学知识、培养技能技巧、提高能力的学习活动。要通过练习切实达到夯实双基、提高分析和解决问题能力的目的，一要做到练而有向，即应遵循教学目标的要求安排好练习，不能盲目练习；二要练而有度，即应认真分析自己的长处和短处，对掌握得好的知识点可适当练习，对掌握得不好的知识点则侧重巩固；三是练而有

---

[1] 陈自鹏.我做管理——从班主任到教委主任[M].北京：线装书局，2010：119.

伴，即在练习中注意与同学、同桌、同伴互练，以培养与人合作、语言交际的能力；四是练而有法，即在练习中应掌握科学的方法，注意总结经验和教训；五是练而有新，即通过练习要对所学知识有新的理解，能够做到灵活运用；六是练而有效，即练习应讲求效率，力争取得好的效果。

4.接受辅导。接受辅导是学生巩固知识、查漏补缺、深化知识、提高能力的重要一环。要改进辅导的效果，学生必须做到：虚心求教，勤学好问；取人之长，补己之短；认真总结、注重思考；循序渐进，不断提高。对学习效果的研究表明，学生学习误差的积累是造成学生成绩差异的主要原因。学生接受辅导时的态度以及接受辅导以后矫正误差的努力程度在某种程度上对学生的学业成绩有决定性影响。这一点必须引起注意。

5.接受检测。接受检测是学生自检自评学习质量和水平的非常重要的环节，也是教学活动必不可少的重要组成部分之一。学生应掌握考试技巧和方法，做到沉着冷静、审题严谨、作答准确、讲求速度、发挥优势、克服劣势。此外，学生考后要在教师的指导下做出恰如其分的分析，制订出可行的查漏补缺的措施和学习矫正的方案，明确今后应该努力的方向，改进学习方法，提升学业水平。

第三节 优化教学策略

教学策略包括教的策略和学的策略。教师应在教学中综合考虑语言技能、语言知识、情感态度、学习策略、文化意识以及学科核心素养的课程目标，根据学生的发展状况，整体规划各个阶段的教学任务，有效整合课程资源，优化课堂教学，培养学生的自主学习能力，为学生的可持续发展奠定基础。

关于英语教和学的策略，国内外有关专家进行了深入而独到的研究。我们从教的策略和学的策略两个方面对有关成果进行梳理和阐述。

一、优化教的策略研究

教的策略研究涉及知识、技能和功能教学策略，教学过程策略，以及学生学习指导策略。我们重点介绍朱晓燕的选择和实施英语课堂教学策略研究、鲁子问的教学过程策略研究、潘洪建等人的有效学习指导策略研究的有关成果。

（一）朱晓燕的选择和实施英语课堂教学策略研究

朱晓燕从选择和实施英语课堂教学策略的总思路框架入手，分别探讨了英语知识和英语技能以及功能教学策略的思路框架，提出了在教学中应该注意的问题。朱晓燕对这些策略和问题的研究针对性强，易于课堂操作，实效性强，对于我们优化英语课堂教学策略，提高教学效率、效益有实际指导意义。

1.选择和实施英语课堂教学策略的总思路框架设计

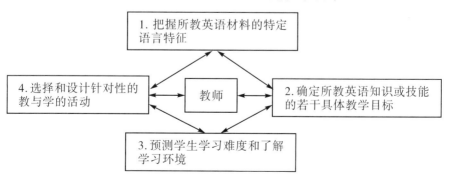

图 3-1 选择和实施英语课堂教学策略的总思路框架

教师在课堂教学策略的设计上总体要做到：第一，把握所教英语材料的特定语言特征；第二，确定所教英语知识或技能的若干具体教学目标；第三，预测学生学习难度和了解学习环境；第四，选择和设计针对性的教与学的活动。

2. 在总思路框架下，朱晓燕提出英语课堂教学的具体思路框架

（1）语音教学策略

教师首先要把握语言材料的具体语音特征，其次确定所教的特定语音知识和技能的教学目标，再者预测学生学习难度和了解学习环境，最后选择和设计针对性的教与学活动。

语音教学需要注意的几个问题：

第一，把握材料的语音特征。教师需要事先认真思考，在课堂教学中引导学生先观察与思考，然后提问、解释和列出语音特点。

第二，明示语音语调教学目标的细项。教师需要综合考虑课本指令要求、语言材料特征、学生学习过程特点等因素，明确制订该材料中2~3个语音语调细目练习，如省略、同化、连续、失去爆破等。

第三，预测学生语音学习的难度。教师需根据具体的教学目标（教学内容和教学要求）等有针对性的预测，提供铺垫和有针对性的练习。

第四，设计和安排相关的教学活动。教师需要在教前、教中和教后，提供不同形式的语音材料接触量。此外，教师要鼓励学生积极思考。

（2）词汇教学策略

教师首先要把握语言材料的词汇特征，其次确定所教词汇知识的教学目标，再者预测学生学习难度和了解学习环境，最后选择和设计有针对性的教与学活动。

词汇教学需要注意的几个问题：

第一，把培养学生的词汇学习策略和扩大词汇量紧密结合。

第二，把完整的口头或者书面语言材料与新授词汇紧密结合。

第三，把辨认、分类和点拨词汇的意义、形式和使用功能紧密结合。

第四，把英语各类词汇项目从语言和教学法的角度紧密结合。

第五，把英语各类词汇项目练习活动与学习目标紧密结合。[1]

（3）语法教学策略

教师首先要把握语言材料的主要语法特征，其次确定所教语法知识的教学目标，再者预测学生学习难度和了解学习环境，最后选择和设计针对性的教与学活动。

语法教学需要注意的几个问题：

第一，点拨语法三类特征（意义、形式和结构）。教师注意通过提问，引起学生对意义、结构和用法的思考和理解，然后解释和归纳所教语法的语言材料的特点。

第二，明示语法三维目标。教师应该综合考虑课本指令要求、语言材料特征、学生学习过程特点等因素，同时要让学生在课堂上清楚了解所学语法的三维目标。

第三，预测学生语法学习上的难度。教师需根据语言材料上所涉及的语言特征（语境、话题、语篇、语法）等预测学生学习时会遇到的困难。

第四，安排相关教学活动。教师应当让教语法的过程成为建立关联性的一个整体。语法教学之初向学生列明三维目标；在语法教学过程中，应当组织活动帮助学生理解语法；之后，应在听、说、读、写结合的语言活动中强调语法，进行真实情感交流和自然语言交际。[2]

（4）听力教学策略

教师首先要点拨听力材料的语言特征，其次确定所教听力微技能的教学目标，再者预测学生听力学习难度和了解学习环境，最后选择和设计针对性的教与学活动。

听力教学需要注意的几个问题：

第一，点拨语言材料的语言特征。教师可以先通过提问，引起学生关注，然后列出和解释所听语言材料的语音特点，题材篇章结构特点，语法、词汇知识点，如注意辨认口头语篇材料常见的缩合、省略等现象。教师应首先引导学生理解材料内容，其次才是关注语言。

---

［1］　朱晓燕.英语课堂教学策略——如何有效选择和运用［M］.上海：上海外语教育出版社，2011：31–52.

［2］　同［1］76.

第二，明示听力微技能教学目标。教师需要根据课文指令要求、语言材料特征、学生学习过程特点等因素综合考虑，明确制定 2~3 个听力微技能和听力策略，同时要让学生在课堂上清楚了解所学的微技能名称，坚持让学生获取未知信息（即事先不要预习，听时不要看书）。

第三，预测和诊断学生听力上的难度。教师需根据口头材料所涉及的语言特征（语境、话题、语音、词汇、语篇、语法）、微技能目标、听力策略等，结合学生前期学习内容和学习效果，以及学生在听力过程中的各种行为表现和表情，预测并诊断学生学习的难度。

第四，设计和组织有针对性的训练活动。教师需要让学生听前、听时和听后的活动建立关联性或者成为前后呼应的一个整体，即听前向学生列明听力微技能的目标，听时要体现相应的听力策略，听后增补相应材料，检查对该微技能所掌握的程度。[1]

（5）英语阅读教学策略

教师首先要把握阅读材料的体裁特征，其次确定所教阅读技能的教学目标，再者预测阅读学习难度和了解学习环境，最后选择和设计具有针对性的教与学活动。

阅读教学需要注意的几个问题：

第一，点拨阅读材料的体裁特征。教师可以先问学生所阅读的材料是什么体裁，以引起他们的关注，然后解释和列出所读语言材料的特点，体裁篇章结构的特点，语法、词汇知识点。

第二，明示阅读微技能教学目标。教师需要在每一节阅读课前明确制订 2~3 个阅读微技能或阅读策略，同时要让学生在课堂上清楚了解所学的阅读微技能名称；阅读课堂上，教师应当安排学生参加真实的阅读活动来获取文本中的信息。

第三，预测学生阅读学习上的难度。教师需根据语言材料所涉及的语言特征，结合学生目前的认知水平，预测学生阅读中可能遇到的困难，了解材料对学生智力挑战的程度是过高还是过低，学生对背景或者内容的理解是太难还是太易，对篇章和语言理解可能有哪些困难等。

［1］朱晓燕.英语课堂教学策略——如何有效选择和运用［M］.上海：上海外语教育出版社，2010：100.

第四，设计和安排相关教学活动。教师务必将读前、读时和读后的活动建成关联性的一个整体。教师应当组织学生结合阅读材料，积极思考，进行读、听结合或读、说、写相结合的各种有情感交流和对语言材料内容有深刻理解和恰当表达的活动。[1]

（6）英语口语教学策略

教师首先要把握英语口语材料的语言特征，其次确定所教口语技能的教学目标，再者预测学生口语学习难度和了解学习环境，最后选择和设计口语教与学的针对性活动。

口语教学需要注意的几个问题：

第一，点拨语言材料的语言特征。教师可以根据课本中口头语篇材料的特征，先向学生提问，然后列出并解释所说的语言材料的语音特点，体裁篇章结构特点，语法、词汇知识点，使学生在练习表达之前就有先入为主的模板可参照。

第二，明示口语微技能教学目标。教师需要根据课本指令要求、语言材料特征、学生学习过程特点等综合因素，明确制订2~3个口语微技能和策略，同时让学生在课堂上清楚了解所学的口语微技能的名称。

第三，预测学生口语学习的难度。教师需根据语言材料所涉及的语言特征（语境、话题、词汇和语篇、语法）、微技能目标、口语策略等，结合语音语调等特点，预测和诊断学生练习该口语微技能会遇到的困难，从而为学生在心理情感、语言功能、内容、语言表达等方面提前做好准备。

第四，设计和组织有针对性的口语教学活动。教师务必将说前、说中和说后的活动建成具有相互关联性的一个整体。学生说前要知道所练习的口语微技能的名称，场合是否正式，说话人之间的关系，谈论的语言是何种功能，表达需要哪些语言结构等；说之时，注意说话的语气、语调和听者的反应；说后，教师增补相应口语任务，检查学生对该口语微技能所掌握的程度。[2]

---

[1] 朱晓燕. 英语课堂教学策略——如何有效选择和运用 [M]. 上海：上海外语教育出版社，2010：126-127.
[2] 同 [1] 152.

（7）英语写作教学策略

教师首先要把握所写材料的体裁特征，其次确定所教写作技能的教学目标，再者预测写作难度和了解学习环境，最后选择和设计有针对性的教与学的活动。

写作教学需要注意的几个问题：

第一，点拨不同体裁材料的语言特征。教师可以先提问，让学生了解写作体裁的名称、结构，然后列出和解释写作的语言材料的特点，体裁篇章结构特点，语法、词汇知识点，如注意辨认书面语篇材料常见的体裁等。

第二，明示写作微技能教学目标。教师需要根据课本的指定要求、语言材料特征、学生学习过程特点等因素，明确制订2~3个写作微技能和策略，同时要让学生在课堂上清楚了解所学的微技能。

第三，预测学生写作上的难度。教师需根据原材料所涉及的语言特征（语境、话题、词汇和语篇、语法）、微技能目标、写作策略等预测学生会遇到的困难，充分利用学生母语写作中的思维特点，注意内容表达的条理性、逻辑性和清晰度。

第四，设计和安排相关教学活动。教师务必让写前、写时和写后的活动建立关联性，写作前向学生列明写作微技能目标，体现相应的写作策略。同时，教师要激活学生原有的背景知识，必要时复习或者铺垫若干关键词。学生写作后，教师增补相应的材料检查学生对该微技能所掌握的程度，并组织看图、讨论等活动进行各种情感交流和观点表达。[1]

（8）英语语言功能教学策略

教师首先要把握语言材料的功能特征，其次确定所教功能与话题的教学目标，再者预测学习难度和了解学习环境，最后选择和设计有针对性的教与学的活动。

功能与话题教学需要注意的几个问题：

第一，建议教师仔细研读所教的语言材料，判断它们的题材类型、篇章特点（口头还是书面语篇），包含哪些语言功能项目，应该设计哪些

---

[1] 朱晓燕. 英语课堂教学策略——如何有效选择和运用［M］. 上海：上海外语教育出版社，2010：177.

话题。

第二，对照《全日制义务教育普通高级中学英语课程标准（实验稿）》所列出的不同年级的具体要求，综合以上各个方面确定课堂上的具体教学目标——不同的场合所使用的表达方式和语言功能不同。

第三，设计或者选择若干相应语境，为学生准确理解和恰当表达提供练习的实例、活动和任务。[1]

朱晓燕对教学策略的研究涉及语音、词汇、语法，涉及听、说、读、写技能和功能教学策略。其研究有如下特点：一是有总体策略思路框架，策略思路框架有理论依据，划定了英语知识教学、技能教学和功能教学的策略实施路线图；二是有明确的分项策略思路框架，针对不同的分项教学要求提出不同的措施，体现教学过程要求；三是提出的应注意的问题细致合理，切合课堂教学的实际，可操作性很强，实际上是优化教学策略的具体方案；四是教学过程中强调分析语言材料特征，把握教学目标，预测学习难度，了解学习环境，选择和设计教学活动，具有科学性、针对性、连贯性、系统性、整体性等特点，是高效教学策略的较优设计。若这些教学策略真正落实到位，英语教学一定会有效、高效。

（二）鲁子问的英语教学过程策略研究

教学是教师主导的行为，教师可以根据教学过程因素，设计合理的教学策略来展开教学，促进学习成效的提升。鲁子问[2]认为教学策略应包括管理策略、提问策略、传授策略、评价策略和整合策略。实际上这是一个从目标设定到教学效果评估的完整的教学过程策略研究范式。

1.管理策略主要包括布局策略、指令给予策略和活动形式选择策略等。

（1）布局策略。布局策略应该遵循四个原则，即目标适应原则、活动自由原则、教师注意原则和学生注意原则。目标适应原则是指教室的布局应该能够满足不同课堂活动的需要，如学生展示、学生表演等的需要。活动自由原则是指教室的布局能够满足教师在教室来回走动指导学生的需要。

[1] 朱晓燕.英语课堂教学策略——如何有效选择和运用［M］.上海：上海外语教育出版社，2010：192.
[2] 鲁子问.英语教学论［M］.2版.上海：华东师范大学出版社，2010.

教师注意原则是指教室的布局应该使教师能够对整个课堂进行监控，关注到每个学生。学生注意原则是指学生能够很容易注意到教师的教学展示。

（2）指令给予策略。指令给予策略应遵循清晰原则、演示原则、检查原则、时机原则、先行组织原则、指令完备原则、起止清楚原则。清晰原则是指指令给予应该简短明了。演示原则是指解释活动时配以演示。检查原则是指教师可以抽查学生对指令的理解，考查学生是否真正清楚活动的要求。时机原则是指教师要掌握好发出指令的时机，不要在学生未进入听课状态，或教师未完成手里的工作时发出指令。先行组织原则是指教师在交代活动时应注意新旧知识的连接。指令完备原则是指教师所发出的指令应该是完整的，应该告诉学生活动的目的、步骤、时间及具体要求。起止清楚原则是指教师要明确地告诉学生活动开始和结束的时间，以便学生合理安排活动的时间。

（3）活动形式选择策略。课堂活动形式选择策略包括参与定向策略、活动定向策略、目标定向策略。参与定向策略是指课堂可以采取的活动形式多种多样，包括全班活动、小组活动、配对活动及个人活动。活动定向策略是指不同的活动对组织形式的要求不同。目标定向策略是指活动的目标各不相同。

2. 提问策略的目的就是提高提问的有效性。课堂上教师的提问是一个很重要的环节，问题的好坏影响到教学的质量。教师课上可使用的问题根据内容、形式、难度、文本、自由度等可细分为不同的类别。教师提的问题要适合学生的认知与语言水平，应涵盖各个层次。问题要富于启发性，能激发学生学习的兴趣。教师提出问题后要给予学生一定的时间进行思考，学生回答后要及时给予学生反馈。

3. 传授策略就是要求教师要注意传授方法，要遵循一定的传授原则，使课堂教学能够取得好的效果。传授策略包括以下几种：

（1）利用旧知识导入新知识；（2）实物或图片式；（3）表演式；（4）日常交际式；（5）分布式；（6）翻译式；（7）循环式；（8）渗透式；（9）解谜式；（10）设问式或问题中心法；（11）解释；（12）归纳学习法；（13）演绎学习法；（14）探究策略；（15）示范模仿。

4. 评价策略就是指教师要注意在课堂上采取学生自评、学生互评、教师评估等方式进行课堂评价。

（1）学生自评

表3-9　学生课堂表现自评表

课堂表现	是	否
1. 我今天是否主动回答过老师所提的问题？		
2. 我在小组讨论中是否积极参与？		
3. 我是否能在课堂上尽量使用英语回答问题或参与讨论？		

表3-10　Self-evaluation of learning activities（tick the box）

Activity	I like	It's OK	I don't like
Listening to authentic conversations			
Watching the TV news			
Singing songs			
Doing grammar exercises			
Doing pronunciation exercises			
Doing drills in the language lab			
Doing group work			
Doing role-plays			
Playing games			
Writing letters			
Reading the newspapers			

（2）学生互评

表3-11　学生互评表

Your Name: ＿＿＿＿＿＿＿　　　Date: ＿＿＿＿＿＿

Your partner's name: ＿＿＿＿＿＿＿＿＿

Setting Improvement Goals

1. Review your partner's work sample.

＿＿＿＿＿＿＿＿＿＿＿＿＿＿＿＿＿＿＿＿＿＿＿＿＿＿

2. What do you think your partner can do from the sample?

＿＿＿＿＿＿＿＿＿＿＿＿＿＿＿＿＿＿＿＿＿＿＿＿＿＿

3. What do you think your partner did?

＿＿＿＿＿＿＿＿＿＿＿＿＿＿＿＿＿＿＿＿＿＿＿＿＿＿

4. What do you think your partner could do to make it better?

＿＿＿＿＿＿＿＿＿＿＿＿＿＿＿＿＿＿＿＿＿＿＿＿＿＿

（3）教师评估

学生的自评和互评都必须与教师的评估结合起来，教师需要为学生提供反馈意见，为学生写评语，填写学生行为评估表，或者与学生座谈。教师还可以随时对学生的成绩进行评估，如在课堂讨论中、学生写作中，以及在课堂教学的各个环节中对学生成绩进行评估，学生的回答都将作为衡量学生成绩的标准。

5.整合策略就是注意将教学中的不同方面进行整合，包括教学资源整合、教材整合、语言技能整合、学习目标整合、信息技术与课程整合、学科知识与语言知识整合等。[1]

（三）潘洪建等人的有效学习指导策略研究

潘洪建等人提出，根据学习心理构成，有效学习指导策略可分为情意激发策略、认知指导策略、元认知指导策略和资源管理指导策略等。

有效学习离不开教师的指导，有效学习的指导包括给出相关实例，提供信息资源，运用认知工具，创设合作情境，通过交互学习和群体学习使学生主动探究，互动合作，完善认知结构与人格结构。

从教师指导的内容看，有效学习指导可分为环境创设策略、任务适切策略、区别对待策略、及时反馈策略等，例如：

1.创设宽松的学习环境。只有学习者感到安全，不受嘲笑和指责，他们才会不怕露怯，主动暴露自己的真问题，主动地参加讨论、探究或体验，全身心地投入学习活动。

2.制订合适的学习任务。学习任务应适应学习者的需要，切合他们的知识与能力准备，既不能过难、过深，又不能由于缺乏挑战性、新颖性而使学习者感到乏味或疲惫。

3.进行个别指导。加强教学指导的针对性，及时提供有区别的帮助。学生脾气秉性不同，知识能力与兴趣爱好有别，不存在普遍适用的最优方法，教师必须个别对待。

4.及时提供适度的反馈。中小学生是成长中的学习者，其学习不是完全意义上的自主学习，也不是真正的自我监控条件下的学习，而只是

---

[1] 鲁子问.英语教学论［M］.2版.上海：华东师范大学出版社，2010：71-92.

半自主、半自我监控下的学习。因此，反馈评价能促成学习者调控学习过程，改进学习策略，促成学习者反思和调整学习的方法。[1]

二、优化学的策略研究

教师教的策略要服从于学生学的策略，学生学习的策略更为重要，这也是很多教师和学者将研究多集中在学生的"学"之上的原因，即如何提高学生的语言学习效率，如何改进学生的语言学习效果，如何提升学生的语言学习效益。《义务教育英语课程标准（2011年版）》中提到，学习策略是指学生为了有效地学习和使用英语而采取的各种行动和步骤，以及指导这些行动和步骤的信念。程晓堂认为，语言学习策略是学习者为了使语言学习取得更好的效果而采取的策略，包括学习者为了更好地完成某个学习活动或学习任务而采取的微观策略，学习者对自己的学习目标、学习过程、学习结果进行计划、调控、评估等而采取的宏观策略，以及学习者对语言和语言学习的一些认识[2]。

英语学习策略比较复杂，至少应该包括认知策略、调控策略、交际策略和资源策略等。国外对学习策略研究的成果很多，近些年有些成果也在国内陆续得到介绍、研究和借鉴。

（一）Carol的学习策略研究

Carol研究发现，语言学习策略是学好语言的重要因素。成功的学习者频繁使用很多策略，他们比其他学习者更频繁使用某些种类的策略，如喜欢说英语，喜爱阅读，能容忍模糊，拥有正面的情感，拥有很大的词汇量，掌握一定的语法知识。

1.喜欢说英语。学一门新的语言时，用该语言进行文化交流是很重要的。许多成功的学习者会主动寻找他人用英语进行会话，请求对方帮助自己纠正错误。很多学习者因为担心自己说得可能不正确而不愿意和别人用英语交流，但优秀的学习者则善于抓住任何机遇说英语（包括和同伴交谈），因为用英语进行任何形式的练习很重要。

2.喜爱阅读。优秀的学习者以读书为乐，他们积极主动寻找能阅读

［1］潘洪建.有效学习的策略与指导［M］.北京：北京师范大学出版社，2013：4-5.
［2］程晓堂，郑敏.英语学习策略［M］.北京：外语教学与研究出版社，2002：13.

英语的机会。相对于听、说、写的机会，学习者更容易获得阅读的机会。书和杂志可以给读者提供关于英语国家当地文化的知识。遇到难懂的文章，学习者可以重复读，但如果要和搭档重复对话，学习者可能会遇到麻烦。这些进一步说明阅读是有用的语言学习策略。

3. 能容忍模糊。优秀的语言学习者一般不要求"给答案"，不会不断地翻译，也不会为了准确的意思查字典。他们有策略应对一定程度的不确定的语义。当他们没把握时，愿意进行猜测。即使不全明白每一个单词的意思，他们也能理解文章的大意。面对不完整的知识，英语学习效率较高的学生能运用"容忍模糊"策略坚持学习。

4. 拥有正面的情感。学生的学习情感非常重要。英语学习效率较高的学生能够使用策略来管理和控制自己的情感和情绪，尤其是焦虑，因此他们能保持放松和积极的心态。

5. 拥有很大的词汇量。很明显，单词是构建语言的砖块。优秀的语言学习者拥有大量的词汇，并能灵活、恰当和流利地运用。优秀的语言学习者能使用有效的策略把新学的知识和已知的知识联系起来，并拓展词汇量。

6. 掌握一定的语法知识。如果说词汇是构建语言的砖块，那么语法则是黏合砖块的水泥。成功的语言学习者知道运用扩展策略来辨认语言之间的联系和不同句型的重要性，以及将新的语言知识融入总体语言系统。[1]

由此我们得出如下结论：喜欢说，爱阅读，会猜测，情绪稳，词汇多，懂语法是高效学习的几个基本策略。

（二）O'Brien对不同风格学习者的策略建议

因材施教是十分有效的教学方式。英语教学的高效与否取决于因材施教做得如何。因材施教的前提是承认学生之间的差异，并根据差异恰当地展开教学活动。

学生之间有很大的差异，其中学习风格对英语学习效果有比较大的影响。针对视觉偏爱型学习者、听觉偏爱型学习者、触觉偏爱型学习者等不同学习风格的学习者，O'Brien建议采取如下策略：

---

［1］ GRIFFITHS C. Patterns of language learning strategy use［J］. System, 2003, 31 （3）: 367-383.

1．给视觉偏爱型学习者的建议

（1）有些信息（如引文、列表、日期等）要记录下来，如此记忆，效果更好。

（2）别人说话时注视着他们，如此可帮助你保持专注。

（3）通常选一个安静的地方学习功课为好，然而，许多视觉学习者却是边播放音乐边学习。

（4）某一点不明白时可请老师再做解释，简明扼要地说："请再重复一遍好吗？"

（5）大多数视觉型学习者自学效果更好。

（6）多做笔记，若错过某些细节，要预留空间，然后可从同学或老师那里借阅笔记。

（7）抄写笔记。重写有助回忆。

（8）使用彩色笔突出笔记、课本、讲义等学习资料中的主要思想。

（9）在做阅读作业之前，设置一个特定的学习目标，写下来并贴在面前，比如"7点到7点半，我将完成第一章的阅读。"

（10）阅读之前先预览全章内容，看看图片、章节的标题等。

（11）如有可能，选择离门和窗口最远且靠近教室前排的一个座位。

（12）用彩色笔将词汇写在索引卡片正面，简短定义写在卡片背面。经常复习，写出定义，以检测自己的掌握情况。

2．给听觉偏爱型学习者的建议

（1）试着找个好朋友一起学习，这样你就可以大声说话且能接收信息。

（2）背诵你想记住的信息（引文、列表、日期等）。

（3）问问老师是否能够提交磁带或口头报告替代书面作业。

（4）录制讲座录音，课堂笔记也可录音。概述所学内容效果尤好。准备考试前认真听三遍录音。

（5）阅读一章内容之前，看看所有图片、标题，大声讲出本章内容。

（6）用彩笔将词汇写在索引卡片正面，卡片背面附上简短定义。大声朗读词汇，说出定义，做到经常复习，并看看卡片背面的内容，检测自己是否已做到正确掌握。

（7）在开始一项作业之前，设置一个特定的学习目标并大声说出来。例如："首先，我将阅读'历史'这一章。"

（8）尽可能地大声朗读。在一个安静的图书馆里阅读时，试着"在你的脑海中听到"。大脑需要听到眼睛读到的单词。

（9）解答复杂的数学问题时，用坐标纸（或使用规则的方格纸）帮助校准。使用彩色和图形符号来突出笔记、课本、讲义等学习资料中的主要思想。

3.给触觉偏爱型学习者的建议

（1）为利于记忆，一边来回踱步，一边背记或看列表、索引卡片。

（2）阅读教科书章节时，首先看一下图片，然后阅读概述或章末问题，浏览每节标题和粗体字部分；先选读章节后半部分以便对整个章节有个感觉，然后再读章节前半部分。此乃统分阅读法。

（3）如在课堂上需要活动时，跷起二郎腿，离地的那只脚可以上下或左右晃动。也可试验一下其他的活动方式，只需确保不制造噪音或干扰他人。

（4）在课桌旁学习或许效果不那么理想，若在家学习，则可尝试其他方式来学习，如一边播放音乐一边学习。

（5）如果你有一辆固定的健身自行车，可在骑车健身时试着阅读。一些自行车商店出售阅读架，可将其固定在车把上以便安放书籍。

（6）用一张鲜亮的且是你最喜欢的颜色的图画纸做一个学习记录本，放在桌上。这就是所谓的色彩基础训练，这将有助于集中注意力。另外，还可以用彩色透明卡做阅读练习。在学习过程中可以进行各种不同颜色的尝试，也可以尝试不同的颜色使用方法。

（7）学习时，需要休息就休息，休息后一定要马上继续学习。合理的作息时间应是20～30分钟学习和5分钟的休息（休息时最好不要看电视、打电话）。

（8）试图记住信息时，可试着闭上眼睛，用手指试着在空中、桌子上或地毯上写写画画，以使词语形成脑图。[1]

---

［1］ REID J M. Learning styles in the ESL/EFL classroom ［M］. Boston：Heinle & Heinle Publishers，1995：199–201.

学生的学习风格、学习方式和学习方法不同，学习效果自然也会不同。教师的责任是要认真分析学生的语言学习是偏爱视觉，偏爱听觉，还是偏爱触觉。教师应在教学中因人而异，因材施教，使得具有不同学习风格的学生都有所提高。

（三）鲁子问等人对学习策略的研究

学习策略是指从认知角度、元认知角度、情感角度和社交角度，对学习直接或间接产生作用的微观方法系统。学习策略具有一定的特征：一是学习策略是伴随着学习活动的展开而形成的；二是学习策略的运用是一个动态的执行过程；三是学习策略既有内隐、外显之分，又有水平高低之别。

在英语学习中，我们也可以将英语学习策略大致分为认知策略、元认知策略、情感策略和社交策略。认知策略是我们感知、加工、理解、记忆、提取信息时使用的方法系统。元认知策略是学习者用来监测、控制自己思维的方法系统。情感策略是学习者控制、调节自己的动机、情绪、态度和情感的方法系统。社交策略是学习者在社会交往中运用英语，协调自己与他人关系，使交际和沟通顺利进行的方法系统。

鲁子问研究介绍了国外几种学习策略的分类方法，对于我们研究认知策略、调控策略、交际策略和资源策略很有帮助。

1. O'Malley 和 Chamot 的分类

他们主要将学习策略分为元认知策略、认知策略和社交策略三大类。其中，元认知策略包括 7 项，认知策略包括 14 项，社交策略包括 2 项，具体见表 3-12。

表3-12　O'Malley和Chamot分类的具体定义

	学习策略	定义
元认知策略	1. 事先计划	对将要学习的材料的大意和主要概念进行预习，通常是略读
	2. 指导注意力	事先决定把注意力集中在某个学习任务上，忽略不相关的因素
	3. 功能准备	事先为将要执行的某个语言学习任务做好准备并演练语言结构
	4. 选择注意力	事先决定把注意力集中在语言输入的哪些方面上

续表

	学习策略	定义
元认知策略	5. 自我管理	了解有助于语言学习的条件并努力创造这些条件
	6. 自我监控	在听或读的过程中检查自己的理解情况，或在进行口头或书面输出时检查语言是否正确和得体
	7. 自我评估	某一阶段的语言学习结束之后，根据某个标准检测自己的学习结果
认知策略	1. 使用参考资料	使用目的语参考资料，比如词典、百科全书、教材等
	2. 重复	模仿某个语言句型，包括朗读和默读
	3. 分组/分类	根据单词、术语、概念的特征或意义进行分类
	4. 推理	利用规则来理解语言或进行语言输出，或根据语言分析总结规则
	5. 利用图像	利用（想象的或真实的）图像来帮助理解或记忆新信息
	6. 听觉再现	在大脑中回忆/再现单词、短语或更长的语段的声音/读音
	7. 利用关键词	（1）在母语中找一个读音与生单词相近的单词；（2）在母语单词与生单词之间建立某种容易回忆的影像
	8. 联想	把新知识与旧知识联系起来，或者把新知识的不同部分相互连接起来，或者在知识间建立某种有意义的个人联系
	9. 转化	利用以前学习的知识或掌握的技能帮助语言的理解或输出
	10. 推断	利用已有的信息猜测新单词的意思，预测结果，或弥补错过的信息
	11. 做笔记	练习听或阅读时对关键词或概念做笔记，利用缩写、符号或数字等
	12. 小结	对听或读过的内容以口头、书面形式在大脑中做一个小结
	13. 重新组合	用不同的方法把新学的语言素材组合成有意义的句子或更长的语段
	14. 翻译	以母语为基础理解或输出第二语言
社交策略	1. 提问/澄清	要求教师或同学对某个语言现象再解释、重复、举例或证实
	2. 合作	与他人合作，共同解决问题，交换信息，检查任务的完成情况，或就口头或书面的表达征求反馈意见

2. Oxford 对学习策略的分类

Oxford 将学习策略分为直接影响学习的策略和间接影响学习的策略。直接影响学习的策略又分为记忆策略、认知策略和补偿策略三类，间接影响学习的策略则包括元认知策略、情感策略和社交策略三类。这六类策略又细分为 19 个小类，详见表 3-13。

表3-13　Oxford分类的基本结构

直接影响学习的策略	间接影响学习的策略
1.记忆策略 （1）联想 （2）利用图像和声音 （3）有计划的复习 （4）使用动作 2.认知策略 （1）操练 （2）接受和发出信息 （3）分析和推理 （4）为输入和输出创造构架 3.补偿策略 （1）合理猜测 （2）弥补缺陷和不足	1.元认知策略 （1）制订学习重点 （2）安排、计划学习 （3）评估学习效果 2.情感策略 （1）克服焦虑 （2）鼓励自己 （3）控制情绪 3.社交策略 （1）提问 （2）与他人合作 （3）理解他人

3. Cohen 对学习策略的分类

Cohen 的分类区分了语言学习策略与语言运用策略。语言学习策略包括确定需要学习的材料，区分需要学习的材料和其他材料，给材料分类，反复接触材料，记忆材料等。语言运用策略则包括语言提取策略、语言演练策略、补偿策略和交际策略等四类。[1]

（四）汤颖对优化学习策略的研究

1. 汤颖的思考与实验

汤颖反思自己的工作时说："作为一名英语老师，我和同人工作了

［1］鲁子问.英语教学论［M］.2版.上海：华东师范大学出版社，2010：192-197.

几十年，一心只为学生而努力。我们虽然取得了一些成绩，但也看到了成绩背后是一些中国学生学了多年英语，花费不少的时间和精力后，英语成绩仍然不太理想，不懂得如何学好英语，不太敢用英语和别人交流。"

可以说，这是广大英语教师在教学理论研究和实践中常会思考的问题。

2002年，汤颖前往澳大利亚新南威尔士大学攻读对外英语（TESOL）硕士学位。毕业后，她选择回新安中学教书，继续进行课题研究，并在教学上进行了一些革新。这些举措受到了学生的欢迎，学生的成绩提高得很快，效果显著。她的"项目研究案例"和"形成性评价案例"被人民教育出版社课程教材研究所英语课程教材研究开发中心采用，并录入2006年出版的新课标高中教师指导书《新高中英语教与学》中。2007年，汤颖开始对学生进行"高效英语学习策略培训"，受到学生的热烈欢迎，初步取得了良好的效果。2008年1月，《语言学习策略培训案例》和《语言学习策略培训课型课例交流和研究》在人民教育出版社网站（www.pep.com.cn）高中英语栏目上发表。[1]

2010年7月，"有效中学英语语言学习策略研究"课题被深圳市宝安区教育局立项。2010年9月，汤颖和课题组成员深圳市新安中学的万冰、练彩珍老师，对新安中学初高中学生分别进行策略培训的研究实验。

2010~2011学年在初二（2）班的实验，成绩突出。

表3-14　实验班学生和对比班学生的英语平均分对比

班级	人数	平均分 初一学年末区统考 （策略培训前）	平均分 初二学年末区统考 （策略培训后）	对比
初二（2）实验班	57	62.8	61.4	-1.4
初二（4）对比班	56	71	59.6	-11.4

[1]　汤颖，GRIFFITHS C. 高效英语学习秘诀［M］.南昌：江西教育出版社，2014：15-17.

表3-15 两班随机抽样的30名学生的平均分对比

班级	人数	平均分 初一学年末区统考 （策略培训前）	平均分 初二学年末区统考 （策略培训后）	对比
初二（2）实验班	30	66.5	68.1	+1.6
初二（4）对比班	30	66.3	54.2	-12.1

（以上数据是宝安区统考成绩，满分100分，由新安中学蓝机灵系统提供）

策略培训前后，2010年9月和2011年6月，他们对受训学生进行了一些问卷调查，结果表明培训效果明显。

表3-16 使用六大类策略平均分对比

实验班 （57名学生）	记忆 策略	认知 策略	补偿 策略	元认 知策略	情感 策略	社交 策略
平均分 （训练前）	2.65	2.82	2.86	2.58	2.22	2.14
平均分 （训练后）	3.38	3.61	3.93	3.45	3.21	3.24

（采用R.L.Oxford ESL/EFL 7.0版语言学习策略量表获得以上数据）[1]

结果证实，通过培训，学生可以获得英语学习策略，这些英语学习策略受到学生欢迎，得到他们认可。其中，89.1%的学生喜欢策略培训，87.2%的学生认为策略培训使他们获得了自信，85.5%的学生认为策略培训使英语学习变得容易、有趣，90.9%的学生认为策略培训帮助他们提高了英语水平。

2012~2013学年上学期，在高二（9）班的实验也获得很好的效果。

---

[1] 汤颖，GRIFFITHS C. 高效英语学习秘诀［M］. 南昌：江西教育出版社，2014：17-19.

表3-17　实验班学生和对比班学生的英语平均分对比

班级	人数	平均分 高一学年末区统考 （策略培训前）	平均分 高二上学期末区统考 （策略培训后）	对比
高二（9）实验班	50	76	85.3	＋9.3
高二（10）对比班	45	73	77.4	＋4.4

表3-18　两班随机抽样的30名学生的平均分对比

班级	人数	平均分 高一学年末区统考 （策略培训前）	平均分 高二上学期末区统考 （策略培训后）	对比
高二（9）实验班	30	74.2	85	＋10.8
高二（10）对比班	30	74.1	77.3	＋3.2

（以上数据是宝安区统考成绩，满分100分，由新安中学蓝机灵系统提供）

2. 汤颖和 Griffiths 提出的学习策略

汤颖和 Griffiths[1]在《高效英语学习秘诀》一书中提出了九种记忆策略、八种认知策略、一种补偿策略、五种认知策略、四种情感策略、三种社交策略，大致描述了高效英语学习应该具备的各种策略。

（1）九种记忆策略

分组法（Grouping）、联想法（Associating）、语境法（Contextualizing）、形象法（Using Visual Imagery）、头脑风暴法（Semantic Mapping）、音形结合法（Using Aural and Visual Images）、听觉法（Representing Sounds in Memory）、循环记忆法（Structured Reviewing）、全身反应法（Total Physical Response）。

（2）八种认知策略

重复法（Repeating）、惯用法（Recognizing and Using Formulas and Patterns）、真实英语法（Practicing Naturalistically）、推理法（Reasoning Deductively）、意译法（Free Translating）、笔记法（Taking

---

[1] 汤颖，GRIFFITHS C. 高效英语学习秘诀［M］.南昌：江西教育出版社，2014.

Notes）、概括法（Summarizing）、标记法（Highlighting）。

（3）一种补偿策略

猜测法（Guessing Intelligently）。

（4）五种元认知策略

写作法（Overviewing and Linking with Prior Knowledge by Writing）、找方法（Finding out about Language Learning）、找机会法（Seeking Practice Opportunities）、自我纠错法（Self-monitoring）、自我评价法（Self-evaluating）。

（5）四种情感策略

降低忧虑法（Lowering Anxiety）、正面言辞法（Making Positive Statements）、冒险法（Taking Risks Wisely）、日记法（Writing a Language Learning Diary）。

（6）三种社交策略

合作学习法（Cooperative Study）、文化理解法（Developing Cultural Understanding）、提问法（Asking Questions）。

汤颖的思考、实验和研究有以下特点：第一，有对经验和教训的反思，弥足珍贵；第二，有自己的实验和实践，有翔实的对教学效果的统计、对比、分析和评价；第三，在实验、实践和研究基础上借鉴国外教学理论提出九种高效英语学习策略，有比较强的说服力、指导意义和理论价值；第四，有教学经验总结和理论提炼以及在更大范围内的学习策略研究成果的推广，得到专家肯定。

3. 对于优化学习策略的思考

从汤颖的研究中，我们可以看出学习策略的提出不是任意的、随意的，它取决于教学目标、教学内容、教学环境、教学对象等诸多因素。学习策略一要服务服从于教学目标，即制订学习策略是为了更好地、有效地达成目标；二要服务服从于教学内容，教学内容的难易多寡都对学习策略产生影响；三要服务服从于教学环境，教学环境是教学赖以进行的场所，要做到因地制宜。更重要的是，学习策略要服务服从于教学对象。教学的主体是学生，学生的情况千差万别，要根据学生的学习基础和学习潜能制订学习策略，做到因材施教。

第四节 优化教学评价

布卢姆曾说过，评价是判明作为特定学习经验的结果在学生身上起的变化的范围，是用那些学习经验的有效性的概念说明学生所发生的变化。《教育大辞典》认为，教学评估（即教学评价）是指"基于所获得的信息对教学（或实验）效果做出客观衡量和判断"[1]。两个定义都强调教学评价对教学效果的判断，由此可见教学评价对实现高效教学的重要性。

一、了解教学评价的不同分类

教学评价有不同的分类。了解教学评价分类有助于恰当地运用教学评价，科学准确地对教学效率、教学效果、教学效益进行评估。

教学评价按用途可分为安置性评价、形成性评价、诊断性评价和终结性评价。安置性评价是指对学生智力因素、非智力因素、现有学力、潜在学力的一种输入性评价。形成性评价是指在教学过程中对教学的连续性、反馈性、改进性的评价。诊断性评价是指重在寻找症结和原因的评价。终结性评价是指主要关心活动结果，意在做出鉴别、区分等级的评价。

教学评价按对象可分为学生评价、教师评价、领导评价和学校评价。学生评价是指对学生德、智、体、美、劳全面发展质量的评价，包括学力评价、智力评价和品德评价。教师评价是指对教师素质、教师履行职责情况以及教学效果的评价。领导评价是指对学校领导教学管理素质、教学管理状况以及教学管理效果的评价。学校评价是指对学校办学条件、办学水平、办学效果等的评价。

二、理解教学评价的不同功能

教学评价具有诸多教育功能，运用好这些功能，可以促进教学效率、效果、效益的提高。

一是鉴定功能，即通过评价能够区分优劣，甄别高低。二是导向功

[1] 顾明远. 教育大辞典（上）［M］. 上海：上海教育出版社，1998：718.

能，即通过评价可以向人们明示应提倡什么、重视什么，进而能够引导人们的思想和行为。三是反馈功能，即通过评价能够将教学中的得失反馈给评价对象，使其了解教学活动的效果。四是强化功能，即对于反馈中了解到的成功的做法能够进一步坚持下去，使得正确的教学行为得以强化。五是矫正功能，即对反馈中了解到的需改进的做法给予调整纠正和补救，以取得好的教学成效。六是沟通功能，即通过评价让大家能够相互学习、取长补短、改进工作。七是激励功能，即通过教学评价使得学生进步，这是教学评价独有的作用。

评价是一种价值判定，每一个人都想实现自己在社会中的价值，因而评价起着价值判定和动力激发的作用。[1]

三、掌握教学评价的不同角度

我们认为，教学评价按照教学目的和用途可以从不同角度进行，英语教学评价大致可从三个角度入手。

一是经济学角度，要看教学投入与教学产出，主要以效率来衡量。从语言教学的角度看，教学投入包括人力和物力的投入。人力主要是指教师的时间和精力，学生的时间和精力。物力主要是指一节课所需要的教学设施投入。教学产出则是指学生的知识、技能、过程、方法、情感态度、价值观等方面的收获和进步。评价过程中会遇到诸多困难，比如时间比较好衡量，但精力不好衡量，因为涉及劳动强度；知识、技能好衡量，过程、方法、情感态度和价值观就比较难衡量。

二是测试学角度，主要通过测试结果看效果。教学是否高效，知识、技能是现行的评价目标要素。这种测试不考虑投入或过程，只关注结果。左焕琪等对英语测试的类型和流派曾做过研究。他们认为按语言学理论测试可分为分列式测试（Discrete-point Test）、综合性测试（Integrate Test）和交际性测试（Communicative Test）。分列式测试是指听、说、读、写或词汇、语音、语法等单项测试。综合性测试是指听写、完形填空等测试。

---

[1] 陈自鹏. 我做管理——从班主任到教委主任 [M]. 北京：线装书局，2010：105-106.

交际性测试是指实际生活中用语言进行交际的能力等的测试。按测试目的又可分为学业成绩测试（Achievement Test）、水平测试（Proficiency Test）、能力倾向测试（Aptitude Test）和诊断测试（Diagnostic Test）。学业成绩测试如期中、期末考试等，水平测试如 EPT（the English Proficiency Test）考试、会考等，能力倾向测试如智力测验等，诊断测试是指为改进教学而组织的针对某个项目进行的测试等。按评分方法又可分为客观性测试（Objective Test）和主观性测试（Subjective Test）。按规模和正规化程度可分为标准性测试（Standardized Test）和课堂测试（Classroom Test）。按评估学生成绩时的不同参照对象又可分为常模参照测试（Norm-referenced Test）（如高考）和准则参照测试（Criterion-referenced Test）（如会考、毕业考试等）。[1]按测试的用途又可以将测试分为形成性测试和终结性测试。

三是社会学角度，主要看教学效益。高效教学的判断可以从经济学角度主要看投入和产出，也可以从测试学角度，主要看课程目标是否已经达成。但投入和产出的评价不能做到完全精确，甚至难以做到全面、系统、完整，这时从社会学角度入手，如进行访谈、问卷、观察、行为记录等是有必要的。这些方法可以测量到经济学角度和测试学角度不能测试到的东西，如情感态度、学习策略、文化意识等。我们可以编制访谈提纲用以测量情感态度，编制问卷试题用以测量最受欢迎的老师、教法、学法等，还可以通过观察和记录行为编制记录表以便观察后做出统计和分析，如观察高成效教师和学生与低成效教师和学生的行为异同等。

四、把握教学评价的基本趋势

20 世纪 60 年代后，以心理语言学为理论基础的综合性测试和以社会语言学为理论基础的交际性测试逐渐占上风。测试和评价进入了评价的综合性测试与交际性测试阶段（the Integrative-communicative Period）。

主张综合性测试的学者认为，人的语言能力是说话人和听话人关于

---

[1] 左焕琪、李谷城、杨子津. 英语测试的类型和流派 [J]. 中小学英语教学与研究，1984（1）：39-41.

语言的全部知识，单项语言知识和技能不能反映真正的语言能力，外语测试应测验综合运用各种语言知识和技能的能力。

获美国加州大学语言学博士学位的伊朗学者侯赛因·法赫笛（H. Farhady）提出了交际性测试的内容、项目、命题技巧和评价方法。其中的一种试题类型是要求语法结构与语言得体并重的选择题，如：

You were applying to a university and needed a letter of recommendation. You went to a professor, who was also your friend, and said：

A. "I'd appreciate it if you could write a letter of recommendation for me."

（正确答案，得2分）

B. "I want to ask you to write a letter of recommendation for me."

（语法正确，但不得体，得1分）

C. "I wonder if you could write a letter of recommending me."

（语言尚得体，但语法有错误，得1分）

D. "Hey, give me recommendation letter."

（不得分）[1]

评价的综合性与交际性是现代英语教学评价的一个基本趋势。英语教学要体现综合性、交际性的特点，教学评价也要体现这些特点。

五、注重改进型的教学评价

评价可采用不同的评价方法和工具，如张正东《英语教学法双语教程》中行为评价采取行为记分评课法、因素计分评课表和结构计分评课表；程可拉、邓妍妍和晋学军的效果评价依据2001年课标采取听力能力评价表、口语能力评价表、阅读能力评价表和写作能力评价表等。特别值得关注的是，胡庆芳的改进型教学评价对高效教学有重要意义。

（一）胡庆芳："五视角十指标三步骤"课堂观察及诊断改进框架

1. 主体互动：质量与机会

主体互动是指"教学活动的主体通过语言或行为的方式进行的信息

---

[1] 左焕琪. 外语教育展望 [M]. 上海：华东师范大学出版社，2002：273-275.

交流"[1]。质量是指在主体互动的过程中，有新的、有意义的内容生成，师生之间的问与答都融入了积极的思维活动。机会是指主体间的互动机会对每一个学习共同体的成员而言都得到了实现。

在主体互动的"质量"维度上应着重观察和诊断以下几点：一是学生有没有投入学习的状态；二是学生有没有经历思维的过程；三是学生在互动之后有没有产生新的认识和见解。

在主体互动的"机会"维度上应着重观察和诊断以下几点：一是教师有没有创造"民主参与"的课堂氛围；二是教师与学生的互动是否具有开放性；三是学生参与互动过程是否表现出积极性；四是整堂课中每个学生是否都享受到了学习的机会。

2. 知识呈现：时机与形式

知识需要呈现，知识呈现需要时机和形式。时机是指在恰当的时间呈现了适当的知识，不早不晚，不紧不慢。形式，简言之，是指把适当的知识以最具表达力的方式呈现出来，并使信息损失最小，主体间的沟通与理解最快捷。

在知识呈现的"时机"维度应着重观察和诊断以下几点：一是教师在引入新的知识之前有没有做好知识铺垫，包括对以往知识的回顾、情景的创设和问题的激发；二是学生接触新的知识有没有表现出兴趣和关注；三是学生对新的知识有没有顺利地接受和理解。

在知识呈现的"形式"维度应着重观察以下几点：一是形式是否最佳地传递了其承载的内容；二是学生是否因认知困难而使教学效果大打折扣。

3. 教学环节：流畅与合理

一堂课的起承转合是通过教学环节来实现的。有效的课堂一定既有如行云流水的流畅感，又有环环相扣的逻辑性。

在教学环节的"流畅"维度应着重观察和诊断以下几点：一是整堂课的教学环节是否清晰；二是教学环节之间的过渡是否自然；三是教学环节之间过渡的方法是否灵活。

[1] 胡庆芳，等.精彩课堂的预设与生成［M］.北京：教育科学出版社，2007：21.

在教学环节的"合理"维度应着重观察和诊断以下几点：一是整个教学环节的设计是否合理；二是教学环节之间时间的分配是否合理；三是教学环节之间的过渡是否存在顺承、拓展、升华等并列或递进关系。

4.课堂知识：预设与生成

传统的课堂注重预设，新课程理念指导下的课堂特别注重课程实施过程中动态生成的信息资源。

在课堂知识的"预设"维度应着重观察和诊断以下几点：一是教师备课涉及的内容有没有很好地体现当堂课的内容要求；二是教师课前预设的内容与观点有没有知识性错误；三是教师课前的预设有没有很好地联系以往的知识，包括其他学科的知识；四是教师课前预设的知识量是否与学生的接受能力相匹配。

在课堂知识的"生成"维度应着重观察和诊断以下几点：一是学生在课堂学习中有没有针对先前学过的知识或课本提到的现有知识进行范围的拓展；二是学生在课堂学习中有没有针对先前学过的知识或课堂提到的现有知识进行深入的理解或认识上的突破；三是学生在课堂上有没有生成新的有待解决的问题或值得思考的话题；四是与教师课前预设的知识量相较而言，学生在课堂上生成新知识的总量有多少。

5.目标达成：计划与现实

教师在课前根据对课程标准、课程文本以及学生起点的分析，设计出计划达到的目标。在教学活动结束后，学生在最近发展区内发展的现实成为反映教学目标达成度的另一个重要指标。

在教学目标的"计划"维度应着重观察和诊断以下几点：一是教学有没有达成课前计划的目标；二是教学与课前计划的目标的差距在哪里；三是教学对课前计划的目标超越在哪里。

在教学目标的"现实"维度应着重观察和诊断以下几点：一是在课前计划的教学目标指导下，学生的课堂学习状态有没有达到理想的效果；二是学生学习的真实起点在哪里；三是学生有可能达到的认识高度与范围在哪里。

课堂诊断与行动改进的实践表明，核心的诊断视角确立之后，从问题的定性到科学的归因，再到解决的策略，形成了一套环环相扣又行之有效的操作流程：一是发现问题，明确问题是追因诊断的前提；二是诊断原因，追因诊断是提出改进方法的必由之路；三是实践改进，课堂教学的实践改进才是最终目的。

（二）对胡庆芳改进型教学评价的评价

"五视角十指标三步骤"课堂观察及诊断改进框架中的"五视角"是一个有机的系统与整体。其中，主体互动关注的是教学过程中主体的活动，知识呈现关注的是关于教学活动的载体及知识运用的艺术，教学环节关注的是教学活动全过程展开的结构，课堂知识关注的是教学活动的载体及知识本身的形态，目标达成则关注的是教学活动的结果、状态。

"五视角十指标三步骤"课堂观察及诊断改进框架中的"十指标"注重质量与机会、时机与形式、流畅与合理、预设与生成、计划与现实，紧紧围绕目标达成和质量提升，加上发现问题、诊断原因和实践改进三个步骤，能够发现问题所在，找出问题原因，并且不断改进，因此成为提高教学效率、改进教学效果的重要途径之一。[1]

为评价而评价不是评价的目的，评价是为了知己知彼，是为了了解得失，进而改进和提高教学。胡庆芳的改进型教学评价意义就在于此。

六、遵循教学评价的七项原则

优化教学评价应遵循以下几个原则：

一是方向性原则。教学活动是围绕一定的教学目的、教学目标进行的，因而一定要做到评有目的、评有目标、评有方向。英语教学评价应该紧紧围绕教学目的对教学效率、教学效果、教学效益进行评估。

二是全面性原则。要一元评价与多元评价相结合，他人评价与自我评价相结合，结果评价与过程评价相结合。柳斌指出，我们在评价方面的问题是出现一些用单纯智育评价代替德、智、体、美、劳五育全面评价的现象；在智育评价中，出现一些用考试分数评价代替基础知识、基本技能、动手动脑能力、自学能力等方面的综合评价的现象。[2]为此，

［1］ 胡庆芳.优化课堂教学：方法与实践［M］.北京：中国人民大学出版社，2014：52-58.

［2］ 柳斌.柳斌谈素质教育［M］.北京：北京师范大学出版社，1999：255.

英语教学评价必须做到客观全面，不能以偏概全。

三是整体性原则。我们的教学系统是一个完整的教学整体，因而教学评价必须从教学的整体着眼，从系统出发，建立一套完整的评价指标体系，以对影响教学效率、教学效果、教学效益的所有因素做出分析和评价。

四是科学性原则。教学评价从指标体系的制订、评价的实施、结果的分析和报告必须是真实可信、科学有据的。不科学的英语考试和考查方法和内容会影响教学评价的结果。

五是可行性原则。教学评价必须具有可操作性，必须契合课堂教学实际，标准松严的把握、方法优劣的判断、效率高低的检测不能模棱两可，难以实施。

六是指导性原则。教学评价的着眼点不应仅仅局限于表扬与批评上，而应通过评价，进一步指导教学活动，使得教学目标更好地得以实现。34位高成效教师教学系统相关要素问卷[1]表明，有41.18%的教师对学生的学习成绩的评价方法侧重表扬，有58.82%对学生学习成绩的评价方法侧重指导，没有教师对学生学习成绩评价侧重批评。这在一定程度上说明，在教学评价中，侧重指导效果最佳，侧重表扬效果次之，侧重批评则效果最差。

七是促进性原则。教学评价的着眼点"不是仅仅局限于鉴定、选拔的功能上，而是放在改进的功能上，是通过评价的结果为教育管理部门提供对学校进行客观控制的手段，成为被评对象自我调控、自我提高、自我教育的一种有效工具"[2]。总之，应以评价促进教学为最终目的。

七、达到教学评价的优化标准

要优化教学评价，掌握一定的评价原则和方法是非常重要的。然而，要达到优化标准，教学评价至少应达到四个统一。

第一，教学评价应达到教学目标、教学过程和教学效果的统一。教学目标是教学活动的出发点，但并不是每一个教学目标都能取得预期的效果，

［1］陈自鹏.我做管理——从班主任到教委主任［M］.北京：线装书局，2010：118.
［2］杨金梅，等.教育评价理论、技术与实践［M］.北京：海洋出版社，1997：152.

这在某种程度上要看教学过程实施的质量。教学过程实施质量高，教学目标有可能实现得好，教学效果自然就好。教学过程实施质量不高，教学目标有可能实现得不好，教学效果自然也不好。我们进行教学评价时，不仅要看教学目标，也要看教学过程，还要看教学效果，绝不能只看单个指标。

第二，教学评价应达到主导、主体、主线的统一。理想的教学评价大都是以教师为主导、学生为主体、核心素养目标为主线的。未达到优化的教学评价往往是只看主导作用或主体作用发挥得如何，有时甚至完全撇开了教学目标只对教学主导和教学主体进行评价，这些都是十分片面的。教学评价应该是既看教师表现得如何，又看学生表现得如何，同时还要看教学目标实现得如何，否则，教学效果就无从谈起，而且也会对教学产生不良的引导作用。

第三，教学评价要达到个体、全体、全面的统一。教学中个体与全体、全体与全面的关系把握问题一直是一个非常棘手的问题。有的教师顾了这头，忘了那头。能否达到个体、全体、全面的有机统一是衡量一所学校、一名教师、一堂英语课水平高低的一个重要标准，因为抓好个体才能体现因材施教，抓好全体是学校整体工作的需要，抓好全面是国家教育方针对学生德、智、体、美、劳全面发展的要求。教学评价必须综合考虑，不仅要看个体发展如何，还要看全体发展如何，同时还要对每一名学生是否都获得了全面发展做出评价。

第四，教学评价要达到学生近期发展、中期发展和长期发展的统一。学生的发展尤其是能力发展大致可分为近期、中期、长期三个阶段。教学评价不仅要注重学生现实的发展能力，还要注重其在不远的将来以及在相对较长时间的未来的发展能力，即应对其潜在的学习能力做出预测和引导。比如对学生用旧知识解决新情境中的新问题的测试以及根据新语境猜测生词词义的测试就是对学生近期、中期、长期知识水平和发展潜能的评价。这种评价角度新颖，特别是在评价一个人近期发展、中期发展和长期发展的统一方面具有创新性，教学中应该予以关注，教学评价中也应该引起重视。[1]

---

[1] 陈自鹏.我做管理——从班主任到教委主任［M］.北京：线装书局，2010：108-109.

第四章　　方法论

教学方法很重要，方法正确，事半功倍。谈到怎样学好英语，刘道义指出：一要确立主体意识，积极参与；二要改进方法，提高学习效率；三要听说读写，学用结合；四要培养兴趣，锻炼意志，提高素质。[1]可见改进方法是保证教学高效率的手段之一。

从知识传授的角度看，英语教学主要是语音教学、词汇教学和语法教学，涉及语音教学的方法、词汇教学的方法和语法教学的方法。从技能培养的角度看，英语教学主要是听力教学、口语教学、阅读教学和写作教学，涉及听力教学的方法、口语教学的方法、阅读教学的方法和写作教学的方法等。

---

[1] 刘道义. 英语教育自选集 [M]. 北京：外语教学与研究出版社，2007：370-375.

第一节　语音教学的方法

语音是语言的外壳，是语言符号系统的载体。语音具有两种属性：自然属性和社会属性。自然属性要求我们在学习某一种语言时要把音读准，社会属性要求我们在学习某一种语言时要用正确的语音表达一定的意义。语音学习很重要。一些英语学得不好的学生或者学习效率低下的学生大都是输在语音这个语言学习的第一道关上。因此，帮助学生过好这第一道关很有意义。

语音教学一般涉及音素、音标、重音、语流、语速、语调、节奏等方面的教学。语音教学初始，是单一的语音教学，从音素和音标开始。待学生具有一定的词汇和句法知识后，语音教学便可涉及语调、重音、语流、语速、节奏等。学生学习到一定阶段，教师就可以将语音教学和口语教学结合起来，形成"语音－口语一体化"教学模式。[1]

一、语音教学存在的问题

从学生角度看，语音教学普遍存在的问题有如下几个：一是单音发音不准，致使单词读音出现错误；二是重音把握不好，导致音节重心发生偏移；三是语调生硬单一，影响语言交际自然准确；四是语流失之自然，使得语言流畅度受到影响；五是语速过快或过慢，听者难以理解语言含义；六是节奏掌控不稳，受众信息处理遇到障碍。

二、改进语音教学的方法

英语语音是英语口语交际的基础，正确的英语语音有助于学习者与他人更好地交流和沟通。美国语言学家 H. A. Gleason 曾经说过，要学好英语会话，必须学会差不多100%的发音、70%左右的文法与1%不到的词汇。英语语音对帮助学生养成正确的发音习惯具有重要的作用。作为英语听力和口语表达的切入点，英语语音能大大影响学生的听说能力。

---

[1] 陈爱勤.英语口语发音技巧理论与实践［M］.成都：西南交通大学出版社，2012：3.

英语语音教学的最终目的是培养学生使用英语进行交流的能力。[1]

学好英语语音必须要抓好几个基本练习，要重视综合、运用和巩固训练。

（一）抓好几个基本练习

1. 音标练习。学会 26 个英文字母发音，掌握 48 个元音、辅音音标及其读音规则，熟悉新旧国际音标的写法。

2. 拼音练习。要一个音节一个音节不厌其烦地练习，打好拼音读音的基础。

3. 辨音练习。要把易混的音和音节练习好，感知语音，做到耳聪目明。

4. 技巧练习。要在语境中学会重音、连读等技巧，扎实培养好语感。

5. 语调练习。要重视语调练习。多模仿英美人的发音，使得语调自然流畅。

6. 朗读练习。要养成朗读的习惯，在朗读中学会辅音连缀与爆破音的发音等。

7. 语速练习。要学会调控语速，做到当快则快，当慢则慢，学会快慢控制。

8. 对话练习。要在对话中体会语音和语调的妙处，享受英语语音带来的愉悦。

（二）重视综合、运用和巩固训练

1. 重视语音的综合训练。创造真实的语音学习环境，使各项技能齐头并进、综合发展。

2. 重视语音的运用训练。不仅要求语音、语调准确，语流、语速自然，还要训练口才。

3. 重视语音的巩固训练。多听、多说、多模仿、多改进，不断强化，不断巩固和提高。

---

［1］　陈爱勤.英语口语发音技巧理论与实践［M］.成都：西南交通大学出版社，2012：67.

第二节 词汇教学的方法

词汇是语言的三大要素之一，是语言的建筑材料。没有词汇就没有语言，更谈不上交流，因此词汇非常重要。目前词汇教学是一个难点，实际教学中也存在不少问题。

一、词汇教学存在的问题

本书综合一些一线教师的意见，总结了中小学词汇教学存在的几个问题。一是教师教学方法较为单一，多采用"熟读—解释词义—解释用法—让学生记忆"的教学方法，学生学习积极性不是很高。二是学生记忆方法较为单一，采用"朗读—记忆拼法和词义—学习用法"的记忆方法，学生的学习效率不是很高。三是教学中未能时时做到词不离句，句不离文，有时会忽视语言情境，学生学得不够扎实，词汇记忆不够牢固。四是个别学生学习效率低下，词汇"欠账"太多，又没有养成锻炼记忆的习惯，一段时间后成了学习上的"老大难"。五是记忆单词是学生自己的事情，但教学过程中一些教师越俎代庖，学生的主体性被忽视。

二、改进词汇教学的方法

要改进词汇教学效果，应积极借鉴词汇教学研究成果，积极运用词汇高效记忆方法。

（一）积极借鉴词汇教学研究成果

对于英语词汇教学，国内一线教师和理论工作者的研究成果颇丰，发表了大量的论文，编写了大量的专著。

早在 1996 年，陈自鹏[1]就结合自己的教学实践撰文提出词汇记忆方法 40 种，发表在《天津教育》杂志上。一线教师和理论研究工作者的研究使得中小学词汇教学质量和水平有了一定程度的提升，积极地借鉴这些研究成果会进一步促进中小学英语词汇教学。

---

[1] 陈自鹏.英语词汇记忆方法四十种[J].天津教育，1996（1）：45-48.

（二）积极运用词汇高效记忆方法

2003 年陈自鹏、霍军祥、高秋舫三位老师依照 2001 年版英语新课标词汇，编著了《老师帮你记单词》一书。教学实践表明，书中列举的 20 种方法高效、实用。

第一种是读音规则记忆法。英语单词大都符合一定的读音规则，按照单词的读音规则记忆单词，使得单词音、形、义相互之间的联系更加紧密，也使记忆过程更加简化。其中，要掌握绝对开音节、相对开音节、闭音节、r 音节、re 音节、元音字母 a 的字母组合、元音字母 e 的字母组合、元音字母 i 和字母 y 的字母组合、元音字母 o 的字母组合、元音字母 u 的字母组合、非重读音节的读音规则和几个辅音字母以及辅音字母组合的读音规则。

第二种是构词分析记忆法。英语词汇的构成方式有合成、派生、转化三种。由合成、派生、转化生成的词，我们分别称之为合成词、派生词和转化词。

1. 合成。合成是两个或两个以上的词合在一起共同成为一个新词。

（1）合成名词的主要构成方式

①名词＋名词，如 classroom

②形容词＋名词，如 blackboard

③动词＋名词，如 crossroads

④副词＋名词，如 overcoat

⑤代词＋名词，如 she-goat

⑥动词＋副词，如 get-together

⑦名词＋介词短语，如 father-in-law

（2）合成形容词的主要构成方式

①名词＋形容词，如 world-famous

②形容词＋形容词，如 red-hot

③副词＋形容词，如 ever-green

④名词＋分词，如 man-made

⑤形容词＋分词，如 good-looking

⑥副词＋分词，如 well-known

⑦形容词＋名词，如 second-hand

⑧形容词＋名词＋ ed，如 warm-hearted

⑨数词＋名词＋ ed，如 four-legged

⑩名词＋名词＋ ed，如 iron-willed

（3）合成代词的主要构成方式

①代词宾格或物主代词＋ self（selves），如 himself，yourselves

②不定代词 some，any，no，every ＋ body（one/thing），如 everyone，anyone，nothing

（4）合成动词的主要构成方式

①副词＋动词，如 overcome

②名词＋动词，如 daydream

（5）合成副词的主要构成方式

①名词＋名词，如 sideways

②名词＋副词，如 headfirst

③形容词＋名词，如 meanwhile

④介词＋名词，如 beforehand

⑤副词＋副词，如 however

⑥介词 ＋ 副词，如 forever

2. 派生。派生是在一个词的前面或后面加上一个前缀或后缀构成一个新词。

（1）常用的前缀

bi-"双"，如 bicycle［ˈbaɪsɪkl］n. 自行车

centi-"百；百分之一"，如 centigrade［ˈsentɪɡreɪd］adj. 摄氏的，百分度的

co-"共同"，如 cooperate［kəʊˈɔpəreɪt］v. 合作

com-"与；合；共"（用在 b，p，m 前），如 combine［kəmˈbaɪn］v. 使联合，使结合

con-"与；共"（用在 c，d，f，g，j，n，q，s，t，v 前），如 conclude［kənˈkluːd］v. 决定，结束

col-"与；共"（用在 l 前），如 colleague［ˈkɔliːɡ］n. 同事

dis-"否定"，如 disappear［ˌdɪsəˈpɪə］vi. 消失

en-"使成为"，如 encourage［ɪnˈkʌrɪdʒ］vt. 鼓励

ex-"向外；离开"，如 exit［ˈeksɪt］n. 出口

extra-"额外"，如 extraordinary［ɪkˈstrɔːdnrɪ］adj. 非常的，格外的

for-"离，分；禁止"，如 forget［fəˈget］v. 忘记，忘掉

fore-"先；前"，如 forehead［ˈfɔːhed］n. 前额

hydro-"水"，如 hydrogen［ˈhaɪdrədʒən］n. 氢

in-"不"，如 independent［ˌɪndɪˈpendənt］adj. 独立的；自主的

inter-"间；相互"，如 international［ˌɪntəˈnæʃnəl］adj. 国际的

micro-"微"，如 microscope［ˈmaɪkrəskəup］n. 显微镜

mis-"误"，如 mistake［mɪˈsteɪk］v.& n.（弄）错误

non-"非；不"，如 non-stop［nɔnˈstɔp］adj.&adv. 不停的（地），不断的（地）

post-"后；迟于"，如 postpone［pəˈspəun］vt. 推迟；延期

pre-"先于"，如 preview［ˈpriːvjuː］vt. 试演；预展

re-"再；又"，如 recycle［ˌriːˈsaɪkl］vt. 回收；再循环

semi-"半"，如 semicircle［ˈsemɪsɜːkl］n. 半圆

super-"超"，如 superman［ˈsuːpəmæn］n. 超人

tele-"远程"，如 telegram［ˈtelɪgræm］n. 电报

trans-"横过；转移"，如 transport［ˈtrænspɔːt］vt. 运输　n. 运输

un-"不"，如 unfair［ʌnˈfeər］adj. 不公平的，不公正的

uni-"单；一"，如 uniform［ˈjuːnɪfɔːm］n. 制服

（2）常用的后缀

①名词后缀

-age "状态；集合"，如 marriage［ˈmærɪdʒ］n. 结婚，婚姻

-al "动作；过程"，如 arrival［əˈraɪvl］n. 到来，到达

-ance "性质；状态"，如 importance［ɪmˈpɔːtns］n. 重要性

-ant，-ent "人"，如 assistant［əˈsɪstənt］n. 助手，助理

-ation，-ition 名词，如 preparation［ˌprepəˈreɪʃn］n. 准备

-dom "状态；领界"，如 freedom［ˈfriːdəm］n. 自由

-eer "人"，如 engineer［ˌendʒɪˈnɪər］n.工程师，技师

-ence 抽象名词，如 independence［ˌɪndɪˈpendəns］n.独立

-er "发出动作的人"，如 worker［ˈwɜːkər］n.工人，工作者

-ese "语言"，如 Chinese［ˌtʃaɪˈniːz］n.中国人，汉语

-ess "女性"，如 actress［ˈæktrəs］n.女演员

-ful "满的"，如 handful［ˈhændfʊl］n.（一）把，少数

-graph "录"，如 photograph［ˈfəʊtəɡrɑːf］n.照片

-hood "身份；状态"，如 childhood［ˈtʃaɪldhʊd］n.幼年时代，童年

-ian "人"，如 musician［mjuˈzɪʃn］n.音乐家

-ice 抽象名词，如 service［ˈsɜːvɪs］n.服务

-ing "属于，性质"，如 swimming［ˈswɪmɪŋ］n.游泳

-ism "主义"，如 communism［ˈkɒmjʊnɪzəm］n.共产主义

-ist "者；人"，如 communist［ˈkɒmjʊnɪst］n.共产主义者

-ity 抽象名词，如 ability［əˈbɪlətɪ］n.能力；才能

-logy "学科"，如 biology［baɪˈɒlədʒɪ］n.生物（学）

-ment "运动；结果"，如 development［dɪˈveləpmənt］n.发展，发育，开发

-ness "状态；性质"，如 kindness［ˈkaɪndnəs］n.仁慈，善良

-or "人；动作者"，如 actor［ˈæktər］n.男演员

-ry，-ery "行为"，如 bravery［ˈbreɪvərɪ］n.勇气

-ship "状态；身份"，如 friendship［ˈfrendʃɪp］n.友谊，友情

-sion "动作；状态"，如 revision［rɪˈvɪʒn］n.修正

-th "结果；过程"，如 death［deθ］n.死亡

-tion "动作；状态"，如 action［ˈækʃn］n.行动

-ure "结果；动作"，如 pleasure［ˈpleʒər］n.高兴，愉快

②形容词后缀

-al "的"，如 international［ɪntəˈnæʃnəl］adj.国际的

-an "（地；人）的"，如 Russian［ˈrʌʃən］adj.俄罗斯的，俄国人的

-ant，ent "的"，如 important［ɪmˈpɔːtnt］adj.重要的

-en "的"，如 golden［ˈɡəʊldən］adj.金（黄）色的

-ern 表方向，如 northern［ˈnɔːðən］adj.北方的，北部的

-ese "（地；人）的"，如 Japanese［ˌdʒæpəˈniːz］adj. 日本的，日本人的，日语的

-ful "充满"，如 useful［ˈjuːsfl］adj. 有用的，有益的

-ial "的"，如 industrial［ɪnˈdʌstrɪəl］adj. 工业的

-ian "的"，如 Christian［ˈkrɪstʃən］adj. 基督教的

-ic "的"，如 electric［ɪˈlektrɪk］adj. 电的

-ish "稍微"，如 selfish［ˈselfɪʃ］adj. 自私的

-ist "主义的"，如 communist［ˈkɔmjʊnɪst］adj. 共产党的，共产主义的

-ive "性；倾向"，如 active［ˈæktɪv］adj. 积极的，主动的

-less "无"，如 useless［ˈjuːsləs］adj. 无用的

-ly "品质；的"，如 friendly［ˈfrendlɪ］adj. 友好的

-ous "的"，如 dangerous［ˈdeɪndʒərəs］adj. 危险的

-some "引起；过于"，如 troublesome［ˈtrʌblsəm］adj. 令人烦恼的，讨厌的

-ward "向"，如 backward［ˈbækwəd］adj. 落后的

-y "充满；性质"，如 snowy［ˈsnəʊɪ］adj. 雪（白）的，下雪的，多积雪的

③动词后缀

-en 动词化，如 deepen［ˈdiːpən］vt. 加深

-ize 动词化，如 realize［ˈriːəlaɪz］vt. 认识到，实现

④副词后缀

-ly "地"，如 carefully［ˈkeəflɪ］adv. 小心地

-ward "向；朝着"，如 forward［ˈfɔːwəd］adv. 向将来，向前地

-wards "向；朝着"，如 upwards［ˈʌpwədz］adv. 向上，往上

-wise "方式"，如 otherwise［ˈʌðəwaɪz］adv. 要不然，否则

同源派生词是指以某一词或词根加前缀或后缀构成的派生词。为了便于记忆，我们还可以对词的演化过程进行分析，溯根求源，使记忆更加牢固。这样，不仅可以记住词根，还可掌握大量的同源派生词。如：

live vi. 生活，居住，活着

live *adj.* 活着的，现场（直播）的

lively *adj.* 活泼的，充满生气的

living *adj.* 活着的　*n.* 生计

3. 转化：将一个词由一种词性转用为另一种词性。单词转化后其意义与原词往往有一定的联系。为了简便起见，我们可以在更宽泛的范围内理解转化现象，即名词转化为动词，动词转化成名词，形容词转化为动词，副词转化为动词，形容词转化为名词等，均可作为转化现象来理解和记忆。如：

ache［ˈeɪk］*vi.* 痛　*n.* 疼痛

address［əˈdres］*n.* 地址　*v.* 写地址

第三种是词根记忆法。英语中同根词很多，都是由一个词根加上词缀或其他字母构成的，初学者不易掌握，需要认真观察、分析才能熟记。仅举如下三例。

1. -able，abil-（=capable）能够，能力

enable［ɪˈneɪbl］*vt.* 使能够，使可以

unable［ʌnˈeɪbl］*adj.* 不能的，不能胜任的

ability［əˈbɪlətɪ］*n.* 能力，才能

2. vis-（=see）看见

visa［ˈviːzə］*n.* 签证　*v.* 签发签证

visit［ˈvɪzɪt］*vt.&n.* 参观，拜访，视察

visitor［ˈvɪzɪtər］*n.* 访问者，宾客

3. -sist（=stand）站立

assistant［əˈsɪstənt］*n.* 助手，助理

insist［ɪnˈsɪst］*v.* 坚持，坚决认为

第四种是字母提示记忆法。

1. 关键字母提示记忆。英语中有些词的字母有时不发音，作为关键字母可以起到提示作用。如：

（1）字母 b

climb［klaɪm］*v.* 爬，攀登

（2）字母 d

handkerchief［ˈhæŋkətʃɪf］*n.* 手帕

（3）字母 e

interest［ˈɪntrəst］*n.* 兴趣，利息

（4）字母 g

design［dɪˈzaɪn］*n.&vt.* 设计，策划

（5）字母 h

exhibition［ˌeksɪˈbɪʃn］*n.* 展览，展览会

（6）字母 i

friend［frend］*n.* 朋友

（7）字母 l

ballet［ˈbæleɪ］*n.* 芭蕾舞

（8）字母 n

autumn［ˈɔːtəm］*n.* 秋天，秋季

（9）字母 s

island［ˈaɪlənd］*n.* 岛

（10）字母 t

castle［ˈkɑːsl］*n.* 城堡

（11）字母 u

guard［gɑːd］*n.* 门兵，看守，警戒

2. 首字母提示记忆。要记住一个词，记住首字母是十分重要的。首字母相同、意思相近或有联系的单词列举如下：

allow［əˈlaʊ］*vt.* 允许

agree［əˈgriː］*v.* 同意，赞同

admit［ədˈmɪt］*v.* 承认，准许进入

3. 字母特征提示记忆。英语中有些词的拼法有一定的特征。如"a"在字母表中排第一个，因此，"a"有时候有"唯我尊大"之意。掌握这一特征，记忆下列单词也就不难了。

Atlantic［ætˈlæntɪk］*adj.* 大西洋的

atmosphere［ˈætməsfɪə］*n.* 大气，气氛

4. 字母巧合提示记忆。这种方法是利用词的拼写形式等方面的巧合

特点来记忆。如有的词与其他词的构成字母虽然相同，但这些字母的排列顺序不同，意义也就有了区别。利用这种方法记忆单词，有时会收到意想不到的效果。如：

beard［bɪəd］*n.*（下巴上的）胡须

bread［bred］*n.*面包

第五种是对比记忆法。英语单词中有大量的词可用此法记忆，如同音异形词对比记忆，同形异义词对比记忆，形近异义词对比记忆，顺向意义关联词对比记忆、逆向意义关联词对比记忆等。

1.同音异形词对比记忆。有的英语单词同音不同形也不同义，可采用此法记忆。如：

brake［breɪk］*n.*闸，刹车

break［breɪk］*n.*间隙　*v.*打破（打碎，打断），损坏

2.同形异义词对比记忆。有些词同形但异义，这类词意义之间往往没有非常密切的联系，需特殊记忆。如：

ball［bɔ:l］*n.*球

ball［bɔ:l］*n.*舞会

3.形近异义词对比记忆。英语中有大量的形近异义词，可以将一个词当作记住另一个词或其他词的参照。如：

abroad［əˈbrɔ:d］*adv.*到（在）国外

aboard［əˈbɔ:d］*adv.&prep.*上飞机（船，火车）

4.顺向意义关联词对比记忆。英语中有一些词，词意相同或相近但词性不同，用法也有所不同，为方便记忆，可以将它们作为顺向意义关联词记忆。如：

ache［eɪk］*vi.*痛　*n.*疼痛

pain［peɪn］*n.*疼痛，疼

5.逆向意义关联词对比记忆。英语中有一定量的对应词和反义词，这些词可视为逆向意义关联词。利用对比记忆对这种词进行学习，可使记忆对象更加鲜明，记忆更加牢固。如：

borrow［ˈbɔrəʊ］*v.*（向别人）借用，借

lend［lend］*vt.*借出，把……借给

第六种是交叉对照记忆法。有些词的原形或变形与其他词的原形或变形有交叉现象，容易混淆，对于这类词应注意区分记忆。如：

fall—fell（过去式）*vi.*落（下），降落；倒

fell（原形）*vt.*伐木；击倒

第七种是范畴分类记忆法。此记忆法是将同一范畴或类别的词放在一起记忆。由于词与词之间有一定类属联系，因此记忆起来方便，且不易忘记。如月份、星期、基数词、序数词、次数、颜色、饮料、水果、蔬菜、食物、动物、植物、交通工具、游戏、体育运动及用品、学科、学习活动、家庭成员及亲属、社会角色、元素、度量、货币等单位名称、季节、天气、气候、宇宙天体、疾病、衣物、服饰、节假日、家电、媒体、纸牌术语、餐具、图形、电影、电视节目、计算机术语、年龄段、专有名词、区域、处所等。

第八种是图表记忆法。图表记忆法是指以图表列出的方式来记忆词汇。这种记忆法使词汇互有关照，建立联系，一目了然，如表4-1所示。

表4-1

类属	事物名称
time	century, year, month, week, day
	hour, minute, second
	dawn, daylight, sunrise, morning, noon, midday, afternoon, evening, night
	yesterday, today, tomorrow
building	room, wall, ceiling, floor, door, window, balcony, flat, chimney, curtain
stationery	chalk, ruler, pen, pencil, pencil-box, knife, paper, book, exercise-book, dictionary, ink

第九种是图示记忆法。图示记忆法是指通过图示来记忆单词或短语。这种方法能在单词和图示之间建立一一对应的关系，形象直观，令人印象深刻，如图4-1所示。

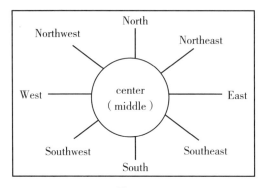

图 4-1

第十种是辐射记忆法。有些词或词根非常活跃，构词组合能力很强，可以这些词或词根为依托，辐射滚动，逐步扩充词汇量。如：

some *det.* 一些，若干，有些，某一 *pron.* 若干，有些人（事物）

something *pron.* 某事，某物

somebody（=someone）*pron.* 某人，有人，重要人物

someone *pron.* 某一个人

somewhere *adv.* 在某处，有进展

sometimes *adv.* 有时

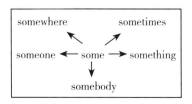

图 4-2

第十一种是发散联想记忆法。人们在观察事物时往往会触物生情、浮想联翩，由一个词联想到一系列与之在意义上有关联的词，如图 4-3 所示。

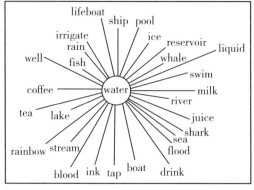

图 4-3

第十二种是集中记忆法。在学英语记单词的过程中，我们可以把具有相同类属和特征的单词集中起来进行记忆，这种方法被称为"集中记忆法"。如动词过去式和过去分词集中记忆、缩略词集中记忆、音译词集中记忆、感叹词集中记忆、特殊词集中记忆、时态标示词对应集中记忆等。

1. 动词过去式和过去分词集中记忆。不规则动词的原形、过去式、过去分词按其拼写形式可分为五类：一是动词原形、过去式、过去分词三者拼写形式相同，即"AAA型"；二是动词原形和过去分词相同，过去式不同，即"ABA型"；三是动词原形和过去式相同，过去分词不同，即"AAB型"；四是动词过去式和过去分词相同，动词原形不同，即"ABB型"；五是动词原形、过去式、过去分词三者拼写形式各不相同，即"ABC型"。

举例如下：

"AAA型"：broadcast　broadcast　broadcast　v. 广播。

"ABA型"：become　became　become　v. 变得；成为。

"AAB型"：beat　beat　beaten　vt. 敲打；打赢。

"ABB型"：（1）过去式、过去分词后部音为 /ɔ:t/　bring　brought　brought v. 拿来；带来。（2）过去式、过去分词后部音为 /ent/　bend　bent　bent　vt. 使弯曲。（3）过去式、过去分词后部音为 /ɪt/　bite　bit　bit v. 咬；叮。（4）过去式、过去分词中后部音为 /elt/　feel　felt　felt v. 感觉，觉得；摸，触。（5）过去式、过去分词后部音为 /ed/　feed　fed　fed v. 喂（养）；饲（养）。

"ABC型"：（1）过去分词后部音为 /əʊn/　blow　blew　blown v. 吹；刮风；吹气。（2）过去分词后部音为 /kən/　awake　awoke　awoken v. 唤醒；激发起。（3）过去分词后部音为 /tən/　bite　bit　bitten　咬；叮。（4）过去分词后部音为 /vn/　drive　drove　driven v. 驾驶，开（车）；驱赶。（5）过去分词后部音为 /dn/　forbid　forbade　forbidden v. 禁止；不许。（6）过去分词后部音为 /zn/　arise　arose　arisen vi.（由……引起）；出现。（7）过去分词后部音为 /lən/　fall　fell　fallen　vi. 落（下）；摔倒。（8）过去分词后部音为 /ɔ:n/　draw　drew　drawn vt. 绘画；vi. 拉，拖。（9）过去分词后部音为 /i:n/　am/is　was　been v. 是。（10）过去分词后部音为 /ʌn/　begin　began　begun v. 开始；着手。（11）过去分词中

部音为 /ʌŋk/ drink drank drunk v. 喝，饮。

2. 缩略词集中记忆。英语中的缩略词大都是词头缩略而成的。这类词简短好记，记住词头就可以记住整个缩略词指代的意义。

CD 光盘 =compact disc　CD-ROM［ˌsiːdiːˈrɔm］信息储存光盘 = compact disk read-only memory

3. 音译词集中记忆。英语中的音译词保留了原词的发音，又赋予了汉语意义，因而记忆简单、容易。

AIDS［eɪdz］n. 艾滋病

4. 感叹词集中记忆。感叹词常表示问候和喜、怒、哀、乐、惊讶等感情，集中记忆，比较用法，可以记得深刻。

bang［bæŋ］int. 砰

5. 特殊词集中记忆。英语中有一些词如名词复数和形容词、副词比较级及最高级拼写不规律，还有一些词有英美两种拼法，这类词可集中起来特殊记忆。

（1）名词复数

bacterium［bækˈtɪərɪəm］n. 细菌　bacteria（pl.）［bækˈtɪərɪə］

（2）比较级、最高级

bad［bæd］adj. 坏的；不利的；严重的

badly［ˈbædlɪ］adv. 不好地；严重地；非常

worse（比较级）［wɜːs］adj.& adv. 更坏的（地）

worst（最高级）［wɔːst］adj.& adv. 最坏的（地）

（3）英美不同拼法

aeroplane（英）［ˈeərəpleɪn］n. 飞机　airplane（美）［ˈeəpleɪn］

6. 时态标示词对应集中记忆。英语中有一些情态动词和助动词可以明确标示时态，记忆这些词不仅可以记住词的本身，还可以记住其时态意义和用法。

can（过去式 could）modal v. 可能；能够

may（过去式 might）modal v. 也许；可以

will（过去式 would）modal v. 将，会（表将来）；愿意，要

shall（过去式 should）modal v.（表将来）将，会；……好吗

dare（过去式 dared）*v.*（后接不带 to 的不定式；主要用于疑问、否定或条件句）敢，敢于

do（过去式 did）*v.& auxiliary v.* 做，干（用于构成疑问句和否定句，第三人称单数现在时用 does）

have（过去式 had）*auxiliary v.* 现在完成时助动词

has（过去式 had）*auxiliary v.* 动词 have 的第三人称单数现在式

am（过去式 was）*auxiliary v.* be 的人称形式之一

is（过去式 was）*auxiliary v.* be 的人称形式之一

are（过去式 were）*auxiliary v.* be 的人称形式之一

第十三种是机械记忆法。有些词不大符合读音规则，我们可机械地记忆。如：

monsieur［məˈsjɜː］*n.* 先生

souvenir［ˌsuːvəˈnɪə］*n.*（旅游）纪念品，纪念物

第十四种是语境记忆法。语境记忆法是指按照文章的上下文记忆词汇。在一定的语境中记忆词汇效果会好很多，因为在一定语境中的词或词组与同一语境中的其他词或词组具有一定的语音、语法和语义的联系，正是这种联系使得每个词或词组的语音、语法或语义形式更具体、更明确，因而，容易记忆，便于回忆。运用语境记忆法时可以把一些意思有关联的词或同一类属的词放在一起，构成一个简单的语境。

如：Bite a bit of it and you'll find it bitter.

bite［baɪt］*v.* 咬；叮 bit［bɪt］*n.* 一点；少量；一些 bitter［ˈbɪtə］*adj.* 有苦味的；痛苦的，难过的；严酷的

第十五种是口诀记忆法。英语中的一些词可编成朗朗上口的口诀来记忆。

赞成 yes，反对 no。

来是 come，去是 go。

高是 high，低是 low。

手指 finger，脚趾 toe。

朋友 friend，敌是 foe。

箭是 arrow，弓是 bow。

第十六种是趣味记忆法。记忆单词需要下苦功，但只要我们留心观察，会发现其中乐趣无穷。记忆单词时增加一些乐趣，会使记忆变得轻松。趣味记忆法分音、形、义三个方面记忆单词，可展开广泛联想。

1.音的趣味记忆。它是指利用英语和汉语的发音方面的联系进行记忆。

baby［'beɪbɪ］*n*.宝贝；婴儿（汉语宝贝与 baby 音相近）

beast［biːst］*n*.野兽；牲畜（逼死它，要不会吃人）

2.形的趣味记忆。有些词不是"左看成岭右看成峰"，而是"左看右看尽皆相同"，记忆这些词时我们可以抓中间带两头。

eye［aɪ］*n*.眼睛

level［'levəl］*n*.水平；标准

3.义的趣味记忆。有些词可以采取附加意义记忆法,使记忆想象丰富,联想广泛。附加意义具有人为性，不一定具理性。

ahead［ə'hed］*adv*.在前，向前　a head（先人一头）

第十七种是猜谜记忆法。猜谜记忆法是指通过猜谜语来记忆单词。猜词谜能够启发心智，促进思维，培养想象能力，能使学生在轻松愉快的氛围中掌握一词多义、异词同义等英语词汇灵活多变的用法。

谜面：I am in the water.　我在水中。

谜底：waiter［'weɪtə］*n*.（餐厅）男服务员。

第十八种是歌曲记忆法。一边唱歌,一边学单词,自娱自乐,兴趣盎然,不仅学会了歌曲，而且也记住了单词。

雪绒花

（美）O.罕默斯坦词
（美）R.罗杰斯曲

1=♭B 3/4

3	-	5	2̇	-	-	1̇	-	5	4	-	-	3	-	3

E- del- weiss, E- del- weiss, Ev- 'ry

3	4	5	6	-	-	5	-	-	3	-	5	2̇	-	-

morn- ing you greet me. Small and white,

1̇	-	5	4	-	-	3	-	5	5	6	7	1̇	-	-

clean and bright. you look hap- py to meet

1̇	-	-	2̇	0	0	5	5	7	6	5	3	-	5

me, Blos-som of snow, may you bloom and

1̇	-	-	6	-	1̇	2̇	-	1̇	7	-	-	5	-	-

grow, Bloom and grow for- ev- er.

3	-	5	2̇	-	-	1̇	-	5	4	-	-	3	-	5

E- del- weiss, E- del- weiss, Bless my

5	6	7	*1.* 1̇	-	-	1̇	-	0 :	*2.* 1̇	-	-	1̇	-	-

home land for- ev- er. ev- er.

edelweiss〔ˈeɪdlvaɪs〕*n.*雪绒花

every〔ˈevri〕*adj.*每一，每个的

morning〔ˈmɔːnɪŋ〕*n.*早晨，上午

greet〔griːt〕*vt.*迎接；向……致敬

small〔smɔːl〕*adj.*小的，少的

white〔waɪt〕*adj.*白色的　*n.*白色

clean［kli:n］*adj.* 干净的；整洁的　*vt.* 弄干净，擦干净

bright［braɪt］*adj.* 明亮的；聪明的

look［lʊk］*n.* 看，瞧　*v.* 看；寻找　linking *v.* 看起来

happy［ˈhæpi］*adj.* 幸福的；快乐的

meet［mi:t］*vt.* 遇见；会面　*n.* 会；集会

blossom［ˈblɔsəm］*n.*（尤指果树的）花

snow［snəʊ］*n.* 雪　*vi.* 下雪

may［meɪ］*modal v.* 可以；可能

bloom［blu:m］*vi.* 开花

grow［grəʊ］*v.* 生长；种植

forever［fərˈɛvər］*adv.* 永远；长久地

bless［bles］*vt.* 保佑；降福

homeland［ˈhəʊmˌlænd］*n.* 祖国

第十九种是借助媒介记忆法。它是指借助媒介进行记忆，包括卡片记忆法、听音记忆法、打字记忆法、双语或多语互译记忆法等。

第二十种是综合记忆法。有些词仅靠上述某一种方法是难以记牢的，因此我们可以采取综合记忆法，即采取上述几种方法或采用更多的记忆方法，如多器官协同记忆法、游戏记忆法、尝试自测记忆法、多次重复记忆法、篇章背诵记忆法、超量限时记忆法等方法来记忆。[1]

词汇记忆不仅词形难记，词义、词的搭配和词的用法等记忆也需要下很大功夫。词汇记忆的方法多种多样，教师要善于指导学生总结、提炼并形成自己的记忆方法。只有这样，词汇教学才能收到好的效果。

［1］陈自鹏. 老师帮你记单词［M］. 北京：中国文史出版社，2003：312-313.

第三节 语法教学的方法

语法教学历史最长，也最复杂。其实语法起初就是一种结构形式，后来才被赋予了意念功能等新的意义。国际上，语法派别林立，如结构主义语法、转换生成语法等，争议颇多。中国的语法教学中也存在一些问题。

一、语法教学存在的问题

目前国内英语语法教学普遍存在的问题有以下几点：一是一些教师单纯讲解知识过多，指导学生应用过少；二是一些教师讲解规则意义过多，指导学生自己提炼过少；三是一些学生结构知识学习过多，功能意义理解过少；四是一些学生孤立记忆条目过多，语境意义联系过少。

二、改进语法教学的方法

要改进语法教学效果，需要反思专家的研究和建议，关键是运用好情境教学法。

（一）反思专家的研究和建议

王笃勤指出，语法是语言结构规律，包括词法和句法。词法是指词的构成及变化规律，句法是指短语和句子的组成规律。语法是语言表达的规则，各种语言有着各自不同的语法。专家们对语法的普遍看法有以下几点：一是语法是一种知识，包括描述性知识和程序性知识；二是语法是一种技能，离不开训练；三是语法是一种交际基础，要进行得体交际。

就如何学习语法，以下几种观点和建议值得我们思考。一是自然习得论：语法不用教。二是学习序列论：语法有固定顺序，编教材时需考虑。三是行为主义学习论：要通过训练，熟能生巧。四是语法学习交际论：通过交际应用来掌握规则和规律。五是显性语法学习与隐性语法学习：显性教学（即讲解教学）比隐性教学（暗示教学）效果要好。[1]

---

[1] 王笃勤.英语教学策略论［M］.北京：外语教学与研究出版社，2002：160–161.

（二）用情境法改进语法学习效果

语法教学如何才能实现高效呢？我们认为语法教学要用例子进行解释，明确形式；适当加以训练，理解语法含义；在语言使用中体会语法意义；在语言交际中掌握规则用法；在概括、归纳、总结中领悟、提升和巩固。语法是语言规则，若离开了语言情境谈语法，语法就只剩下了没有意义的空壳。要提高语法教学的效率和效果，应该紧紧地抓住语言情境。

2006年，陈自鹏、刘丽英、宋丽、曹甘编著了《老师帮你学语法》一书。书中指出语法是语言三大要素之一。那么怎样才能高效率地掌握语法呢？基本的做法是"点面结合，情境连线"，也就是通过语言情境（即有意义的语言片断）将语法的某些用法连成一体。情境语法要求语法知识点要准，语法知识面要宽。情境语法简便、集约、高效。

第一，语法知识点要准。学习语法是一个循序渐进的过程。每个语法项目都是首先以点来呈现的。比如"时态"这个语法项目，学习者要准确了解和掌握每个时态都是由主语加上动词的某种形式构成的；"句子种类"这个语法项目，学习者要了解和掌握英语基本句型中每种句子是怎样构成的，简单句、并列句和复合句是怎样构成的，主从复合句都有几种且都需要哪些连接词（连词、关系代词和关系副词）等。

第二，语法知识面要宽。学习语法不仅语法知识点应准确，而且对某个语法项目所涉及的内涵和外延都要有所掌握。只有概念清晰，掌握全面，才能对语法运用乃至语言的运用做到游刃有余。比如"时态"方面，学习者要知道英语有十六种时态，了解常用的时态有哪些，并且要了解和掌握各种时态的不同语态形式；"句子种类"方面，学习者要了解和掌握简单句、并列句、复合句以及并列主从复合句的用法，五种英语基本句型和各类复合句的意义，连接词（连词、关系代词和关系副词）的含义及用法等。

（三）情境语法举隅

把常用时态、句子种类、基本句型、复合句等一一链入一篇短文中，语法知识简洁明了，一目了然，体现了情境语法概括性和集中性的特点。

熟读以下短文，有关语法项目的一些用法便了然于胸了。

1. 时态：八种常用时态

I like basketball① and my brother likes it, too. Yesterday I asked my brother to watch a basketball match with me②, which was very exciting. On the way we were singing③ as we were walking. When we got there, we heard the news that the basketball teams had already arrived.④ We knew one of the teams would win the match⑤, but what we wanted eagerly to know was which team was more lucky. Now we have got to know⑥ who was the winner. We will tell what was happening in the match to our classmates.⑦ Oh, my brother is chatting⑧ with Peter now.

注：①一般现在时　②一般过去时　③过去进行时　④过去完成时　⑤过去将来时　⑥现在完成时　⑦一般将来时　⑧现在进行时

2. 句子类型：简单句、并列句和复合句

I like basketball and my brother likes it, too.① Yesterday I asked my brother to watch a basketball match with me, which was very exciting. On the way we were singing as we were walking. When we got there, we heard the news that the basketball teams had already arrived.② We knew one of the teams would win the match, but what we wanted eagerly to know was which team was more lucky. Now we have got to know who was the winner. We will tell what was happening in the match to our classmates. Oh, my brother is chatting with Peter now.③

注：①并列句　②复合句　③简单句

（其中"We knew one of the teams would win the match, but what we wanted eagerly to know was which team was more lucky."一句为并列复合句。）

3. 基本句型：共五种

I like basketball and my brother likes it, too. Yesterday I asked my brother to watch a basketball match with me①, which was very exciting.② On the way we were singing as we were walking. When we got there, we heard the news that the basketball teams had already arrived. We knew one of the teams would win the match③, but what we wanted eagerly to know was which team was more lucky. Now we have got to know who was the winner. <u>We will tell what was happening in the match to our classmates.</u>④ Oh, <u>my brother is chatting with Peter now.</u>⑤

注：①主语＋及物动词＋宾语＋宾补　②主语＋系动词＋表语 ③主语＋及物动词＋宾语　④主语＋及物动词＋直接宾语＋间接宾语 ⑤主语＋不及物动词

4. 复合句：六种从句

I like basketball and my brother likes it, too. Yesterday I asked my brother to watch a basketball match with me, <u>which was very exciting</u>①. On the way we were singing <u>as we were walking</u>②. When we got there, we heard the news <u>that the basketball teams had already arrived</u>③. We knew <u>one of the teams would win the match</u>④, but <u>what we wanted eagerly to know</u>⑤ was <u>which team was more lucky</u>⑥. Now we have got to know who was the winner. We will tell what was happening in the match to our classmates. Oh, my brother is chatting with Peter now.

注：①定语从句　②状语从句（时间）　③同位语从句　④宾语从句 ⑤主语从句　⑥表语从句（连接词含义及用法略）

（四）情境语法举隅Ⅱ

虚拟语气表示说话人所说的话不是事实，而是一种愿望、假设或根本不可能实现的事，通常分为三种情况：（1）与现在事实相反的假设，其条件从句与主句结构为"if＋主语＋动词过去式（be 的过去式用 were），主语＋should（would）＋动词原形"。（2）与过去事实相反的假设，其条件从句与主句结构为"if＋主语＋had＋过去分词，主语＋should（would）＋have＋过去分词"。（3）与将来事实相反的假设，其条件从句与主句结构为"if＋主语＋动词过去式（be 的过去式用 were）或 if＋主语＋were to（should）＋动词原形，主语＋should（would）＋动词原形"。

学习虚拟语气还应注意如下几种特殊情况：（1）若 if 从句中有 were，had 或 should，可将它们提至主语前，if 可省略。（2）条件从句与主句所发生的时间不一致，主从句应选用恰当的谓语动词形式。（3）在"It is important（strange，necessary，natural 等）＋that 主语从句"和"主语＋suggest（demand，require，order，insist，propose 等）＋宾语从句"中，从句可用"should＋动词原形"或只用动词原形表示。（4）wish 表示愿望时，其后的宾语从句表示现在则用过去式，表示过去则用过去完成式，一般是指没有可能实现的事；其后宾语从句表示将来可用 would 或 might 加动词原形，一般是指有希望实现的事。（5）在"It is time（that）…"句型中，that 从句谓语动词常用过去式。（6）在 as if，as though 引导的方式状语从句中，从句一般用虚拟语气。（7）在表示祝愿的句子如 Long live 或 May you 句型中用虚拟语气。

下面一段短文集中体现了虚拟语气的基本用法，让我们一起来辨析。

Teachers often say it is important that their students（should）work hard at their lessons[①]. Mrs. Smith suggested that her student Tom（should）study hard for the difficult exam[②]. Unfortunately，Tom didn't take his teacher's advice，so he failed. If he had taken his teacher's advice，he would have passed the exam.[③] If he had passed the exam（Had he passed the exam），he wouldn't have to take another exam.[④] Tom is clever but very lazy. If he were hardworking，he would be top student of the class.[⑤] Tom is 18 years old. It is time that he learned to use his mind.[⑥] Tom looks as if he might change his attitude towards study[⑦]. All of us wish he would do so[⑧] and all of us would like to say to him，"May you succeed！[⑨]"

注：① It is important that 句型 ② suggest＋that 宾语从句 ③与过去事实相反的假设 ④主从句时间不一致 ⑤与现在事实相反的假设 ⑥ It is time＋that 句型 ⑦ as if 句型 ⑧ wish＋that 从句表将来 ⑨表示祝愿的句子

（五）情境语法举隅Ⅲ

"it"通常作代词，指事指物偶尔也指人，用法较为复杂。"it"的常见用法归纳如下：（1）表示时间、气候或距离等，称为无人称"it"。（2）指心目中或上下文语境中的人或物。（3）指无生命的东西，有时也指动物或婴儿。（4）作形式主语或形式宾语，真正主语或宾语由动名词、动词不定式或从句充当。（5）用于引导强调句型，句子结构为"It is（was）＋

被强调部分＋that（who 指人作主语）从句。（6）用于习语中。（7）（口语）最好（强）的人或物。

下面一段短文集中了"it"的上述用法，让我们一起来阅读和辨析。

Someone knocked at the door. Wondering who it^① was, I opened the door. It^② was Peter who came with a yellow dog. I found that it^③ was shivering with cold. Not until then did I realize that it^④ was snowing outside. Peter was team-leader of the class football team and he was making careful preparations for the match to be held in the following week. As a teacher, I had told them again and again that it^⑤ was very important to do enough practice. I said to them, "Nobody is weak. Stop fancying as though you were it.^⑥ If you fight, try your best to fight it^⑦ out !"

注：①指代心目中的人　②引导强调句型　③指代上文中提到的动物"dog"　④指天气　⑤形式主语（本句真正主语是动词不定式）　⑥指最好（强）的人　⑦用于习语中

教学实践表明，情境法是语法教学中有效的方法之一。因为任何一个语言片段都是一个情境，在情境中学习语法，掌握语法，巩固语法，可以帮助学生建立广泛的语言结构和语言意义联系，最终使得语法教学实现高效。

第四节 听力教学的方法

听力教学很重要。谈到听的重要性和困难时，Toumi Lafi 曾用"一问一答"方式幽默地说："Why was man given two ears but only one mouth？Because God knew that listening was twice as hard as talking."

听力理解在人的言语交流中究竟有多重要，一些专题研究所提供的数据给出了答案。半个多世纪前就有学者发现人类在日常言语交际中，40%~50% 的时间在听，25%~30% 的时间在说，11%~26% 的时间在阅读，9% 的时间在写。这些数据证实了先前的研究结果：人类醒着时 70% 的时间在进行言语交流，其中 75% 的时间用于听和说。[1]

有专家指出了影响听力理解的两大主要因素：一是听者因素，如背景知识（话题熟悉度），记忆力（目的语和基本语音、词汇、结构与用法的记忆），注意力（对相关信息和无关信息的区分），听力目的（获取具体信息、达到基本理解、学习和综合信息），情感（自信心、焦虑感、认同感、兴趣与好恶）等；二是文本因素，如音韵特征（包括重音、语调、连续变音等），语速（迟疑、停顿），词汇和句法，文本类型与长度以及冗余信息等。[2]听力教学是个难点，实践中存在很多问题。

一、听力教学存在的问题

我们认为，听力教学普遍存在的问题有以下几点：一是一些学生发音不正确，致使在听力过程中辨析他人语音时产生困难；二是一些学生词汇储备量不足，导致在听力过程中理解文本意义时产生障碍；三是一些学生文化背景知识不足，导致对语言材料进行深层意义理解时产生困难；四是一些学生听力策略不当，抓不住主要信息，常受到冗余信息干扰；五是学生在听力过程中短时记忆能力差，使材料信息失真或丢失；

---

[1] 刘龙根，苗瑞琴. 外语听力理论与实践 [M]. 北京：外语教学与研究出版社，2011：4.

[2] 同 [1] 18–30.

六是学生平时对训练不重视，测试时有恐惧心理，听力效果不佳。

二、改进听力教学的方法

听力的主要特点是通过听觉而非视觉感知语言，因此，要求学习者对所学语言的语音及其与意义结合的特征具有高度的敏感与识别能力，学习者在某方面的弱点也比其他技能更容易给理解造成障碍。因此，有些语言学家认为，听力是一个复杂、能动而又脆弱的过程。

为提高听力教学效果，我们应该在如下几个方面做出努力：

（一）了解听力教学心理原理提高听力效果

1. 学生需要具备语言材料预测能力和语言感知能力。

2. 学生需要了解瞬时记忆、短时记忆和长时记忆。

3. 学生需要运用语言常识、社会常识、逻辑常识对听力材料信息进行理解、分析、判断、概括、归纳和综合。

（二）掌握传统听力教学方法提高听力效果

1. 采取听与说结合法，教学中边听边说。

2. 采取听与读结合法，教学中边听边读。

3. 采取听与写结合法，教学中边听边写。

（三）掌握当代听力教学方法提高听力效果

1. 基于教学策略的教学法（the Strategy-based Approach）

听力教学的策略包括元认知策略、认知策略和情感策略三部分。听力教学的策略主要有四点：一是掌握中心思想与主题，主要通过注意理解每一段的主题句（Topic Sentence）等方法进行；二是识别并听懂关键词；三是根据上下文猜测词义；四是记录重要的人物、时间、地点、数字等容易遗忘的内容。

2. 互动教学法（the Interactive Approach）

一是听人说话时互动。二是听录音时互动。三是基于任务教学法，要求听后完成一项任务。

3. 以知识结构理论（Schema Theory）为基础的听力教学

知识理论框架的精细程度决定着听力理解的能力，因此应重视听力前活动：一是组织好听力前活动，注意热身，做好知识铺垫；二是确定听力前活动的形式，过去主要是展示图片、照片、幻灯片或提问，现在可以借助多媒体播放影视材料。

（四）巧妙设计辨音理解测试题提高听力效果

1. 辨别音素测试

（1）单词型

例 1　音同还是不同？

听音		回答
1. cot	caught	S/D
2. steel	steal	S/D
3. steel	still	S/D
4. sink	think	S/D

例 2　找出同音词

听音　　　　　　　　　　回答

1. lay　　　　　　　（A）may　（B）ray　*（C）lay

2. bin　　　　　　　（A）tin　*（B）bin　（C）pin

例 3　听音选义

听音　　　回答

1. cart　　（A）a baby's bed　*（B）pulled by horses　（C）stopped and held

2. watch　（A）什么　（B）洗去　*（C）手表

（2）句子型

例 1　辨别句子的异同

1. 听音：（A）There is a knock on the door.

　　　　（B）There is a knock on the door.

　　　　（C）There is a lock on the door.

回答：*（A）*（B）（C）

2. 听音：（A）Can you see the train over there ?

　　　　（B）Can you see the chain over there ?

　　　　（C）Can you see the train over there ?

回答：*（A）（B）*（C）

例 2　听句子找词

1. 听音：She does't like the color，does she？

回答：（A）caller　*（B）color　（C）collar　（D）cellar

2. 听音：You can see a few beds from here.

回答：（A）bats　（B）birds　（C）buds　*（D）beds

例 3　听句子选图

听音：The ship looks big.

回答：*（A）船图　（B）绵羊图

（3）重音、语调测试

例 1　重音异同选择

1. 听音：（A）inCREASE　（B）INcrease　（C）inCREASE

回答：（A）　*（B）　（C）

2. 听音：（A）You are ↘ coming.（B）You are ↗ coming.（C）You are ↘ coming.

回答：（A）　*（B）　（C）

例 2　句子重音选择

听音：His BOSS won't like it.
　　　（A）（B）（C）（D）（E）

阅读：His boss won't like it.
　　　（A）（B）（C）（D）（E）

回答：（A）*（B）（C）（D）（E）

例 3　听语调选意义

1. 听音：You're an excellent ↘ cook.

回答：The speaker is probably_____.

　　*（A）making a simple statement

　　（B）being very sarcastic

　　（C）asking a question

2. 听音：Hold a press ↗ conference？

回答：The speaker is probably_____.

　　（A）making a report

（B）giving instruction

＊（C）asking for information

2.听力理解测试设计

（1）单句理解题

听音：Mark's scared of heights.

回答：（A）Mark is scared of fights.

＊（B）Mark is afraid of high places.

（C）Mark doesn't like ice.

（D）Mark is afraid of hikes.

（2）简短对话理解题

听音：W：What's the matter？ Don't you like my soup？

M：I love it, but I can't eat it because it's too salty.

Q：What does the man think about the soup？

（A）It's delicious.　　　（B）It's too sweet.

（C）It has a lovely color.　＊（D）It's too salty.

这类题主要是用来测试讲话人的态度和看法，还常用于考查有关人物、地点、时间、计算、原因等的推断理解。

为提高听力理解能力,测试题目还应包括较长对话理解题、讲话（座）理解题、简短问答题、听写与听力填空题和信息转换题等。信息转换是一种更为复杂的任务，它要求学生将听到的语言信息转变成非语言信息，如根据听力材料内容，按照指令或要求填表、完成简图、按事件发生的先后排序，或其他类似的辅助可视材料完成信息转换的任务，如下例所示。[1]

Directions：Look at the chart below. Some information is not there. Now listen to the passage and complete the chart by indicating which is the best camera in respect of each feature（cheapest, best flash, smallest and easiest to use）and which is the worst（most expensive, worst flash, biggest and most difficult to use）. Write "＋" for best and

[1] 刘龙根，苗瑞琴.外语听力理论与实践［M］.北京：外语教学与研究出版社，2011：117–139.

"—" for worst. The first one is done for you as an example.

听音 : The advantages and disadvantages of three cameras. The best cameras are the lightest. Camera A is much lighter than Camera B. Camera A weighs 250 grams and B weighs 400 grams. Camera C is the lightest of all. Most people prefer cheap cameras to the more expensive ones. A costs ＄90, B costs ＄90 and C costs ＄100. C is the most expensive camera. Most people like a camera to have a flash. A has a better flash than B, but C has no flash at all. Size is also important. The smaller, the better. C is the best in size as it is the smallest. A is the biggest camera of the three. Finally, of the three cameras B is the easiest to use and A is easier to use than C.

表4-2

CAMERA	A	B	C
Weight		—	+
Price			
Flash			
Size			
Ease of use			

（五）改进听力理解方式提高听力教学效果

研究表明，听者对口语语篇的处理一般有两种方式：自下而上和自上而下。

自下而上的方法被称为"微观法"（the Bottom-up Approach），自上而下的方法被称为"宏观法"（the Top-down Approach）。

1. 自下而上的听力教学法。自下而上的听力过程是指运用语言结构知识，从底层结构向高层结构，即按照从语音、构词、句法到语篇的线性方式对投入材料进行分析或解码，直至正确获得语义[1-2]。

［1］ GRAHAM S. Listening comprehension: the learner's perspective ［J］. System, 2006, 34（2）: 165-182.

［2］ RICHARDS J C. Teaching listening and speaking: from theory to practice ［M］. New York: Cambridge University Press, 2008.

Vandergrift[1]介绍了 Hulstijn 提出的一种自下而上的听力教学方法。该方法包括以下六个步骤：听录音—自问是否听懂—重放录音—照着听力文稿朗读—找出来听懂部分—重放录音（尽可能多次）直到不看文稿也能听懂全部内容。这一方法关注的重点是语言结构和口语特征（如连读、重音等）。

听力练习的目的通常是训练学生的语言分析能力，如辨别音素、找出关键词、识别语篇中的过渡词、分析句法结构等，形式主要有听写、填空、选择、判断正误，以及类似的识别练习。

2. 自上而下的听力教学法。自上而下的语言处理是指听者运用背景知识理解语义。如果说自下而上的方法是从语言到意义，那么自上而下的方法则是从意义到语言。

Richard[2]列出了以下常见操作模式：一是（听前）预测一些与话题有关的问题，然后在听力过程中寻找答案；二是（听前）列出一些对话题已知及未知却希望知道的信息，然后与实际听到的信息对比；三是（听前）读对话，预测其他对话参与者会说什么，然后和实际听到的内容进行比较；四是（听前）读一些可能是谈话要点的语句，然后在听的过程中辨别哪些语句在文中出现了；五是听一部分故事，自己补全故事结尾，听完故事后进行比较；六是（听前）阅读新闻标题，猜测新闻中谈及的事件，然后听完整新闻，将预测的和实际听到的内容进行比较。

事实上，还有一种综合性听力教学法。许多学者提出，听力教学应该采用综合教学法，即把自下而上和自上而下的过程结合起来。他们尝试把自下而上、自上而下和互动三种过程相结合，提出了一种融合个性化、跨文化、社会、情景、情感、策略、互文本和批判等八种因素的听力教学模式，并运用该模式对一些教材和听力课程进行了实例分析。

遵循综合教学法的课程，一般采用听前（Pre-listening）、听中

［1］ VANDERGRIFT L. Recent development in second and foreign language listening comprehension research［J］. Language Teaching，2007，40（3）：191-210.

［2］ RICHARDS J C. Teaching listening and speaking：from theory to practice［M］. New York：Cambridge University Press，2008：9-10.

（While-listening）、听后（Post-listening）三段式的课堂组织模式[1-2]。听前阶段的目的是调动学生的背景知识；听中阶段的练习主要是检验、监测和评估学生对听力内容大意和主要细节的理解；听后阶段一般是对听力内容的扩展，如让学生谈改变自己的观点，对听力过程进行反思。[3]

综合大家的经验，我们可以指导学生重点采取如下听力训练方法：随时随地法、集中操练法、先慢后快法、先中后外法、词汇过关法、词组释义法、句子填空法、短文摘要法、一问一答法和自录自听法。

（六）课例举隅[4]

教学内容为人民教育出版社《英语》八年级下册第三单元"What were you doing when the UFO arrived？"中的 Section B（1–2c）。本节初中英语听说课由冯丽玲、刘辉采取综合教学法执教，设计方案如下：

1. 分析听说课教学中存在的问题

（1）听前准备不充分，无法激活背景知识。

（2）听中策略缺失，影响学习效率。

（3）听后任务缺失，没有深层拓展。

2. 对听力教学内容进行分析

Section A 通过观察、听辨、对话、阅读等学习活动，对目标句型进行分步示例和指导性练习，让学生充分学习词汇和句型。Section B 旨在让学生学习新词汇，理解并运用目标语言。课堂教学目标为：

（1）知识目标

①学习新词汇：scared，climb，jump，shout。

②复习并正确运用重点句型：when 或 while 引导的时间状语从句。

（2）技能目标

①听懂听力材料中故事的情节发展，了解其中的主要人物和事件。

［1］ RICHARDS J C. Teaching listening and speaking：from theory to practice［M］. New York：Cambridge University Press，2008：9–10.

［2］ VANDERGRIFT L. Recent development in second and foreign language listening comprehension research［J］. Language Teaching，2007，40（3）：191–210.

［3］ 刘龙根，苗瑞琴. 外语听力理论与实践［M］. 北京：外语教学与研究出版社，2011：94–96.

［4］ 冯丽玲，刘辉. 新课程理念下的初中英语听说课教学探究［J］. 中小学外语教学，2014（6）：8–13.

②在教师的指导和帮助下，借助图片等，用 when 或 while 引导的时间状语从句叙述故事的主要情节。

（3）情感态度目标

①培养乐于助人的良好品质。

②树立爱护动物和保护动物的意识。

（4）学习策略目标

在学习中善于利用音像等非书面文字信息理解主题，并能正确运用预测、获取主旨大意、抓关键词等听说策略。

（5）文化意识目标

了解英语交际中常用的体态语，如手势、表情等；用恰当的方式表达赞扬。

3. 采取听前、听中、听后综合教学过程

（1）听前环节

以学生易于接受的方式复习和巩固本环节使用的时态、句型和词汇等基础知识和背景知识，在学习中检测、反复和深化，为下一环节的听做好充分的准备。

Step 1：Revision

复习、巩固本单元目标句型，扫清语言知识方面的障碍。

Step 2：Pre-listening

以真实语境学习、巩固和检测词汇来开展预测活动，为学生听课文做充分铺垫。

①图文并茂，讲述故事。

②看图预测，激发好奇心。

（2）听中环节

听中环节是听说课的核心环节。此环节的重点是训练学生完整感知听力材料的能力，帮助学生获取主旨大意，通过细听获知具体事实，理解故事发展的来龙去脉。

Step 3：While-listening

①第一次听旨在获取大意。

②第二次听旨在引出材料中的关键信息。

③第三次听旨在提取具体信息。

（3）听后环节

Step 4：Post-listening

听后环节应安排有梯度的综合任务，从教师引导单个学生陈述到小组讨论再到小组成果展示，逐步由控制型操练向开放型操练过渡，培养学生的综合语言运用能力。

①巩固所学语言。教师组织小组活动，开展故事复述和游戏活动，培养学生合作学习的意识，拓展学生说的技能。

②讨论。教师设计开放性问题，让学生各抒己见，拓展思维，提高表达能力。

Step 5：Summary

在总结环节，教师让学生对所完成环节的评价量表（见表4-3）进行统计，并写出有针对性的反思。

表4-3　评价量表[1]

评价内容		评价方法	评价标准
听前活动	预测活动	学生自评（通过图片的呈现，考查学生对所要听的材料进行初步预测的能力）	★★★能迅速、准确地预测结果；★★能在规定时间内比较准确地预测结果；★能积极思考但预测结果不准确
听中活动	获知大意	教师评价（考查学生通过听录音和看图抓住对话大意的能力）	★★★听一遍即能迅速、准确地获取大意；★★听一遍能基本了解对话大意；★听一遍并借助图片能了解对话大意
	获取关键信息（2a）	学生自评（考查学生听懂语段并认读和选择关键词的能力）	★★★能迅速、准确地完成全部任务；★★能在规定时间内比较准确地完成全部任务；★能完成部分任务
	获取具体信息（2b）	学生自评（考查学生获取具体信息的能力）	

[1] 冯丽玲，刘辉. 新课程理念下的初中英语听说课教学探究［J］. 中小学外语教学，2014（6）：8-13.

续表

	评价内容	评价方法	评价标准
听后活动	强化重点（小组活动）	小组评价（要求学生在组内分析表格后，叙述故事，考查学生积极主动参与、合作和应变的能力）	★★★积极参与，善于合作，应变能力强，能灵活、准确地运用语言材料和重要句型，语言流畅；★★主动参与，能够合作，有一定的应变能力，能恰当地运用语言材料和重点句型，语言较流畅；★能参与，有一定的合作意识，能根据语言材料和重点句型进行交流
	排序并复述故事	教师评价（要求学生观察图片，在规定的时间内对图片进行排序并简要描述。主要考查学生观察、思考、理解故事情节、组织语言和连贯表达的能力）	★★★善于合作，表达流利、准确，有个别语言错误，全面完成任务，达到交际目的；★★能够合作，表达比较流利，有一些语言错误，但不影响理解，较好完成任务，达到交际目的；★有一定的合作意识，能基本表达语义，语言有错误，对理解有一定影响，经帮助能基本完成任务，基本达到交际目的
反思	15~18颗★：优秀；　11~14颗★：良好；　7~10颗★：中等；　6颗或少于6颗★：待提高		
	1.本节课自己的表现： 2.你对取得的成绩的分析： 3.你对存在的问题将采取的措施：		

第五节　口语教学的方法

口语是人与人之间进行口头交流时所运用的语言，它是人类社会使用最频繁的交际工具。口语产生于书面语之前，不论是民族语言的传承还是个人语言的习得都是同样的顺序。左焕琪指出，相对于口语教学的实践，有关口语教学的科学研究与理论仍然滞后。[1]

英语口语教学有着漫长而曲折的发展历史。20 世纪 40 年代前，直接法的倡导者提出，口语教学的目的是完全排除第一语言的干扰，培养学生如同本族语者一样自如地使用语言。20 世纪 40 年代后，听说法的兴起使外语口语教学进入一个新时期。20 世纪 60 年代后，认知法和交际法兴起，前者将口语拉回到与其他语言技能同等的地位，后者指出口语课与其他语言技能课的教学目的都是为了使学生具有语言交际能力，并提出了培养交际能力的功能意念大纲，该大纲成为当代口语教学遵循的纲要。

口语具有很鲜明的言语行为（Speech Acts）的功能和格式，主要的功能项目有：问候（Greetings）、介绍（Introductions）、告辞（Leave-taking）、请求（Requests）、致谢（Expressing and Accepting Thanks）、赞美（Compliments）、祝贺（Congratulations）、道歉（Apologies）、原谅（Forgiving）、建议（Suggestions）、同意与不同意（Agreeing and Disagreeing）、批准与不批准（Approval and Disapproval）、承认与不承认（Admitting and Denying）、同情（Sympathy）、鼓励（Encouragement）、申诉（Complaints）、劝说（Persuasion）、允许（Permission）、许诺（Promise）等。[2]

口语是英语教学中的一个难点，教学中存在一些问题。

一、口语教学存在的问题

英语口语教学存在的问题主要有以下几点：一是师生平时不太重视

---

［1］左焕琪. 外语教育展望［M］. 上海：华东师范大学出版社，2002：130-131.

［2］同［1］131-132.

口语表达；二是一些学生心理畏惧，怕出错出丑，不敢开口；三是一些学生发音不正确，得不到教师及时的纠正和指导；四是一些教师满足于学生发音正确，语调自然，缺少对学生口才的培养；五是一些教师将口语教学孤立进行，忽视与其他技能训练的结合。

二、改进口语教学的方法

提高口语教学效果的方法有很多，比如了解口语的社会语言学和心理学基础，了解口语与书面语之间的异同并采取对策，掌握常用的传统和现代的口语教学方法，始终把英语口才培养作为教学的目标，在教学过程中掌握英语口才训练方法，努力达到英语口语高效教学三个标准等。

（一）要了解口语的社会语言学和心理学基础

1.口语的社会语言学基础。从社会语言学角度看，口语是社会驱使（Socially Driven）的活动。

2.口语的心理语言学基础。从心理语言学的角度看，口语是心理机制运行控制（Psycho-motor Control）的活动，一般有四个步骤：第一步，起始于大脑搜索与选择表达所需的恰当概念（Selecting Appropriate Conceptualizations）；第二步，一旦找到相关的概念，便根据已知的规则对它们进行整合与排序（Accessing and Sequencing Appropriate Formulations）；第三步，将使用规则后的结果与发音相连接（Relating Formulations to Articulation）；第四步，产生音义结合的口语（Producing the Articulations that Combine Sounds and Meanings）。[1]

（二）要了解口语与书面语之间的异同并采取对策

口语与书面语既有联系，也有着明显的差异。口语与书面语一样，是语言表达的主要方式之一，但是两者有所不同。著名语言学家哈奇（E. Hatch）指出，口语与书面语至少有一点不同：口语主要的特点是交互性（Reciprocal）比书面语强。凡使用口语的人都有面对面交流的对象，说话人与听话人随时交流，互相提示与补充；大量的口语是无计划（Unplanned）、无准备的，而书面语则通常是有计划、经准备而形成的；

---

［1］左焕琪.外语教育展望［M］.上海：华东师范大学出版社，2002：134-135.

口语比书面语更依靠交际时特定的情境与场合（Contextualization）；书面语一般比口语正式（Formal）。[1]

了解口语与书面语之间的联系和差异，有助于我们利用联系互相促进，利用差异特点组织教学和训练。

（三）要掌握几种常用的传统的口语教学方法

对于传统的口语教学方法，专家们提供了多种方案，比如模仿、背诵、问答、对话、谈图画、谈幻灯片、复述、演戏、讨论、辩论。胡文仲指出，提高英语口语水平要重视"两个学会"：要学会模仿，学会复述。[2]

具体来讲，传统的外语口语教学方法主要有以下几种：（1）问答（Asking and Answering Questions）。采取的方式是教师问，学生答，学生比较被动。这种方式在口语教学中必不可少。（2）句型操练（Pattern Drills）。训练方式固定、机械，是口语训练的必由之路。（3）对话（Making Dialogues）。一对一或一对多，有更多人参与，比较灵活，不仅有利于口语的提高，还有助于应变能力的培养。（4）看图说话（Talking about A Picture or Pictures）。既有视觉参与，又有分析判断，还有语言描述，有利于培养思维能力。（5）讲故事（Story Telling）与口头复述（Retelling）。占时较长，常常一人唱主角，一人讲完，全班接龙，鼓励人人参与。（6）口头作文与报告（Oral Composition and Report）。第一个阶段是模仿阶段（Mimic），第二个阶段是引导性表达（Guided Production），第三个阶段是自由表达（Free Production）。[3]

（四）要掌握几种常用的现代的口语教学方法

现代的口语教学方法主要有以下两种：

1. 互动教学法（Interactive Approach to Teaching Speaking）

教学过程中，教师要参与对话。教师一是要平等地参与对话，二是要起示范作用，三是要起指导作用。

2. 小组活动（Group Activities）

小组活动是一定数量的人（课堂小组一般是 4~8 人）集合在一起，

[1] HATCH E. Discourse and language education [M]. Cambridge: Cambrige University Press, 1992.

[2] 胡文仲. 胡文仲英语教育自选集 [M]. 北京：外语教学与研究出版社，2005：33-35.

[3] 左焕琪. 外语教育展望 [M]. 上海：华东师范大学出版社，2002：139-144.

每人都意识到自己与其他成员的存在，为完成一个具体的任务而进行磋商，以达成一致或做出决定。在小组中每个成员有以下几方面需求：一是需要互相关联，如建立友谊与相互支持；二是需要发展与确认自我，保持自我；三是需要对付外来压力，持有安全感；四是需要为完成一项任务分工合作。

与成对练习（Pair Work）相比，小组活动的优势在于克服了练习对象始终是一人的局限。

3.模拟与角色扮演（Simulation and Role-play）

在模拟活动中，学生是主要参与者，教师则是组织者、观察员、咨询人与学生的鼓励者。

4.讨论与辩论（Discussion and Debate）[1]

英语课上的辩论教学应面向大多数学生，不宜采取重点的辅导方式，教学内容也不必过于细致、繁杂。

（五）要始终把英语口才培养作为教学的目标

敢说、会说只是口语教学的基本要求，英语口才的培养才是英语口语教学的目的。

1.英语口才的重要性

英语口才对现代人的竞争及晋升有很重要的作用。在我国，拥有一口流利的英语也成为一些公司尤其是外企招聘的优录条件。在西方国家，英语口语是一门必修课。西方国家把"口才、美元和电脑"作为当今的三大"战略武器"，其中"口才"位居三者之首，足见其在当今西方人眼中的重要位置。[2]

2.英语口才的特征

什么是英语口才呢？我们认为，它应该有以下几个特征：一是语音正确，语调自然；二是用词得体，表述达意；三是条理清楚，说服力强；四是逻辑严密，哲理性强；五是幽默风趣，感染力强；六是机智敏捷，反应迅速；七是注重修辞，非同凡响。

［1］左焕琪.外语教育展望［M］.上海：华东师范大学出版社，2002：146-155.
［2］陈爱勤.英语口语发音技巧理论与实践［M］.成都：西南交通大学出版社，2012：14.

（六）要在教学过程中掌握英语口才训练方法

英语口才不是天生的，是通过刻苦地、科学地训练而成的。

首先，要培养敏锐的思维和强烈的语感，具体应做到以下几点：一是掌握语音、语调及朗诵技巧；二是掌握丰富的词汇和语汇，如惯用语、谚语、格言等；三是语气流畅、条理清楚；四是注意语境，即谈话的目的、对象、场合等。此外，还应刻苦训练，持之以恒。[1]

其次，是要做到科学训练，包括单项训练和课堂综合训练。

1. 单项训练

单项训练包括以下几个方面：一是语音训练；二是语调训练［Halliday说："If you change the intonation, you change the meaning."（一旦改变了语调，就改变了语义）］；三是音量与调门训练；四是节奏训练；五是速度训练；六是停顿训练；七是运思训练。

2. 课堂综合训练

课堂综合训练包括以下几个方面：一是模仿复述；二是小组讨论；三是口头评述和解说；四是演讲、快速问答和论辩练习；五是辞格训练；六是课堂模拟答记者问。[2]

（七）要努力达到英语口语高效教学三个标准

毋庸讳言，好的口语是流利、准确和得体的。流利、准确、得体是口语高效教学的理想目标。

第一，要流利。流利程度（Fluency）应包含四个方面的内容：一是连续谈话的能力；二是谈话的连贯性、逻辑性与掌握表达语言意义的能力；三是在各种不同场合谈话时的应变能力；四是谈话内容是否富有创造性与想象力。

第二，要准确。左焕琪认为，如果说讨论口语流利程度时较多地注意语言的数量，那么，探讨口语的准确性（Accuracy）时则侧重口语的质量。[3]

---

［1］陈爱勤. 英语口语发音技巧理论与实践［M］. 成都：西南交通大学出版社，2012：15.

［2］同［1］16-23.

［3］左焕琪. 外语教育展望［M］. 上海：华东师范大学出版社，2002：136-139.

　　第三，要得体。我们认为，口语教学还要注意引导学生对目的语国家和民族的文化知识、背景知识的学习和掌握，只有这样，学生学到的口语才真实、地道、得体。

第六节　阅读教学的方法

阅读实际上是读者与作者之间进行的一种互动交流。这种交流和日常交流唯一的区别是读者和作者所采用的交际媒介不是口头语言而是书面语言。同时，在阅读过程中，读者需要用到不同类型的知识，包括词汇知识、语法知识、社会文化背景知识等，以更好地理解作者的意图。总的说来，阅读就是通过理解阅读材料获得意义。[1]

阅读是一个非常复杂且困难的过程，阅读教学也是中小学英语教学中的重头戏。然而，阅读教学中存在的问题不少，我们需要认真分析加以解决。

一、阅读教学存在的问题

阅读教学中普遍存在的问题：一是一些学生词汇量较少，阅读理解有障碍；二是一些学生阅读目的不明，阅读技能没掌握；三是一些学生积极阅读量较小，阅读方法未形成；四是一些学生阅读习惯不好，阅读效率比较低；五是一些学生思维能力不强，阅读水平有待提高；六是一些学生批判性阅读差，阅读质量不太高；七是一些学生忽视课外阅读，语言输入量不足。

二、改进阅读教学的方法

要改进阅读教学的效果，应该充分了解阅读的心理过程原理，重视词汇教学在阅读中的重要性，还要从认识论中掌握阅读的基本方式，了解影响阅读速度的主要因素，掌握传统和当代外语阅读方法，指导学生掌握阅读的诸多微技能，指导学生掌握高效的阅读技巧，指导学生扎实抓好各个环节活动，提升阅读技能和文本理解水平。

（一）要充分了解阅读的心理过程原理

左焕琪指出，阅读的心理过程大致有以下四个阶段：

---

[1] 宋洁，康艳.英语阅读教学法［M］.北京：首都师范大学出版社，2015：1.

1.阅读起始于通过视觉准确、迅速、自动地认出词汇（Accurate, Swift, and Automatic Visual Recognitions of Vocabulary）。这一阶段不论词汇出现在何种上下文之中都是如此。研究表明，阅读时眼睛的移动几乎涵盖语言材料的每一个单词，或更确切地说，不少于80%的实词和40%的虚词（如of，the等），阅读时眼睛从不跳过两个以上的单词。眼睛停留在一个词上的时间保持在0.2~0.25秒。只有当读者不能一眼认出单词时，才会停留在该词上，采取"译码"手段破译它。尽管自动认词是阅读不可缺少的第一步，但是它远不能达到理解全篇内容的目的。

2.自动认词后，阅读进入单词语音与语义的加工阶段。此时单词的音与义唤起了记忆中与之有关的语义、词法、句法等方面的联系。虽然这一阶段也像上述自动认词过程那样，不能达到理解全篇内容的目的，但快速自动地获得词音与词义为理解全篇准备了必要条件。如果这一阶段不能完成，读者便不得不停止继续阅读，有意识地在记忆中搜索储存的各种有关信息。所谓阅读中词汇的"拦路虎"，就是指这一阶段中遇到的困难。

3.句子单词的音像表征（Phonological Representations of the Words in the Sentence）会持续一段时间使单词的音与义逐渐连接成一系列短语与句子的音与义，并促使理解的产生。在这一阶段，单词、短语或句子任何一个层次上出现问题，如记忆不能持续，或不能将单词连接成有一定意义的短语或句子，理解就会遇到障碍。

4.在进行第三阶段阅读的同时，读者过去已有的，与所阅读的单词、短语或句子有关的知识，包括语言、社会、文化以及阅读材料的题材、体裁、风格等方面的知识都涌现出来，为正确理解提供条件。这些知识不是杂乱无章或支离破碎的，而是按照一定的结构组成的体系（即知识结构）。这一体系越有序、丰富与完整，阅读理解的数量和质量也越理想；反之，这一体系越薄弱，阅读理解的困难就越大。

左焕琪认为，第一阶段和第二阶段是阅读的低级阶段，第三阶段和第四阶段是阅读的高级阶段。[1]

---

[1] 左焕琪.外语教育展望［M］.上海：华东师范大学出版社，2002：161-164.

（二）重视词汇教学在阅读中的重要性

第二语言习得实验与研究以及对阅读心理过程的研究揭示，自动认字（Automatic Recognition of Words）是阅读理解不可缺少的第一步，词汇教学在阅读教学中的重要性再次受到语言教学界的重视。20 世纪 90 年代以来，词汇教学研究进展很快。

从认识到单词在阅读中的重要性，发展到词群（Chunks）及其在语篇中意义的研究，进而提出词汇是语言的主要组成部分之一，人们对词汇教学在英语教学中的意义的认识不断深化。词汇教学的内容已超出了仅罗列词汇表的范围，它包括以下几个方面的教学：一是词汇形式（Form），主要包括发音、拼写、词根与词源，根据组词规律了解相关词汇；二是使用词汇的语法规则（Grammatical Use），如英语名词单复数、代词的性、数、格，动词人称、时态、语态变化等；三是搭配（Collocation），它是指词与词之间固定的关系，包括词组与习惯的词序等；四是功能（Function），指在不同的场合如何确切地使用各类不同的词汇和能互相通用的同义词等；五是意义（Meaning），包括词典中的意义、第一语言相对应的第二语言的词义、与某词相关的词之间的异同以及使用词汇中的词义变化等。[1]

（三）从认识论中掌握阅读的基本方式

阅读是人类认识自然世界和精神世界的一种有效方式。我们从四种基本的认识论中掌握阅读的基本方法。

1. 译码论。在早期，人们常将听力理解称为"译码"过程，也就是感知到的单词、短语和句子在听者的语言体系中"对号入座"。实际上这一认识最初产生于对阅读的分析与解释，后被听力研究者借用。译码论在阅读教学中还是常用的方式方法之一。

2. 微观法（自下而上法）。在译码论的基础上形成了阅读与听力教学的微观法。这一方法认为，只要学生具有外语语音、词汇和语法的基本知识，就能运用这些知识去识别和理解所阅读的或听到的单词、短语和句子乃至理解语篇材料的内容。

---

[1]　左焕琪. 外语教育展望［M］. 上海：华东师范大学出版社，2002：187.

自下而上法（the Bottom-up Approach）认为阅读过程是一个解码的过程，在这个过程中，读者从文章的最小单位中构建意义。文章被看作是"一系列孤立的单词，每一个单词都需要进行独立的解码"。根据这一方法，读者先对最小的文本单位进行解码，如字母和单词，在此基础上再对更高层次的语言单位进行解码，如词组、短句等。

在自下而上法中，读者被比作科学家，仔细地对每一块微小地域（这在文本中也许代表一个句子）进行详细的了解。读者只有把这种知识和对邻近地域的知识以及对更广阔地域的知识联系起来时，才能够对文本进行充分的理解。

3. 宏观法（自上而下法）。20世纪70年代，在心理学与心理语言学理论的基础上诞生了与微观法针锋相对的宏观法。以古德曼（K. S. Goodman）和史密斯（F. Smith）为代表的宏观法倡导者对儿童与成人阅读第一语言的心理过程进行了研究，他们指出阅读第一语言从来就不是逐字逐句地"译码"，而是在宏观上不断推测与理解成段和整篇材料的过程。在阅读的过程中，读者对看到的书面信息不断进行假设（Hypothesizing），预测（Predicting）即将看到的内容，并根据已有的背景知识进行推理（Reasoning）与推断（Making Inferences），才能达到理解的目的。用古德曼的话说，阅读是"一场心理语言的猜测游戏"（A Psycholinguistic Guessing Game）。

如果说自下而上阅读法侧重的是文本的结构，那么自上而下阅读法（the Top-down Approach）则更强调读者的兴趣、背景知识和阅读策略对阅读理解的影响。在自上而下阅读法中，读者通过做出预测和处理信息来理解文本。

在自上而下阅读法中，读者需要利用自己的智力和经验来理解文本，也就是根据已有的图式做出预测。当读者想要理解文本的整体目的，或者对作者展开论点的模式有一个大概的了解，以对下一步做出合理的猜测时，就需要有意识地运用自上而下的模式。在这种阅读模式中，读者就像一只鹰，能够从高处俯瞰并理解所俯瞰地域的本质、整体结构以及不同组成部分之间的关系。如果读者从一只鹰的视角来看文本，那么他就会把文本看作一个整体，并把文本与自己的知识和经验联系起来。这使得读者可以预测作者的写作目的及其提供的信息和论点的可能走向等，并且可以运用这种预测来理解文本的难点部分。自上而下阅读法可以将读者所具备的能力如头脑中储存的知识、常识等带到文本中加以利用。[1]

4.阅读互动论

赫德森（T. Hudson）与卡雷尔（P. L. Carell）等人吸取了各家之长，提出了互动论（the Interactive Approach）。他们主张阅读是读者（Reader）与所读语言材料（Text）互相沟通及微观阅读（Bottom-up）与宏观阅读（Top-down）互相作用的过程。[2]

在阅读过程中，读者既会综合运用自下而上的模式，也会运用自上而下的模式。首先，读者需要对遇到的词汇结构和句法结构进行解码，在此基础上，读者会运用自上而下的背景知识对作者的意图进行猜测，这种自上而下模式和自下而上模式的结合被称为"交互模式"。

交互模式的提出是对只偏重自下而上模式或只偏重自上而下模式的修正和完善。在阅读理解中，如果过度依赖自下而上模式，一旦读者无法激活和文本包含的信息相关的模式，阅读就会遇到极大的困难。总之，在阅读理解过程中，我们应该交互使用两种模式。[3]

（四）要了解影响阅读速度的主要因素

制约阅读速度的主要因素至少有如下五个方面：

一是词汇量。词汇是语言的建筑材料，其作用在阅读理解中尤为重要。二是理解力。语言信息的输入与处理需要对文中词语、相关知识以及上下文联系有一定的联想和理解能力。三是阅读习惯。平时训练中形成的阅读习惯会对阅读速度产生相当大的影响。四是阅读技巧。也就是长期阅读训练过程中形成的一些无意识的灵巧且比较有效的方法。五是非智力因素。主要是阅读者的动机、兴趣、态度、意志和个性特征。

了解以上因素后，我们可以在教学中有针对性地采取措施，提高阅读的效率。

---

[1] 宋洁，康艳.英语阅读教学法［M］.首都师范大学出版社，2015：7-8.
[2] 左焕琪.外语教育展望［M］.上海：华东师范大学出版社，2002：159.
[3] 同［1］8.

（五）要掌握传统和当代外语阅读方法

1. 传统外语阅读教学方法

传统外语阅读教学方法有朗读、听读、问答、借助图表的阅读方法等。

（1）朗读。有教师示范，个别学生或集体朗读、跟读等不同形式。

（2）听读。一般采用边听边读的阅读方式或先听后读的阅读方式。

（3）问答。在讲解课文的过程中，根据语言材料的事实（Fact-finding）提问与回答问题，以加强对阅读内容的理解，它是内容教学最常见的方法之一。

（4）借助图表的阅读方法。学生可根据教学需要以及图表提供的语言情境在初级、中级或高级水平等各个层次上使用。[1]

2. 当代外语阅读教学方法

当代外语阅读教学方法有默读，以知识结构理论为基础的阅读教学，以培养假设、预言与推断等阅读能力为目的分段阅读法以及SQ3R阅读法。

（1）默读（Silent Reading）。这是一种常用的阅读教学法。

（2）以知识结构理论（Schema Theory）为基础的阅读教学。该教学方法以认知心理学中的知识结构理论为理论基础。20世纪80年代形成的这套阅读教学方法，至今仍被广泛应用在教材编写和实际教学中。

（3）以培养假设、预言与推断等阅读能力为目的的分段阅读法。[2]

（4）SQ3R阅读法。宋洁和康艳在合著的《英语阅读教学法》一书中介绍了Nuttall的一种值得借鉴的个人阅读方法——"SQ3R阅读法"。它比较适合学生课外遴选阅读材料，尤其是短小篇章的选择，适合学生进行阅读和自我检测阅读效果。SQ3R是几个英文单词的字母缩写，即Survey（S），Question（Q），Read（R），Recite（R），Review（R）。概览（Survey）是指读阅读材料，确认自己对材料是否感兴趣，是否获得主旨大意。提问（Question）是指自己提出几个希望阅读材料能够回答的问题，也就是考虑一下阅读的目的——通过阅读想了解什么。阅读（Read）即开始认真阅读，寻找自己提出的问题的答案及其他有关信息。

---

［1］左焕琪. 外语教育展望［M］. 上海：华东师范大学出版社，2002：170-171.
［2］同［1］172-177.

复述（Recite）并不是大声地复述课文，而是大声地说出自己提出的问题的答案，或者将答案写下来，最重要的是能够通过某种方式重现文中的重点内容。复习（Review）是指思考通过阅读学到的内容，并将其与自己头脑中已有的知识相联系。[1]

（六）指导学生掌握阅读的诸多微技能

鲁子问认为，微观阅读的技能应该包括如下几个方面：

一是预测篇章信息。它包括从篇章环境、标题、插图、图表、导言、提要、基本格式以及篇章中出现的特殊字体、数字、特殊标点和注释等预测篇章信息。

二是理解词义。它包括多义词在新的语境中的引申义、代词的指称语义以及我们没有学过的词和词组的意思。多义词的词义选择涉及词性、搭配、语境等。代词的指称意义关键是靠上下文来判定。推测生词的词义要利用上下文的词义重复变化、上下文中的定义说明、词义搭配关联、同义近义词和反义词、举例、经验常识和构词法等方法。

三是理解语句。在阅读中，除了直接理解语句外，我们在碰到以下情况时需要经过分析才能理解语句：（1）语句结构很复杂，不经过分析难以理解。（2）语句本身可能有多重语义或有很多代词，不分析上下文难以准确地理解其语义或所指代的对象。如何理解这些语句呢？首先，要分析结构，理解复杂的语句。其次，要特别注意从句、修饰全句的状语、插入成分、特殊结构（如否定结构、强调结构、倒装结构和比较结构等）等。再者，要注意特殊结构中的否定结构对语句的语义影响。

四是理解段落。阅读时我们要注意总括段落中各个语句的语义，把握语句的关联，分析相关要素。

五是理解篇章总体内容。阅读时我们要注意总括各个段落的语义，把握篇章中心大意，把握段落的关联，把握不同段落的语句的关联，分析相关要素。

六是概括中心大意。要分析篇章体裁，概括和把握篇章中心，抓住主题句，分析和概括中心大意，分析段落大意，找出重点段落，分析基

---

［1］宋洁，康艳.英语阅读教学法［M］.北京：首都师范大学出版社，2015：77.

本要素。

七是把握语篇具体信息。如何寻找篇章和段落中的具体信息呢？篇章和段落的具体信息可分为七类：what，when，where，which，who，how，why，为方便记忆可称为"aee""ioo""y"。获得具体信息的方法有直接获得和间接获得两种。

八是分析语篇逻辑关联。逻辑关联是篇章和段落的内在关联形式，篇章和段落中的语句所描述的言论、行为、事件、特征等，通常是以语义关联、事件关联、空间关联的逻辑形式相互关联的。这些关联形式有的是直接的、明显的，也有很多关联是间接的、隐含的，需要在阅读时通过逻辑关联分析才能发现。分析语篇逻辑关联要注意三种形式：语义关联、时间关联、空间关联。分析语句和段落的逻辑关联要按照关联形式，根据基本要素进行分析。

九是把握观点、态度和意图。要把握篇章语义，直接得出观点、态度和寓意，综合篇章语义，把握关键语句。

十是推断间接信息。在篇章中需要我们推断的间接信息有：从言语行为推断人物特性，从人物特性推断言语行为；从已知结果推断原因，从已知原因推断结果；从已知言行推断后续言行；从结论推断分述，从分述推断结论；从对比一方推断另一方；从例释推断观点理论；从说明推断补充，从补充推断说明；从间接关联信息推断作者与人物的国籍、年龄、性别、身份等；从已有时间和动词时态推断时间；从篇章体裁风格推断篇章来源。如何推断间接信息呢？首先，利用逻辑关联进行推断。常见的逻辑关联有语义关联、时间关联、空间关联。其次，利用阅读和生活经验进行推断。[1]

（七）要指导学生掌握高效的阅读技巧

一般来讲，阅读教学中教师应指导学生掌握三种具体的阅读技巧：跳读、查读、细读。

1.跳读

跳读是指以尽可能快的速度来搜寻信息进行阅读。常见的跳读情况包括跳读学术著作或信息性著作、小说、论文、专业论著、报刊文章等。

2. 查读

查读是指阅读者在不阅读全文的前提下在文章中寻找并定位自己所需要的信息。查读的主要步骤：一是考察材料的信息组织结构；二是明确所要查阅的信息或线索词；三是查阅信息，注意速度。

3. 细读

细读是指提高理解准确性的阅读方法。

表4-4 阅读材料、阅读目的和阅读方法之间的关系[1]

阅读方法	阅读材料/阅读目的	建议阅读速度
跳读 Skimming	大部分材料 1. 基本了解信息及可能的材料，如报纸和杂志上的文章，普通邮件等 2. 初步了解教材、小说、说明书等篇幅较长或难度较大的读物的基本内容 3. 了解散文、社论、报道的中心思想	500~1000词/分
查读 Scanning	1. 为了在材料中寻找特定信息，如名字、日期、数量、地点等具体信息的材料 2. 可用于从参考、指南中查询信息：目录、索引、附录、字典、电话簿、电视节目表、招聘广告等	1000词/分
细读 Detailed Reading	1. 复杂的论文、科技报告、法律合同 2. 教材、解决问题的资料 3. 需要深入分析的文学作品	150~300词/分

（八）指导学生扎实抓好各个环节活动

综合阅读教学一般有读前、读中、读后几个环节，在这几个环节中，我们可以指导学生开展以下教学活动来实现阅读教学的目标。

1. 读前活动

（1）阅读策略活动。一是确定阅读目的；二是确定语言能力或背景知识需求，激活图式；三是确定阅读方式（自上而下、自下而上等）。

（2）阅读技能活动。一是预览（Previewing），包括篇章结构预览、

[1] 宋洁，康艳. 英语阅读教学法 [M]. 北京：首都师范大学出版社，2015：23.

体裁预览、图表预览、预习；二是预测（Predicting），包括语词预测、语法结构预测、篇章预测、活动形式（看图说话、集思广益、启发、讨论）；三是准备（Preparing），即课文阅读学习的导入，包括语词准备、结构准备、知识准备、能力准备、兴趣准备。

2.读中活动

（1）阅读策略活动。一是确证预测是否正确；二是确定重点与非重点内容；三是重复阅读以检测是否理解；四是寻求帮助。

（2）阅读技能活动。一是词汇攻略（Word-attacking Skills），主要是为了提高词汇理解能力，包括识别、分析、猜测、求助等；二是理解技能（Comprehension Skills），主要是为了提高理解能力，包括精度、略读、细读、重点阅读等；三是流利技能（Fluency Skills），主要是为了提高阅读速度，包括按照意群阅读、扩大阅读视域、获得词汇处理技能、获得理解技能等。

3.读后活动

（1）阅读策略活动。一是用任务来评价是否理解阅读语篇；二是评估阅读是否进步；三是确定策略是否恰当，是否符合任务需要；四是若有需要，调整策略。

（2）阅读技能活动。一是理解评价（Comprehension Evaluation Skills），包括检测、推测、后续发展；二是批判性阅读（Critical Reading Skills），包括分析、讨论、辩论、提出不同看法或新的思路、表达感想。

这些阅读教学活动都是按照真实的阅读目的设计的，是进行真实阅读教学时应该开展的阅读教学活动。[1]

我们在读前、读中、读后活动中，要做好以下几个环节的工作：

1.做出预测

阅读前，读者需要对材料所涉及的思想、事件、结果、结论等做出预测，在阅读过程中，读者的预测不断得以印证或不断被推翻。如果预测被推翻，读者需要做出新的预测。这个持续不断的过程帮助读者了解作者的思想。

---

[1] 鲁子问.中小学英语阅读教学理论与实践［M］.北京：中国电力出版社，2005：20-22.

2. 形成图像

在阅读时，阅读材料中的单词和难点在读者的脑中形成画面。画面就像是读者脑中的电影一样，帮助读者理解所阅读的材料。

3. 进行联系

当阅读到文章中的新信息时，读者会激活已有的知识框架并把新的信息融入已有的知识框架中。例如，某一句话使读者想起了一次个人经历或电影里看过的情节。这些相关的经验可以帮助读者接纳和消化新信息。

4. 检验理解

读者在阅读时还需要不断地对信息进行总结或合成，检验对所阅读材料的理解。随着信息的不断加入，读者会不断形成新的想法，如果读者不能理解某些信息或感觉某些信息有误，他就会试图寻求解决这个问题的办法。

5. 填补空缺

在阅读时，读者有可能会因为遇到生词或难句而使阅读理解产生困难。如果读者是因为一个生词而感到理解困难，那么他可以通过进一步阅读来解决。如果读者是因为一个关键的句子而感到理解困难，那么他就需要重读那个句子或之前的材料，通过联系上下文来解决。这些理解上的空缺不应该被看作是阅读失败，读者应该尝试重新阅读和分析阅读材料以获得更好的理解。[1]

（九）要提升阅读技能和文本理解水平

阅读能力涉及的内容很广，目前学界的意见也不统一。Arthur Hughes 提出了一个较为简明的标准，把阅读能力分为宏观技能（Macro-skills）、微观技能（Micro-skills）、语法词汇能力（Grammatical and Lexical Abilities）和基础阅读活动能力（Low-level Operations）四个层次。

1. 宏观技能。主要包括速读全文定位具体信息，略读全文掌握文章大意，辨识议论文的发展脉络，辨识议论文的论据，推测文章后面的内容，分析文章中心思想、作者意图和态度，理解非明确说明的文章信息（推

---

[1] 宋洁，康艳. 英语阅读教学法［M］. 北京：首都师范大学出版社，2015：4–5.

理能力、理解修辞手法）和批判性阅读能力。

2. 微观技能。主要包括找出代词的所指，通过构词法或上下文推导生词的意思，通过语篇中的指示词理解文中各部分的关系。

3. 语法词汇能力。主要包括能知道语法现象的意义和词汇的意义。

4. 基础阅读活动能力。主要包括能辨认、区分字母、标点等书写符号，能辨认单词和词组，能正确联系声音和书写符号，能流畅地对词汇进行解码，理解语篇，做出推理，并将文内的意义和以前的知识和经历相联系。[1]

阅读教学的最终目的是提高阅读能力和文本理解水平，国外一些专家的理论很有启发性。从某种意义上说，阅读是在已知和未知、自我与他人、内心与世界之间架起桥梁的活动，既是过程（Process），也是结果（Product）。"阅读理解"这个词很好地体现了过程与结果的统一性，即阅读是过程，理解是结果。从结果的角度来看，阅读理解包括以下从浅至深的四个层次：

一是字面性理解（Read the Lines，Literal Comprehension）。也被称为"表层理解"或"客观性理解"，是指读者对文本基本信息的掌握，如人物的名字，故事发生的时间、地点等。考查表层理解的问题，答案一般在文章内都可以直接找到。

二是推断性理解（Read Between the Lines，Inferential Comprehension）。也被称为"深层理解"，是指读者对文本中隐含或暗示的信息的掌握。比如，如果文中的人物在阴天带着雨伞走在街上，读者就可以推测该人物认为天要下雨。深层理解比表层理解更为复杂，要求读者对文本信息进行整合，并同自己的背景知识产生互动。考察推断性理解的问题，常带有"infer"一词，提示考生答案是推理和思考的结果。

三是评价性理解（Read Beyond the Lines，Critical Comprehension）。它是指读者对文本信息进行反思和评价，如故事中的人物是否诚实，作者的观点是否站得住脚，作品的文学价值如何等。这些判断来自读者的价值观和背景知识与文本信息的密切互动，也可以说是来自读者以前

---

[1] 宋洁，康艳. 英语阅读教学法［M］. 北京：首都师范大学出版社，2015：129–130.

读过的文本、接受的信息与当前文本之间的互动。评价性理解也考察了读者对文本的深度分析能力和批判性思维能力。

四是鉴赏性理解（Appreciative Comprehension）。它是指读者从美学和心理学的角度对文章进行感受、体验、鉴别和欣赏，并从中获得某种情感体验。

在阅读测试中，至少前三种理解方式都应被考查到，其中评价性理解已日益得到重视。[1]

（十）阅读教学举隅

以人民教育出版社的 *New Senior English for China* 必修一 Unit 4 Earthquakes 中 Reading 部分的短文 *A night the earth didn't sleep* 教学为例，教学过程如下：

1. 读前活动

开展一个有关地震话题知识的学情调查（见表4-5），要求学生如实填写表格前两项内容（表格后两项内容在读中、读后环节完成），加强课堂教学的针对性。

表4-5　地震知识学情调查表

我知道的	我想知道的	我如何学	我学到的

（1）确定教学目标

①知识与技能

能识记并学会在情景中运用课文中出现的话题词汇、句型等；了解地震的背景知识，掌握防震知识，提高自我保护能力；能运用 Skimming 和 Scanning 等阅读策略；学会描写地震发生前、中、后的细节情况。

②过程与方法

阅读过程中培养学生的阅读习惯、阅读方法和阅读技巧。学生能通过任务型活动，如表格填空、问题探究、口头表述、复述、欣赏性阅读、

---

[1] 宋洁，康艳.英语阅读教学法［M］.北京：首都师范大学出版社，2015：130.

书面概括等，获取文章的具体信息，构建话题框架，形成知识网络体系。

③情感与态度

教师引导学生品味作者的遣词造句，体会灾区人民的心情和唐山地震给人们的启发，使学生对地震有正确的认识；同时鼓励学生学会合作与分享，积极为灾区人民献爱心；培养学生的防震意识；让学生学习唐山人民勇敢面对自然灾害与重建家园的积极态度。

（2）激活背景知识

背景知识是阅读中的重要因素之一，激活阅读文本的背景知识和语篇知识是培养良好阅读能力的必要条件。

以 2008 年汶川地震发生的视频片段和图片导入，教师在介绍汶川地震的同时，有意识地引入本节课的新词汇，并通过问题导入文本拉近学生与课本的距离。

（3）导入视听教材

在背景导入阶段播放地震的视频片段时，教师组织学生开展视听结合的训练，让学生再次接触文本话题，扩充话题相关词汇，快速获取本文最关键的话题信息。

2. 读中活动

（1）构思整体教学

在阅读教学中根据图式理论设计表格来帮助学生把文本形式的阅读材料转换成表格形式，便于保存和提取信息。常用的转换形式有图片、简笔画、表格、树形图、网络图、流程图和时间线等。

Step 1：Skimming

教师首先利用视频、图片切入主题，激活图式；然后指导学生快速阅读，构建文章脉络，把握文章的写作特点——描写，把握每一段主旨大意，并进行分层，标示关键词，圈出语篇标志词，画出段落中心句。

Step 2：Summary writing

遵循循序渐进的原则，教师按照高考英语写作任务的相关要求，设置即兴写作任务，让学生写文章的概要。

Step 3：Scanning

教师引导学生开展听说训练，要求用 who、where、when、what、

why、how 提问并作答，以便快速理解地震的基本情况。

Step 4：Detailed reading

教师引导学生进行细读，获取第一段中有关地震的信息点。学生细读后，标出语篇标志词，归纳整篇文章的逻辑顺序。最后，教师引导学生找出各段落的中心句。

（2）设计探究活动

教师设计五个开放性问题，让学生小组合作，共同探究，为学生创造语言实践的机会，增强学生自我保护意识，提升阅读教学的有效性。

（3）赏析文体特征

首先，教师引导学生欣赏句子中的重点词，了解作者注入的情感和作品背后隐含的意义，品析作品的语言特征、价值观等，这有利于学生在理解课文的同时欣赏课文，获得语言知识和技能的提高。接着，教师引导学生找出文章中含有修辞手法的句子，并指出修辞手法的类型，阐述作者运用这些修辞手法的妙处。

（4）归纳语言知识

在学生理解文章整体内容的基础上，教师再设计与文本相关的任务。

（5）强化语言知识应用

在教完这篇阅读材料后，教师充分利用 Workbook 中的有效教学资源，让学生在语境中不断反复训练，以便学生巩固并学会运用有关地震话题的词汇、句型、语法、篇章结构、写作手法等。

3.读后活动

（1）落实说写训练

教师组织学生借助提示词用自己的话报道唐山地震发生的情况，并进行书写活动的训练。在该活动中学生能灵活运用所学词汇和句式，包括分词、复合句和强调句，过渡自然，句式丰富。

（2）强化读写结合

教师设置任务，让学生用阅读中所学的词组和句型来描写 2011 年在日本发生的地震。利用主课文的内容和篇章结构进行写作训练，使学生通过阅读获取信息，进而在写作活动中，有效输出信息。

（3）赏析优秀习作

组织学生对优秀习作进行观摩、讨论、鉴赏和分析，学习长处，改进写作方法。

（4）反馈话题内容

教师引导学生回顾本节课所学内容，并提供语言图示、结构图示和内容图示，引导学生有机整合单元资源，画出自己的思维导图，实现语言的有效输出。

（5）构建话题体系

首先，教师根据"自然"这一话题，及时给学生提供各种有关灾难的图片，引导学生说出相应的灾难的名称，并让学生深知地震的危害。接着，教师进行补充和分析，有效地选择和使用教材，将人教版 *New Senior English for China* 教材中关于自然灾害的内容归类，并补充20世纪旧金山地震报道的阅读文章，旨在加强学生的话题意识，帮助学生构建话题体系。

（6）制订防震计划

教师要努力挖掘教材，提供关于地震避险的建议，正确指导学生加强地震避险和防范工作，并制订防震计划，使学生懂得在突如其来的灾难中如何保护自己。之后，教师要引导学生自我检测，填好表4-9的后两栏。[1]

---

[1] 龙艳春.高中英语阅读课堂有效教学的尝试［J］.中小学外语教学，2013（1）：41-46.

第七节　写作教学的方法

写作是运用语言文字符号和语言知识来描述客观事物、表达思想情感、传递知识信息的创造性的语言输出活动。

写作教学较之其他技能教学更为复杂，存在的问题也更多。

一、写作教学存在的问题

写作涉及词汇量、语法知识、逻辑知识、概括能力、综合能力、写作技巧、修辞手段、书写水平等方面。一些学生在写作中普遍存在的问题有以下几点：一是词汇储备不足，写时无词可用；二是语法掌握不好，写时错误百出；三是句型不够熟练，写时捉襟见肘；四是逻辑知识缺乏，写时条理不清；五是概括能力不佳，写时游离主题；六是综合能力较差，写时丢三落四；七是写作技巧欠缺，写时没有章法；八是修辞手段低下，写时缺少文采；九是书写水平不高，写时缺少美感。

二、改进写作教学的方法

要提高写作教学效果，教师应该了解写作教学理论基础，掌握写作心理机制原理，运用好当代英语写作教学原则，熟练掌握每一层级的写作要求，掌握不同文体写作方法，教学中要重视"三个训练"和"三个讲评"，指导学生进行"作文六步法训练"。

（一）了解写作教学理论基础

写作教学涉及很多理论，根据周道凤、顾小燕和马友的研究，写作教学涉及建构主义理论、语篇衔接理论、主述位理论、合作学习理论和人本主义理论。[1]建构主义理论主要是指小组合作学习、辅导模式和脚手架教学模式在教学中的运用。语篇衔接理论包括指称、替代、省略、连接，在英语写作教学中要关注衔接和连贯的应用。主述位理论即在句

---

[1] 周道凤，顾小燕，马友. 当代英语写作教学理论与实践［M］. 北京：中国书籍出版社，2014.

子或段落之中作者或说话人意欲突出不同的信息或赋予重要性时对信息进行的安排考虑。合作学习理论是指在英语写作教学中要丰富英语合作写作的内容与形式，强化教师的主导作用。人本主义理论指在英语写作教学中要"讲、练、评"相结合：（1）"讲"要对教学内容熟悉，即有分析、有理解，对学生学习状态和心理期待有了解；精心设计主题，引发学生兴趣，调动学生学习积极性；根据回答或讨论情况，妥善解决有争议问题，保证教学效果。（2）"练"是英语写作教学的落脚点，应基于学生的学识经验与生活需要进行训练。（3）"评"是评价学生学习效果的一个重要环节，教师要发扬教学民主，重视师生、生生交流，做好点评和展评。[1]

（二）掌握写作心理机制原理

写作是一种高级的心理活动，有着自身的机制原理。

1. 由视觉到运动觉

由视觉到运动觉的心理机制，是指书写和书法的心理机制。书写的心理活动是由视觉到运动觉，或者说是由观察到临摹、由临摹到自主、由自主到熟练的过程。

为了使学生熟练掌握正确的书写技巧，教师从书写教学的第一天起，就要严格要求学生认真观察示范，努力在大脑里形成鲜明且精确的视觉表象，并力求在学生自己的笔下完美地再现出来。此外，教师还要使学生养成看、想、写一体化，即动眼、动脑、动手一体化的良好书写习惯。

2. 书写技巧动型化

书写技巧动型化是指书写基本单位的自动化书写技巧。书写技巧动型化是指运笔的动作要连贯、迅速，一个动作紧扣着另一个动作，上一动作成为引起下一动作的条件。书写技巧动型化其实是高度熟练化的一种表现。

为了形成动型化的书写技巧，学生不但要经常在纸上练书写，而且要习惯在脑子里练书写，在脑子里"过电影"，做到手脑合一。

3. 联想性的构思能力

联想性的构思是一种具体的思维方式，它反映人对各个事物之间相

---

［1］　周道凤，顾小燕，马友. 当代英语写作教学理论与实践探究［M］. 北京：中国书籍出版社，2014：3-33.

互关系的认识，如因果关系、时间关系、所属关系、空间关系、层次关系等。联想性的构思可以说是写作心理活动的核心。联想性的构思能力越强，学生对英语上下关联的感觉就越强，所学英语的词、句、文就成为由主题、情景、情节、上下文脉络紧紧联结在一起的信息，而不再是彼此孤立的一堆一堆的语言材料。

语言是思维的工具，学生在学习英语的过程中，应逐步学会把英语作为交际工具来使用。而把英语作为思维工具来使用的第一步，就是发展和养成英语的联想习惯。

4.演进式的表达技能

演进式的表达技能是联想性的构思能力的具体体现。在英语写作教学中培养学生的这种技能，有助于发展和提高学生的推理能力、汉语表达能力以及对其他学科内容的理解能力。

具体地说，演进式的表达技能将定式思维、层次想象、系统回忆和连贯言语融为一体，使学生的英语写作既迅速，又有条理。[1]

（三）运用好当代英语写作教学原则

当代英语写作教学原则有以下几条：（1）循序渐进原则。要指导学生从词到句、到段落、到篇章一级一级地练习。（2）系统完整原则。要求学生全面掌握写作知识，熟悉写作方法和技巧。（3）过程优化原则。明确写作目标、环节、策略和评价，提高写作效率。（4）差异对比原则。帮助学生了解中英文写作遣词造句、谋篇布局的不同。（5）真实任务原则。采取任务教学法让学生在真实的写作情境中边做边学。（6）综合多样原则。要对记叙文、论说文、说明文、日记等多种体裁进行练习。（7）启发诱导原则。要做到循循善诱，帮助学生立意、构思、行文、润色。（8）精讲精练原则。教师讲解时要少而精，学生练习时也要做到少而精。（9）形象生动原则。立意构思、谋篇布局、行文用词、修改润色等要力求有趣。（10）文化关联原则。树立文化意识，打好文化基础，才能够写出文采。（11）针对学生原则。根据学生心理发展特点和成长环境有效地指导写作。（12）主体实践原则。教师要放开手脚让学生依照写作教学目

---

［1］周道凤，顾小燕，马友.当代英语写作教学理论与实践探究［M］.北京：中国书籍出版社，2014：1-3.

标自主实践。

（四）熟练掌握每一层级的写作要求

我们所说的写作中的层级是指从词到句、到段、到篇章的写作，主要有以下几个层级：

1. 词的写作

第一，要准确。美国著名作家马克·吐温（Mark Twain）曾指出，"The difference between the right word and the almost-right word is as great as that between lightning and the lightning bug"，意为用词准确与用词几乎准确，这两者之间的差异就如闪电与萤火虫之间的差异。教师要指导学生做到书写正确、词义正确、用法正确，还要注意词的多义性、词的基本义和引申义，以及同义词和近义词。

第二，要简明。简明是词汇选用的一个重要标准，它要求用尽量少的语言表达尽可能多的含义。莎士比亚说："Brevity is the soul of wit."（简明是智慧的灵魂）教师要指导学生恰当地使用副词、分词、形容词、介词、词化词，以使语言表达更加简洁。词化是指用一个词来表达在其他语言中可能需要短语或者句子才能表述明白的复杂内容。

第三，要生动。要使用好同义词，注意同义词交替使用，同义词和短语交替使用。要注意词类属性。[1]

2. 段落的写作

第一，要写好主题句。写好段落的主题句是写好文章的关键。主题句的位置较为灵活，可置于段首、段中或段尾。主题句的书写，必须注意以下三个方面：（1）必须是一个完整的句子，能表达一个明确的、完整的思想。如果主题句表达不完整或不明确，段落开展起来就很容易偏离主题或无从开展。（2）必须紧扣文章的中心思想，把全段的内容限定在中心内容之内。（3）必须具有局限性。

第二，要写好推展句。推展句是对主题句的引申与发展，必须切题、明确，且层次分明。

第三，要写好结论句。结论句通常位于全段的末尾，是对全段内

---

[1] 周道凤，顾小燕，马友. 当代英语写作教学理论与实践探究［M］. 北京：中国书籍出版社，2014：97-115.

容的归纳和总结。结论句的撰写需要注意以下几个方面：一是围绕主题句的关键词总结大意；二是和主题句相呼应；三是回答主题句中隐含的问题，并注意总结推展部分重点内容。

第四，要注意写好开章段、主题段和结尾段。开章段就是文章的开头，展开方式有开门见山，直奔主题；以故事、事件开头；以问题开头；通过对比开头；以谚语、习语、格言开头等。主题段是文章的中间部分，展开方式有列举法、举例法、叙述法、描写法、分类法、因果分析法、比较法、对比法、类比法、定义法、重复法、反驳法、事实数据法、过程分析法、拆开分析法、综合法。结尾段是对前文内容的总结、强调或是前文内容发展的自然结果。结尾方式有自然结尾，强调中心思想，提出预期或展望，号召采取行动，以名言名句结尾，以反问结尾等。

3. 篇章的写作

第一，要统一。语篇的统一性要求写作围绕中心，删除冗余。检查篇章是否前后统一，看语篇各段落是否跟语篇的主旨有关，各个段落中的每一个细节和例证是否都跟中心意思有关。

第二，要连贯。连贯是指语篇的各个部分必须连贯一致。一是要形连。使用词汇纽带，用好代词、平行结构、过渡连接词，保持时态、人称、数的一致性。二是要意连。按时间顺序、位置远近、逻辑关系排列。检查语篇是否连贯一是要考虑句子和分句的话题，即内容是什么；二是要看语篇中所有的话题是否能够构成一组相关的概念。

第三，要重点突出。重点突出就是要主次分明。可以从以下几点入手：重复重点，关注首尾位置，加大叙述比例，补充小段和断语。

（五）指导学生掌握不同文体写作方法

1. 记叙文

记叙文是记叙人物、经历或事件发展过程的一种文体。记叙文包括传记、游记、新闻、杂文、日记、逸闻趣事等。记叙文的叙述方式主要有顺叙（in sequence）、倒叙（flashback）和插叙（narration interposed）三种。

记叙文的写作技巧主要有精心选材、突出结尾、注重细节描写和对话四种。[1]

2. 说明文

说明文是一种以说明为主要表达方式的文章体裁。说明文包括说明书、广告、提要和序言。说明文的写作方法有定义说明法、分类说明法、举例说明法和因果关系法。[2]

3. 议论文

议论文是一种剖析事物、论述事理、发表意见、提出主张的文体。议论文主要分为评论、论文和会议纪要。议论文的写作技巧：一要有论点、论据和论证；二要有引言及结论；三要有论证方法，包括归纳法、定义法、例证法、演绎法、反驳法、比较对照法。

（六）教学中重视"三个训练""三个讲评"

解决学生在作文中出现的问题的方法有很多，重要的是教学中要做好"三个训练"，抓好"三个讲评"。

1. 做好"三个训练"

一是做好基础训练。基础训练的内容有很多，如书写方面的书法训练，词汇方面的单词和短语练习，语法结构方面的基本句型的操练，更高层面上的段落写作以及谋篇布局的练习等。其中，重点是基本句型的操练。教师要指导学生扎实有效地进行简单句五种基本句型的练习，学会并列句及主语从句、宾语从句、定语从句、同位语从句、表语从句、状语从句等主从复合句的表达。此外，通过阅读练习，教师要引导学生注意英语习惯用语的表达。此外，学生要掌握时间顺序法、空间描述法、对比法、概括法等基本的写作方法。

二是做好分步训练。分步训练就是分步骤、分阶段地进行写作训练。根据教学实际，教学可采用"作文六步法"进行训练，即"一审、二理、三译、四连、五查、六定"，具体地说就是仔细审题，理清要点，译写单句，连句成篇，检查润色和定稿誊抄这六个步骤。在这六个步骤中，前三个步骤十分重要，因为仔细审题是前提，理清要点是基础，译写单句是关键。前

---

[1] 周道凤，顾小燕，马友. 当代英语写作教学理论与实践探究［M］. 北京：中国书籍出版社，2014：115-178.

[2] 同［1］178-187.

三步的完成质量直接决定着后三步的质量，也决定着全篇短文的写作质量。

三是做好实战训练。实战训练的有效方式就是模拟训练，模拟训练要从实战出发，从题目情景呈现的方式、体裁、难度到文章的字数控制都应按相关要求进行。实战训练是在分步训练的基础上展开的，因此，教学宜于以篇章为单位展开训练，而不能零打碎敲。实战训练时教师要注意文章体裁训练的针对性和广泛性，比如从文体上看应有说明文、议论文、记叙文、书信、欢迎（欢送）辞、通知、日记、新闻等，从作答方式上有全写文、续写文、扩写文、缩写文、改写文等。

2. 抓好"三个讲评"

一是学生讲评。学生在训练和考试中写出的短文五花八门，教师应有目的、有针对性地选出几篇比较典型的文章让学生自己讲评。讲评中，学生要对自己如何审题，如何确定要点，如何译写单句，如何连句成篇，如何检查润色，如何定稿誊抄加以解释并进行评价。这也是学生自我提高、自我评价的过程。

二是教师讲评。教师应对学生在训练和考试中写出的短文认真进行讲评。教师讲评更多的是从理性上对学生作文中的优缺点进行评价，对于优点要给予肯定。学生作文中的缺点可分为共性缺点和个性缺点两种。对于前者，教师应重点讲评，要分析缺点产生的原因，指出改正的措施，给出强化训练的建议等；对于后者，教师则应给予个别辅导和指导，虽然费时，但针对性强，效果也会更好。

三是师生互评。在训练过程中，师生就某一共同的题目共作一篇作文，然后相互评价、互说短长。具体步骤是：①师生就同一题目分别写作；②参照教师的作文，学生评价自己的作文，肯定优点，找出不足；③教师对自己和学生的文章给予点评，指出作文中应注意哪些问题；④再次练习和讲评。[1]

（七）指导学生进行"作文六步法训练"

教学中可采取"作文六步法"，即"一审、二理、三译、四连、五查、六定"的方法指导学生进行写作训练，方法和步骤分述如下：

---

[1] 陈自鹏. 高考英语作文六步法及训练［M］. 北京：人民日报出版社，2004：127-128.

1. 仔细审题

审题是写作的第一个步骤，也是关键的步骤之一。只有正确审题，才能把握写作要求，定准写作方向，达到写作目的。正确审题要做到"五看"。

一是看情景。一方面，要看情景材料中提供了哪些信息，写作时要充分考虑这些信息，善于利用有用信息，排除无用信息，确保文章紧扣主题。另一方面，要注意情景呈现的形式，如图画、图表、提纲、文字叙述等，要善于透过形式看内容，以此培养学生迅速准确提取信息的能力。

二是看体裁。书面表达的文体多种多样，如说明文、议论文、记叙文等。学生要根据不同体裁的不同要求进行写作。

三是看内容。训练中要求写作的短文内容不一，有的描述一件事，有的阐述一个观点，有的发布一则信息，有的说明一个问题……学生要根据内容要求，进行恰当的语言组织。

四是看词句。这就是要看一看完成这篇短文涉及的句子结构和词汇。学生要在尽可能短的时间里调动自己的词句记忆储备，初步选出应该使用的句型和词汇。

五是看字数。短文的字数有一定的要求，比如高考一般在80~100个词。为此，学生要在写作准备阶段有意限定文章的篇幅，不可盲目发挥，也不可缩手缩脚，要在紧扣主题的基础上完成字数要求。

2. 理清要点

要点是一篇文章传达信息多少的关键所在，无论试题以何种形式提供情景，学生都要首先整理出文章的要点，不能多，也不能少，要做到"五个注意"。

一是要注意时间。一方面，要确定时间基点，正确使用时态。另一方面，要注意短文中时间描述的正确性和精确性，以避免时序含糊不清。

二是要注意地点。短文中涉及的地点可能五花八门，要注意专有名词第一个字母要大写，普通名词要正确拼写。短文有时是表述怎样去某个地方，此时一定要注意习惯表达法。

三是要注意人物。要理清短文中涉及的人物之间的关系，注意人称代词的指代要准确，避免张冠李戴。

四是要注意事件。短文常常是叙述一件事，要叙述清楚这件事的起因和过程，可以采取直叙、倒叙等方式，但要点不能遗漏。

五是要注意结果。短文不论是何体裁，其中都要有目的、结局、结论等，这些可以看作是结果。因此，结果须作为一个要点来考虑，以保证短文叙述的完整性。

3.译写单句

目前学生作文一般属于控制性作文题型，因而训练解答这类题目时学生应做好译写练习，即根据题目要点译写出相应的单句，在此过程中要做到"五变"。

一是变感性为理性。题目情景是以图画、图表、提纲等形式呈现，做题时就需要进行一定的思考，把表面的、直观的东西用理性的、符合英语习惯的表达法描述出来。

二是变抽象为具体。有时给定的题目和情景可能有些抽象（如漫画），这时就需要进行简要的分析，将题目具体化，以便于描述。

三是变难为易。译写单句时碰到比较难的词和句子结构可以用简单的、熟悉的词汇和句型来代替，要避免用不熟悉的词、复合句等，以防出错。

四是变大为小。有时给定的题目和情景比较宽泛，译写单句时要小处着眼，小处入手，"大题小作"，准确达意。

五是变呆板为生动。根据题意，译写单句时注意在"信"和"达"的基础上做到"雅"。这里的"雅"是指语言尽可能地生动、活泼、有趣，这样的短文可以让人眼睛一亮，能够平中出奇。

4.连句成篇

单句译写完毕，要连成篇章。连句成篇时学生要做到"五个用好"。

一是要用好开头句。有时题目中已经给出开头句，这时要注意如何自然接句，避免让人有突兀的感觉。题目没有给出开头句时要认真琢磨，首句写错，便会"出师不利"。

二是要用好过渡词。句子与句子之间有一些连词和关系词，它们起到黏合剂的作用。用好这些词可以使短文自然流畅，因此训练时要通过阅读细细揣摩，体会有关用法。

三是要用好单复句。短文中尽量使用简单句，但当表达比较复杂的意见时应适当使用复合句。单复句相互补充，相得益彰，可使短文增添色彩。值得一提的是，复合句一定要表达正确，否则将会使短文质量大打折扣。

四是要用好标点。标点是短文中词与词、分句与分句、句与句之间不可缺少的重要组成部分。能否用好标点也是一个人语言水平高低的标志之一，因此连句成篇时，标点符号的使用是一个很重要的技巧。正确的做法是当用则用、不用则省，切勿胡乱标点，损文害义。

五是要用好结束句。结束句与开头句同样重要，结束句写得漂亮可使短文生辉。因此，认真写好结束句是在短文写作中应该十分注意的，万不可匆匆收笔，使短文"前功尽弃"。

5.检查润色

短文连句成篇以后还要检查润色，其目的是增加短文的可读性和准确性，在此阶段要做到"五查"。

一是查拼写。要查一查单词的拼写是否正确，特别是名词的复数、动词第三人称单数、动名词、现在分词、过去式、过去分词、形容词的比较级和最高级形式等是否拼写正确。

二是查用词。查用词主要是查所用词是否恰当，是否能准确表达要点意思。要斟酌推敲，不恰当的、不准确的词应换掉。

三是查结构。短文中涉及多种句型结构，检查时要看一看是否符合词法习惯、句法习惯和搭配习惯。

四是查标点。要查一查标点使用是否恰当、正确，是否符合英语习惯。要防止两种倾向：全文该点不点，一气呵成；全文满目标点，一词一点。特别是后者，大多由不良书写习惯导致，应特别注意修正。

五是查文意。这是比较关键的一点。要对照情景提供的要点检查写出的短文内容是否覆盖全面，是否符合题目要求，是否达到意旨要求。

6.定稿誊抄

经过以上几个环节，下一步便可给短文定稿并将其抄写在试卷纸上。定稿后的短文誊抄学生要做到"五个不要"。

一是不要用错笔。比如作业或考试时要看清题目要求，不可胡乱用笔。

二是不要写错格式。书信、通知、失物招领、寻物启事等各有其格式，誊写时要按正确的格式写。

三是不要抄错词。誊写短文时，不要因为紧张而将本来写对的单词抄错。平时应加强这方面的训练，注意字迹工整清楚。

四是不要乱涂乱画。誊写时如果写错一词，应轻轻一画，绝不可涂成漆黑一团，使短文有做记号嫌疑或影响短文整体美观。

五是不要漏写词句。誊写短文时要把已改过的词句写完整，以免因写出的短文残缺不全而影响全文整体意思。[1]

（八）写作教学举隅Ⅰ：记叙文[2]

假设你是一位加拿大人，请根据以下提示写一篇记述你去中国旅行的短文。总字数为 100 词左右。

时间	行程
July 16th	飞往北京
July 17th	参加欢迎晚会
July 18th	参观天安门广场和紫禁城
July 19th	参观颐和园和长城
July 20th	在北京市内游玩，参观胡同（lane）
July 21st	购物，出席送别晚会
July 22nd	回到加拿大

第一步，仔细审题。本文属于记叙文，它的主要内容是叙事，应当按照时间顺序介绍行程。

第二步，理清要点。本文的要点有以下几点：（1）飞机到京，参加欢迎晚会。（2）游览天安门广场、紫禁城、颐和园和长城，在北京市内游玩，参观胡同。（3）出席送别晚会，返回加拿大。

[1] 陈自鹏. 高考英语作文六步法及训练［M］. 北京：人民日报出版社，2004：1-5.
[2] 同［1］6-34.

第三步，译写单句。(1) We went there by plane and arrived in Beijing on July 16th. The next day we attended a welcoming party. (2) We visited Tian'anmen Square, the Forbidden City, the Summer Palace and the Great Wall, and were shown around Beijing city. (3) In the evening we had a good time in the party, and the next day we went back to Canada.

第四步，连句成篇。连句时，根据要求，适当加一些过渡词或连接词。

Last summer vacation I went to China with a group. We went there by plane and arrived in Beijing on July 16th. The next day we attended a welcoming party and were told about what we were going to do in the following days.

On July 18th, we visited Tian'anmen Square and the Forbidden City. It is so grand. Then on July 19th, we went to the Summer Palace by taxi and also visited the Great Wall. On July 20th, we were shown around Beijing city and we enjoyed the lanes of Beijing. On July 21st, we went shopping under the guide of our Chinese friends. We came back to Canada by plane on July 22nd.

第五步，检查润色。查一查拼写、用词、结构、标点和文意有无错误，读一读，数数字数，适当调整句序，做些增删润色，成文如下：

Last summer vacation I went to China with a group. We went there by plane and arrived in Beijing on July 16th. The next day we attended a welcoming party and were told about what we were going to do in the following days.

On July 18th, we visited Tian'anmen Square and the Forbidden City. What a grand city it is! Then on July 19th, we went to the Summer Palace by taxi and also visited the Great Wall. The following day, we were shown around Beijing city and we enjoyed the lanes of Beijing. The next day, we went shopping under the guide of our Chinese friends. We had a very good party in the evening. On July 22nd, we came back to Canada by plane.

Although the journey was tiring, we had a wonderful time there.

第六步：定稿誊抄。经过如上几个步骤，短文已写成。誊抄时要注意写作要求，应用钢笔或圆珠笔抄写在试卷上。要注意格式正确，字迹工整，写全词句。

（九）写作教学举隅Ⅱ：说明文[1]

根据下面的内容提示，写一篇短文，介绍怎样服用本药品。字数为100~120 词。不要逐字翻译。内容如下：

本药品是止痛药，尤其适用于关节炎引起的疼痛。成人用量：每天 2 次，每次 2 片，按需求每 8 小时加服 1 片，每天不得超过 6 片。6~12 岁儿童，用量减半。6 岁以下儿童或服用一周以上的应遵从医生指示。密封存于阴凉干燥处，避免光照。

参考词汇：关节炎：arthritis *n.*

　　　　剂量：dosage *n.*

第一步，仔细审题。根据题意，这是一篇说明文，介绍止痛药的用量、适用人群及保存方式，因此全文应用现在时态。从文面上看，涉及的主要词语有 stop pain，adult，tablet，require，usual dosage，amount，see a doctor，close tightly，avoid，light 等。翻译时应注意句法结构及词形，语句表达不能太口语化，最重要的是词语使用要准确。另外，字数已明确规定在 100~120 词。

第二步，理清要点。本文的要点有以下几点：（1）本药品是止痛药，尤其适用于关节炎引起的疼痛。（2）成人每天 2 次，每次 2 片，按需求每 8 小时加服 1 片，每天不得超过 6 片。（3）6~12 岁儿童，用量减半。6 岁以下儿童或服用一周以上的应遵从医生指示。（4）密封存于阴凉干燥处，避免光照。

第三步，译写单句。译写不等于翻译，在内容和表达方式上不必字字对译。写出的句子可以在紧扣要点的前提下有一定的灵活度，但应符合说明文的语言特点，要避免使用偏词和难词。（1）This medicine is used to stop pain，especially caused by arthritis.（2）Usual dosage for adults：take two tablets with water twice a day. Take one more tablet

[1] 陈自鹏.高考英语作文六步法及训练［M］.北京：人民日报出版社，2004：6-34.

as it is required. Do not take more than six tablets in a day. (3) For children who are six to twelve years old, reduce the amount to half. If children under six need it or those who have to use it longer than a week, go to see a doctor. (4) Keep this medicine tightly closed and place it in a cool and dry place. Avoid light.

第四步，连句成篇。连句时应适当添加一些过渡词或连接词。

This medicine is used to stop pain, especially caused by arthritis. The usual dosage for adults is to take two tablets with water twice a day and take one more tablet as it is required. Do not take more than six tablets in a day. Children who are six to twelve years old should reduce the amount to half. If children under six need it or those who have to use it longer than a week, go to see a doctor. Keep this medicine tightly closed and place it in a cool and dry place. Avoid light.

第五步，检查润色。此时需要注意药品说明的特点——准确、简洁。

How to take this medicine

The following are directions for the medicine which is for the relief of pain, especially well-suited for those who suffer from arthritis.

For adults, it's fine to take two tablets with water twice a day, followed by one more tablet every eight hours as required. Do not take more than six tablets in twenty-four hours.

For children six to twelve years old, the usual dosage is half the amount. Consult a doctor for use by children under six or for use longer than a week.

This medicine should be kept tightly closed and placed in a cool and dry place to avoid exposure to light.

第六步，定稿誊抄。

（十）写作教学举隅Ⅲ：议论文 [1]

请以电脑的利与弊为题写一篇100词左右的短文，应包括以下内容：

---

[1] 陈自鹏. 高考英语作文六步法及训练［M］. 北京：人民日报出版社，2004：6-34.

电脑在现代生活中发挥重要作用,人们可以通过电脑了解世界上发生的事情,查找自己所需要的信息。电脑对学生的学习有很大帮助。然而,过多地使用电脑对学生的健康不利,迷恋上网和电脑游戏也会对学生的学习造成影响。因此,如何合理使用电脑是一个值得思考的问题。

第一步,仔细审题。本文属于议论性文章。首先要提出论点,然后以事实为依据,表达出作者的观点,最后要归纳总结,得出结论。

第二步,理清要点。本文的要点有以下几点:(1)电脑在现代生活中发挥重要作用,通过电脑可了解世界上发生的事情,可查找信息,电脑对学习也有很大帮助。(2)迷恋上网和玩电脑游戏会对学生的健康和学习造成不良影响。(3)如何合理使用电脑是一个值得思考的问题。

第三步,译写单句。(1)Computers play an important part in our modern life. We can find out the information we need with the help of computers. (2) Spending too much time on the Internet and playing computer games do great harm to their health and studies. (3) How to make good use of computers is a question that is worth considering.

第四步,连句成篇。连句时根据要求适当加一些过渡词或连接词。

Computers play an important part in our modern life. We can find out the information we need with the help of computers. Computers can also be of great help for students in their study.

Computers sometimes, however, have a bad effect on students. First, spending too much time on computers does great harm to their health, especially to their eyes. Second, if students spend too much time on the Internet, it will certainly cause bad effect to their studies. Besides, playing computer games often makes students lose their interest in their studies.

第五步,检查润色。查一查拼写、用词、结构、标点和文意有无问题,读一读,数数字数,适当进行句序调整,做些增删润色,成文如下:

Computers

Computers play an important part in our modern life. We can search for the information we need with the help of computers. Computers can also be of great help for students in their studies.

Computers sometimes, however, have a bad effect on students. First, spending too much time on computers does great harm to their health, especially to their eyes. Second, if children spend too much time on the Internet, it will certainly cause bad effect to their studies. Besides, playing computer games often makes students lose their interest in their studies.

In conclusion, how to make good use of computers is a question that is worth considering.

第六步，定稿誊抄。经过如上几个步骤，短文已写成。誊抄时要注意写作要求，应用钢笔或圆珠笔抄写在试卷上。要注意格式正确，字迹工整，写全词句。

第五章　　模式论

　　教学模式可以定义为在一定教学理论指导下建立起来的为了实现既定教学目标而采取某种或某些教学策略的比较稳定的教学活动结构框架和活动程序。

　　教学模式至少包括五个因素：教学理论、教学目标、教学策略、结构框架、活动程序。教学模式中最重要的是结构框架和活动程序。结构框架是在一定理论指导之下建立起来的，具有稳定性。活动程序是教学环节和步骤展开的程序和顺序，具有操作性。我们认为，教学模式在某种意义上讲，也是在一定教学理论指导下教学策略在结构框架和活动程序体系中的优化集合。因此，科学的教学模式能够保证教学的高效率。

　　国内外对教学模式的研究由来已久，理论纷呈，实践丰富。本章对其中一些经典的、高效的外语教学模式进行介绍和探讨。

第一节 国外经典的英语教学模式

李庭芗在其主编的《英语教学法》中指出，要了解我国当前的英语教学法，有必要回顾一下我国过去的英语教学法，因为今天的英语教学法是在过去的英语教学法的基础上发展起来的。此外，还要看看世界各国英语和外语教学法的情况，因为各个国家的外语教学法都是互相影响的。概括地介绍一下中外外语教学法的主要学派，有利于了解我国当前英语教学法的来龙去脉。[1]

李庭芗、冯克诚、周流溪、张景华、武和平、武海霞、王武军等从20世纪80年代开始陆续在《英语教学法》《实用教学模式理论与方法改革全书》《中国中学英语教育百科全书》《外语教学方法与流派》等书和期刊中介绍国外经典的教学法。专家们认为，这些经典的教学法虽然习惯上被称为教学法，但已经超出了教学方法的范畴，实际上是成熟的教学路子或教学模式。本章对其中一些影响较大的教学模式进行梳理、分析和介绍。

一、翻译法

（一）理论概述

翻译法（Translation Method）也叫语法翻译法（Grammar-translation Method）、阅读法（Reading Method）、古典法（Classical Method）。翻译法在我国最早叫译授法，是国内外非常著名的一种教学法，也是运用时间较长的教学法。

翻译法至今仍然被使用主要有两个原因：一是历史很长，影响久远；二是学习外语时，母语和目的语两种语言之间确实需要翻译作为工具。[2]据《中国中学英语教育百科全书》介绍，从中外翻译史的角度看，在外语

---

[1] 李庭芗.英语教学法［M］.北京：高等教育出版社，1983：306.

[2] 陈自鹏.中国中小学英语课程教材教法百年变革研究［M］.北京：光明日报出版社，2012：199.

教学中运用翻译法已有几千年的历史。[1]

关于翻译法的理论依据,武和平和武海霞在《外语教学方法与流派》一书中提到,"严格来说,英语翻译法并没有明确的理论基础"[2]。翻译法的产生主要源于教学实际的需要。当教学一种外语时,需要在两种或两种以上语言之间进行译解,这样的译解是必需的,因为学习者学习外语时已经有了母语的基础,因而传统意义上的翻译进入语言教学中,并在语言教学中发挥着桥梁、纽带和媒介作用,翻译教学法也就应运而生了。

翻译法有不同的教学形式:词汇翻译法、语法翻译法和翻译比较法。每种教学形式都有自己的教学原则或教学主张。词汇翻译法代表人物法国的雅科托(J. J. Jacotot)和英国的哈米尔顿(James Hamilton)主张,在字母发音和书写教学之后,进行阅读课文教学。语法翻译法代表人物德国的奥朗多弗(H. Ollendorff)认为学外语先要背熟语法规律和例句。翻译比较法代表人物德国著名的外语教学法家马盖尔(K. Mager)则重视观察、分析、综合、归纳、演绎等活动,认为这是掌握外语熟巧的起源,因此马盖尔的方法又被称为"起源说"。[3]

作为外语教学里历史最久的教学法,翻译法有以下优点:一是充分利用母语,高效培养互译能力;二是通过语法学习,能够提高认知能力;三是重视词汇阅读,知识学得比较扎实;四是方法简便易行,师生容易理解操作。翻译法有以下缺点:一是忽视语音教学训练;二是忽视英语口语教学;三是忽视交际能力培养;四是过分依赖母语中介;五是过分强调翻译教学;六是过分强调语法作用;七是过分强调死记硬背。

(二)教学程序

武和平和武海霞在《外语教学方法与流派》一书中将翻译法的教学程序分为了五个步骤,即阅读、分析、翻译、讲解和背诵。具体到课堂中,教学程序一般是教师先读课文,然后对课文及句型进行语法分析,之后再逐句翻译和讲解。分析和讲解主要围绕句子的结构、复杂的语法现象以及两种语言的互译进行。最后,教师要求学生背诵有关的段落,熟记

---

[1] 周流溪. 中国中学英语教育百科全书 [M]. 沈阳:东北大学出版社,1995:149-150.

[2] 武和平,武海霞. 外语教学方法与流派 [M]. 北京:外语教学与研究出版社,2014:13.

[3] 王武军. 翻译法 [J]. 中小学英语教学与研究,1982(1):24-26.

所学的词汇和语法规则。[1]

（三）课例举隅（本节课例设计由高秋舫提供）

1. 教学内容

本文选自清末伍光建编辑的《帝国英文读本》（上海商务印书馆出版）卷二的第11课，其具体内容如下：

11. The farmer and the stork

quan'-ti-ty　frac'-tured　ear'-nest-ly

ex'-cel-lent　char'-act-er　com'-pa-ny

A farmer placed nets on his newly-sown plough lands, and caught a quantity of cranes, which came to pick up his seed. With them he trapped a stork also. The stork having his leg fractured by the net, earnestly besought the farmer to spare his life. "Pray, save me, Master," he said, "and let me go free this once. My broken limb should excite your pity. Besides, I am no crane, I am a stork, a bird of excellent character; and see how I love and slave for my father and mother. Look too at my feathers—they are not the least like to those of a crane." The farmer laughed aloud, and said, "It may be all as you say, I only know this: I have taken you with these robbers, the cranes, and you must die in their company."

Birds of a feather flock together.

Build as many words as you can from each of the following:

turn　honour　true　expend　extend　respect　king　boy　cheer　please[2]

2. 教学目标

培养学生的外语理解和翻译能力。

3. 教学过程

Step 1：阅读

（1）学生拿出听写本做好听写单词的准备。

---

［1］武和平，武海霞.外语教学方法与流派［M］.北京：外语教学与研究出版社，2014：17-18.

［2］伍光建.帝国英文读本卷二［M］.上海：商务印书馆，1906：15-16.

（2）就上节课学过的单词进行听写，学生每写一个单词，都要注明其汉语意思。

（3）听写后，同伴之间互相检查。检查过程中，要及时更正出现的错误。

（4）学生打开书翻到教材的第15页。

（5）教师带领学生逐个学习生词。每学一个生词，都按照先翻译、再讲解的顺序进行。其内容如下：

quantity *n.* 数量；大批；数目

excellent *adj.* 优秀的；卓越的；杰出的；太好了

fractured *v.* （使）折断，破碎（fracture 的过去式和过去分词）

character *n.* 性格；角色；特点；字母 *vt.* 刻；画；使具有特征

earnestly *adv.* 认真地；诚挚地；恳切地

company *n.* 公司；做伴；客人；连队

（6）词汇解释结束之后，教师领着学生读几遍，练习发音。

（7）教师范读课文，学生仔细聆听。

（8）教师领读课文，学生大声模仿。

Step 2：分析

（1）教师指名让学生朗读。

（2）每读完一句，教师都要让学生停下来对该句进行分析。

Step 3：翻译

（1）分析完句子之后，教师再指名让其他学生进行翻译。

（2）待整篇课文的翻译工作全部结束之后，教师找出比较典型的句子，换用词汇和句型让学生依据汉语译成英语。

（3）学生按照课文顺序用英语进行问答练习。

Step 4：讲解

（1）教师从课文中找出语法比较典型的句子进行讲解，如"The stork having his leg fractured by the net, earnestly besought the farmer to spare his life." "Look too at my feathers—they are not the least like to those of a crane." 等。

（2）讲解过程中，教师对每个句子的语法结构、涉及的单词和短语等知识点，以及相关词汇的用法等用汉语进行解释，除此之外，针对难以理解或比较重要的内容，还要进行板书。

（3）学生将教师所讲的重点内容记录在笔记本上。

（4）为了检查学习效果，教师就课文中的某个单词或某个句子再次进行提问，学生做出回答或谈论自己的感受。

（5）学生用课文后提供的单词练习口语。

Step 5：背诵

（1）学生自由选取喜欢的段落进行背诵。

（2）教师给学生留有适当的时间，让他们熟记上课所学的词汇和语法规则。最后，同学间相互检查记忆的效果。

二、直接法

（一）理论概述

直接法（Direct Method），顾名思义，是一种直接用外语而不借助母语进行外语教学的一种方法。直接法是一种影响较大的教学法。

直接法也叫自然法（Natural Method）、心理法（Psychological Method）、口语法（Oral Method）、改良法（Reformed Method）。直接法实质上是对翻译法的一种否定和变革，因而也被称为改革法。改革法包括贝力子法、古安法、菲埃托法、帕默法、韦斯特法、循序直接法等。1899年，劳顿巴赫（H. Landenbach）、帕西和德洛贝尔（M. G. Delobel）合写的《活语言教学的直接法》一书中最早使用"直接法"一名。1901年，法国公共教育部在一份通报上具体叙述了直接法，次年由部长下令以该法为全法国唯一正式的外语教学法。1901年，德国也把它作为官方认可的教学法。

直接法在我国最早叫直授法。英语直接法就是直接教英语的方法。直接包含三个方面的意思：直接学习、直接理解、直接应用。早期直接法学者认为在教学里应当着重两点：一是把外语和它所表达的事物直接联系起来；二是任何时候都不要用学生的本族语进行教学。

19世纪初，随着工业生产的发展，科学技术的突飞猛进，轮船、火车等交通工具的出现，欧洲各资本主义国家争相寻找市场。在这种形势下，人们在学习外语时，对口语提出了新的要求，传统的翻译法已不能满足外语教学的需要。同时，心理学的发展使人们对外语教学有了新的认识，在外语教学要进行改革的呼声中，直接法应运而生。

从 19 世纪中后期到第二次世界大战的七八十年间，直接法广为流行。我国学者张士一等人曾在20世纪二三十年代介绍和实验直接法。实际上，直接法不是由某一个人所独创，各名家在阐述上也并不完全一致，甚至在某些点上还相互责难，但是关于直接法的几个主要论点基本上还是一致的。

直接法遵循的教学原则是：

（1）直接联系原则；

（2）句本位原则；

（3）以模仿为主原则；

（4）归纳途径教语法规则原则；

（5）以口语为基础原则；

（6）以当代通用语言为基础教材原则；

（7）精选语言材料原则。[1]

直接法有以下优点：一是强调语言的直接学习；二是强调语言的直接理解；三是强调语言的直接应用；四是注重目的语口语教学；五是注重采用直观的教具；六是注重语言材料的实用性。

直接法有以下缺点：一是完全照搬儿童学习本族语的方法，忽略本族语和外语学习的差异和特点；二是完全禁止或限制学生使用本族语，不利于已有本族语的语言优势正迁移；三是在听说与读写的关系上厚此薄彼，弱化语言知识与实践间的协同关系；四是语言高一级阶段学习仍固守此法，会阻碍学生语言知识进一步深化发展。

（二）教学程序

对于这种方法的教学过程，克拉申将其总结为四个阶段。

第一阶段，初步感知。教师在课堂上和学生自然地谈话，使用基本的词汇和句型，并且突出、重复重点词汇，教师通过身体动作和视觉提示，

---

[1] 俞约法. 直接法简介［J］. 中小学英语教学与研究，1982（2）：24-40.

如图片、实物等，帮助学生理解。

第二阶段，逐步理解。教师自然地和学生谈话，使用简单的词汇和句子结构，继续注意学生是否能够对简单的英语指令做出正确的反应。此外，教师可以用一般疑问句、选择疑问句以及特殊疑问句进行提问，让学生用一两个单词或短语回答问题。

第三阶段，继续深化。教师用自然、简单的语言和学生谈话，用特殊疑问句提问，要求学生用短语或完整的句子回答问题，表达自己的意见。

第四阶段，巩固提升。教师可以继续使用直观教具，强化重点词汇。同时，教师还可以选择一个题目或让学生描绘一个情景，引导学生用英语随意交谈，参加社交活动。[1]

（三）课例举隅（本节课例设计由高秋舫提供）

1.教学内容

本文选自民国期间文幼章编著的《直接法英语读本》第三册第二编的 Lesson Three，其内容如下：

LESSON THREE
THE YOUNG RAT

There was once a young rat named Grip, who would not take the trouble to make up his mind. When the other rats asked him if he would like to come out with them at night, he would say, "I really don't know." And when they said, "Would you like to stop at home？" he still said, "I really don't know." He was too lazy to make a choice or to settle which he likes best.

---

[1] 张志远.儿童英语教学法［M］.北京：外语教学与研究出版社，2002：14-15.

One day an old grey rat said to him, "Now look here no one will ever care for you if you go on like this. You are too lazy to decide anything ; you have such a poor mind that you can't settle anything. It may be good to give up one's own way sometimes, but it's not good to have no way of one's own at all."

The young rat sat up and looked wise but remained silent.

"Don't you think so ? " said the old grey rat rather angrily, for he could not bear to see the young rat so indifferent and so helpless.

"I really don't know." was all the young rat said ; and then he walked off with slow steps, to think for an hour whether he should stay at home in his hole or go out in the barn.

One day there was a great noise in the barn. It was a very old barn and the roof let in the rain and the woodwork was all rotten. So the place was not safe to live in. At last one of the wooden supports gave way and fell on the floor. The walls shook and all the rats were terribly frightened.

"This won't do," said the old rat. "We must leave this place." After some discussion the other rats agreed, and so they sent out scouts to look for a new home. In the night the scouts came back and said they had found a nice new barn where there would be plenty of room and plenty of food for them all.

" Then we'd better go at once, " said the old rat who was chief. Then he gave the order, "Form in line ! " The rats all came out of their holes and stood on the floor in a long line.

"Are you all here ? " asked the old rat and looked round. "Have you all decided to go ? Make up your minds at once ! "

"Yes, yes, " said all the rats in the line. "Let's go ! "

Just then the old rat caught sight of young Grip. He was not in the line and he was not exactly outside it ; he stood just by it.

"You didn't speak, Grip, " said the old rat. "Of course you're coming, aren't you？"

"I really don't know，" said Grip. "The roof may not come down yet."

"Well then, stay，" said another rat, "and serve you right if you're killed！"

"I don't know that I'll stay，" said Grip, "the roof might come down at any time."

"Well，" said the old rat, "we cannot wait for you to make up your mind. Left turn！" And the rats all turned to the left. "March！" And all the rats marched out of the barn one by one while the young rat looked on.

"I think I'll go，" he said to himself. "And yet I really don't know；it's nice and comfortable here and it may be safe after all."

The tail of the last rat was lost to sight as he spoke. He went to the door and looked out. Then he looked back. "I'll go back to my hole for a bit，" said he, "just to make up my mind."

That night, while Grip was trying to make up his mind the barn came crashing and smashing down；down came the supports, the walls and the roof.

The next day, some men came to look at the barn. They thought it odd that they didn't see any rats but at last one of them happened to move a big tile, and, looking down he saw a young rat, quite dead half in and half out of its hole. [1]

2. 教学目标

培养学生的听说能力和直接用英语思维的习惯。

3. 教学过程

Step 1：初步感知

（1）教师向学生展示本课插图后，借助图片用简单的英语句子介绍

---

[1] 文幼章. 直接法英语读本：第3册（第二编）［M］. 上海：中华书局，1932：16-23.

课文的背景。

（2）教师用英语发出指令，要求学生打开书并翻到教材的第17页，同时指定一名学生大声朗读本课课文的第一段。朗读过程中，学生若遇到不认识的单词，教师则直接示范正确的发音。

（3）教师按照学生的朗读顺序用简笔画依次画出故事的进程。

（4）遵照以上方法和步骤完成其他段落的教学。

（5）学生初步了解课文大意之后，教师要求他们找出自己不认识的生词，并在文中相应位置做出标记。本课涉及的重点词汇有 step，support，scout，march，crash，smash，choice，discussion，serve，odd，indifferent，silent 等。

（6）学生就生词意思进行提问，教师利用实物、动作、手势、表情、游戏等多种手段进行释义，释义过程中切忌使用母语进行翻译。

Step 2：逐步理解

（1）教师领读课文。

（2）针对课文大意，教师用一般疑问句、选择疑问句或简短的特殊疑问句提出一系列问题。如：Who was Grip？ Was he killed at last？

（3）教师指名让学生用一两个单词或短语回答上述各个问题。

（4）师生间的问答环节持续几分钟后，教师指定某些学生对全班进行提问。提问过程中，若有学生出现错误发音或用错语法知识的现象，教师要当堂纠正，直至确认全班同学学会并理解后，才示意学生继续进行提问。

Step 3：继续深化

（1）学生自读课文。

（2）针对课文细节，教师用特殊疑问句进行提问，学生用完整句子进行回答。问答过程中设置一部分需要学生表达自己的思想和见解的题目。

（3）借助课文内容要求学生就句型转换中的相关语法知识进行提炼。如直接引语变间接引语，情态动词 can 和 must 的过去式，介词 without 的用法，so...that 与 too...to 之间的转换，短语 can't wait to do sth. 的用法等。

（4）教师将学生提炼的内容板书在黑板上。

（5）师生共同完成教材第21~23页所提供的六种句型转换练习。

Step 4：巩固提升

（1）教师出示一些图片，学生根据图片内容选择合适的词汇进行造句练习。

（2）教师给学生布置讲故事的任务，任务开始前提出以下要求：一是用一般过去时进行讲述，二是在讲述过程中尽可能多地利用本课所学的语法知识。

（3）学生拿出听写本听写课文的第二自然段。

三、自觉对比法

（一）理论概述

自觉对比法（Conscious-comparative Approach）是苏联在外语教学中推行的一种教学法。20世纪50年代是自觉对比法的鼎盛时期。

十月革命后，苏联积极建立自己的外语教学法体系，自觉对比法应运而生。苏联建立外语教学法体系的指导思想是理论指导实践。学生学习外语的活动应在理论指导下进行，这样才能提高外语教学的质量。语法是用词造句规律的综合，因此，外语学习应是在语法规律指导下的自觉活动。苏联的教育学提出的自觉性原则也是苏联外语教学的指导原则。

20世纪50年代，苏联的外语教学法界提出了在外语教学里依靠学生的本族语的原则。在整个50年代，这项原则被奉为外语教学的一项基本原则。根据这项原则，两种语言的对比成了外语教学的基本方法。

直接法和翻译法原是外语教学里两条截然相反的途径，在对直接法的批判当中，翻译法的一些做法在自觉对比法中逐渐巩固下来。

20世纪50年代我国在外语教学方面向苏联学习，当时不少学校的俄语教学，采用的基本上是自觉对比法。[1]

自觉对比法在教学方面的要求有以下几点：

第一，在强调语法规则的作用与自觉学习的重要性的同时，教师要把语法教学作为外语教学的一项重要内容。教师要把不少课堂时间用在讲解、分析和提问语法规则上，以便使学生对词句的学习都能做到知其

---

[1] 李庭芗.英语教学法［M］.北京：高等教育出版社，1983：317-318.

然和知其所以然。外语的实践练习往往是一些变换词形和学习语法规则的语言练习，阅读也成了分析单词的用法、分析句子结构、印证语法要点的教学活动。

第二，在依靠本族语的原则的思想指导下，两种语言的对比成了教新课的一个重要环节。本族语被认为是讲解的有效手段，各种翻译练习被看作是巩固语言知识和培养语言熟巧的重要方法。

第三，外语教学以阅读为中心，在阅读的基础上开展听、说、写的训练，其实质是重视阅读能力的培养，在掌握文字的基础上发展口语能力。

第四，为了使学生彻底理解所学的外语，贯彻由简到繁的教学原则，教师采用词单位的教学法，由学习单词，进而操练词组，最后做各种复用和活用的造句练习。[1]

自觉对比法有以下优点：一是重视语法规则学习；二是强调学生自觉学习；三是重视语言对比分析；四是强调翻译重要意义；五是重视阅读造句练习；六是强调教学循序渐进。

自觉对比法有以下缺点：一是自觉对比法是翻译法的升级版，因此翻译法的缺点它都或多或少存在；二是忽视交际能力和灵活运用语言能力的培养，学习过程枯燥，学生易失去学习的兴趣。

（二）教学程序

自觉对比法的教学程序要遵循如下两条基本思路：一是在开始阶段，先孤立地学习语音和字母，然后由字母组成单词，再由单词组成词组和句子，由句子组成课文；二是教学时先分析语音、词汇和语法知识，再综合性地掌握句子和课文。[2]

四、自觉实践法

（一）理论概述

自觉实践法是 20 世纪六七十年代苏联发展起来的一种教学法。代表人是别利亚耶夫（B. V. Belyayev）。他认为直接法和翻译法都已经过时，于是他提出了自觉实践法。

---

［1］李庭芗.英语教学法［M］.北京：高等教育出版社，1983：318.
［2］张景华.外语教学理论与流派［EB/OL］.http://www.docin.com/p-965777180.html.

自觉实践法的理论基础是别利亚耶夫的外语教学心理学和列昂捷夫的语言心理学。自觉实践法在教材编写和教学活动中有以下几个特点：

1. 功能—情景性。吸收情景法和功能法的长处，以题材为纲编写教学内容。

2. 在句法基础上学习词汇和形态变化。因为词只是语言单位，而句子是交际单位又是言语单位（在句子中句法重于词法）。

3. 在口语基础上进行书面语教学。

4. 重视书面语教学，把语言知识和语言能力结合起来并以能力训练为主。基本思路为语言—熟巧—技能（交际能力）。

5. 强调直观性，利用动作和声像技术通过模仿法直觉地掌握语言，但必要时可考虑使用母语。[1]

自觉实践法有以下优点：一是强调从自觉到直觉，重视语言习惯养成；二是强调语言运用实践，重视语言交际能力；三是强调句法基本训练，重视语言情景教学；四是强调语言教学综合，重视听说读写结合。

自觉实践法有以下缺点：一是容易忽视语言知识的学习和掌握；二是容易忽视认知能力的培养和教学。

（二）教学程序

关于自觉实践法的教学程序，可以概括为以下几个步骤：

1. 导入。导入应直观、形象，由浅入深地进行。

2. 内容呈现。教师要让学生了解需要掌握的知识和实践的步骤，让学生从大局上掌握需要掌握的知识，打有准备之仗。

3. 知识点精讲。教师在备课时要总结知识点，进行精讲，然后给学生布置实践任务，进行实践练习。

4. 实践练习。学生听完教师讲解后，进行实践练习，其中包含视频、戏剧和歌曲赏析、角色扮演等。

5. 评价鼓励。学生完成实践练习后，师生之间和生生之间互相评价。教师对于表现突出的学生给予奖励，以保持其兴趣和积极性。

6. 总结或作业。教师根据课堂任务和课堂的实际情况，灵活安排课后复习形式。

---

[1] 周流溪.中国中学英语教育百科全书［M］.沈阳：东北大学出版社，1995：169.

五、听说法

（一）理论概述

听说法（Audio-lingual Method）也叫句型教学法，是美国流行的一种外语教学法。第二次世界大战爆发后，为了高效率地培养掌握外语口语的人才，美国军方在"集中语言方案"的启发下制订了"陆军专门训练方案"（Army Specialized Training Program，简称 ASTP）。因此有人认为听说法是美国当时的学术研究和外语教学（训练）相结合的产物。[1]

在军方训练方案开始时，洛克菲勒基金会就主办了一个语言学家和外语教师参加的会议，会议主要探讨把外语强化教学的一些做法应用到大学常规外语课的可能性。结构主义语言学家布龙菲尔德（L. Bloomfield）和特雷格（G. L. Trager）等不仅参加了美国外语教学新方案的制订和实施工作，同时也参加了在美国把英语作为外语的教学研究工作。有人将其称为听说法，有人称其为口语法（Oral Approach），有人称其为结构法（Structural Method），有人称其为口语领先教学法（Linguistic Method）、句型法（Pattern Method）或陆军法（Army Method），其理论基础是美国结构主义语言学和行为主义心理学。听说法的基本观点有以下几点：（1）根据语言学的论点，语言都是有声的。学习外语，不论学习的目的是什么，都必须先学听和说，在听和说的基础上才能有效地学习读和写。这个顺序在外语教学中是必须遵循的。（2）每种语言都有特点，特别是在句子结构上各有特点。在编写教材时，必须将外语和学生的本族语进行对比，找出其相同和相异的地方，在这个基础上有针对性地编写教材，才能编写出适合该国学生学习的外语教材。（3）外语教学是要培养学生运用外语的语言习惯。根据行为主义心理学的刺激与反应的学说，在外语教学中培养语言习惯要靠反复操练，语言知识和理解力起不了多大的作用。（4）根据句子在结构上的特点，找出外语句子的基本类型（即句型），按句型进行操练是使学生学好外语的捷径。

［1］周流溪. 中国中学英语教育百科全书［M］. 沈阳：东北大学出版社，1995：163-164.

根据上述观点，听说法又得出以下三个注意事项：（1）为了加强听说训练，使学生学到地道的语音和语调，教学里要由所学语言国家的人对学生进行听说训练。在没有这种人的情况下，要用他们录制的录音磁带和留声片，让学生反复听和模仿，以保证他们学到地道的语音和语调。（2）根据刺激与反应的学说，学生只许接触和使用正确的语言，避免任何错误的发生。在错误中学习的方法在外语教学中是有负面作用的。（3）在外语课上尽量不用本族语。[1]

听说法有以下优点：一是重视口语训练，有利于培养学生的听说能力；二是重视句型操练，有利于让学生理解句型结构；三是重视语言规范，有利于学生掌握地道的语言。

听说法有以下缺点：一是忽视语言的灵活运用；二是忽视语言的交际功能；三是忽视学习者的思维训练。[2]

（二）教学程序

在听说法的发展过程中，美国布朗大学特瓦德尔教授在1958年将这种方法归纳为认知、模仿、重复、变换、选择五个阶段。

认知是指对所学句型耳听会意，主要采用外语本身相同或不同的对比，使学生从对比中了解新句型或话语。

模仿是指跟读、齐读、抽读、纠错、改正等。

重复是指学生重复需模仿的材料做各种记忆性练习，同时教师要进行检查。

变换是指替换操练，教师应按替换、转换、扩展三步逐渐加大难度，同时要注意学生的理解情况。

选择是指让学生从所学的语言材料中挑选出一些单词、短语和句型用于实际交际或模拟情景。[3]

（三）课例举隅（本节课例设计由高秋舫提供）

1.教学内容

本文选自人民教育社出版的《初级中学课本英语第1册》Lesson 6,

[1] 李庭芗.英语教学法［M］.北京：高等教育出版社，1983：315.

[2] 陈自鹏.中国中小学英语课程教材教法百年变革研究［M］.北京：光明日报出版社，2012：218.

[3] 周流溪.中国中学英语教育百科全书［M］.沈阳：东北大学出版社，1995：165.

其具体内容如下：

A

This is a book.

That's a bag.

that's=that is

This is a pen.

That's a pencil.

This is a desk.

That's a chair.

B

What's this?

It's a cake.

what's=what is it's=it is

What's that?

It's an egg.

What's this?

It's an apple.

What's that?

It's an orange.[1]

2. 教学目标

重点培养学生的听说能力。

3. 教学程序

Step 1：认知

（1）教师用简笔画在黑板的左侧画出"书"的样子，然后指着书对

———————

[1] 唐钧，刘道义，王美芳. 初级中学课本英语：第1册［M］. 北京：人民教育出版社，1982：23-28.

学生说"Look！ This is a book."。

（2）教师说完之后，将"This is a book."这个句型板书在简笔画旁边。

（3）教师一遍一遍地带领学生朗读。如果学生读得不太熟练，教师可将句子拆成意群让学生跟读。如：

T：This is…

Ss：This is…

T：A book.

Ss：A book.

T：This is a book.

Ss：This is a book.

（4）待学生朗读熟练之后，教师再教学"That's a bag."。

（5）教师用动作演示"this"与"that"的区别，同时向学生说明"that's=that is"。

（6）教师依照上述方法依次完成"This is a pen.""That's a pencil.""This is a desk.""That's a chair."的呈现。

（7）上述任务完成之后，教师把铅笔和钢笔的简笔画及它们相关的句型全部擦掉，之后再指着"pencil"对应的空间问学生："A pen？"当学生回答"No！"之后，教师继续用"What's this？ Oh，it's a pencil."这些句型进行自问自答，同时还要把它们板书在黑板的相应位置。

（8）依照上述方法完成"What's that？"的教学。

（9）教师利用"What's this/that？"这一句型通过实物完成cake、egg、apple、orange四个生词的教学。

（10）教师向学生解释清楚"what's=what is""it's=it is"。

Step 2：模仿

（1）教师指着黑板上的图片与文字反复领学生朗读。

（2）全班学生自行看着教材进行齐读。

（3）为了检查朗读效果，教师选择性地进行抽读，一旦发现学生出现读音错误，教师要及时地进行纠正。

（4）学生将第28页"EXERCISES"部分中第5题的单词和句子抄写在练习本上。

Step 3：重复

（1）学生两人一组，按照教材呈现的先后顺序每人带上相应的文具到讲台前面进行介绍。如第一组的学生甲指着自己的书说"This is a book."，之后在距离同伴较远的地方指着对方的书包说"That's a bag."。学生乙所用方法类似。

（2）依然是学生两人一组，其中一人拿着教材中任意一种食品询问对方"What's this/that？"，另一人用"It's a..."来回答。

（3）完成教材第25页"语音和语调"部分中第1题的单词读音训练，如：a face cake plane。

（4）完成教材第26页"EXERCISES"部分第1题所提供的"填入所缺的字母"练习。

（5）完成第25页"语音和语调"部分中第2题的句子朗读训练。

（6）完成第26页"EXERCISES"部分中第2题的笔头练习。

Step 4：变换

（1）学生用"This /That..."这一句型完成第27页"EXERCISES"部分中第3题的看图说话练习。

（2）学生两人一组，用"What's this/that？"这一句型完成第28页"EXERCISES"部分中第4题的看图说话练习。

（3）学生以组为单位，同时利用"This /That..."和"What's this/that？"两个句型结构编一组对话。

Step 5：选择

（1）教师给学生提供一幅"参观农场"的图片。

（2）学生以组为单位，按照图片提供的画面展开想象，之后再利用本课学到的所有句型和第28页中"Everyday English"部分所提供的语言编一段综合性的对话。

六、视听法

（一）理论概述

视听法（Audio-visual Method）也叫情景法（Situational Method）。该方法是在第二次世界大战以后，欧洲大陆的国家如法国，在听说法的基础上发展起来的外语教学方法。在教学的理论和具体的方法上，视听法和听说法基本上是一样的，只是在教学中视听法强调以下几点：（1）视听法除了重视听说外，还强调看。这里所说的看，不是看书，而是看情境或画面，即在外语课上教师利用幻灯机或投影机，把情境投射到幕布上，同时播放录音，或者放映教学影像，使学生边看画面，边练听和说，身临其境地学习外语，把看到的情境和听到的声音自然地联系起来。这样，教师可以生动活泼地进行教学，学生学得快，印象深。（2）视听法也重视句型教学，但它强调的是通过情境操练句型，是操练在某一场合下一些常用的意思连贯的句子。这和脱离情境机械地操练句型是不相同的。听说法着重使学生掌握常用的语言形式，而视听法着重的是使学生掌握在一定场合下常用的成套生活用语。（3）教材根据教学目的选择来自生活实际的常用套语，从生活情境出发，安排外语教学的内容。（4）由于视听法强调情境教学，一本外语课本已不能满足教学的需要，教材必须成龙配套，如课本、录音、录像、教学电影和教学法指导书等。[1]

视听法有以下优点：一是学生学习过程中听、说、看相结合；二是学生学得的语言自然、准确、地道；三是学生语言的情境反应能力进步明显；四是学生外语听力得到加强且记忆深刻。

视听法有以下缺点：一是对教学场地和设备要求比较高；二是教师需要准备大量教具；三是对教师语言背景知识要求较高。

（二）教学程序

一般来说，视听法的教学过程是一个感知、理解、练习和活用的过程。其具体教学步骤可分为以下几步：语言学习者辨认所听的材料—模仿所学材料—重复所学材料—用替代和转换让语言学习者结合情境灵活运用所学材料—结合情境有选择地运用所学材料。

（三）课例举隅（本节课例设计由高秋舫提供）

1. 教学内容

本课出自《新概念英语》（*New Concept English*）第一册 Lesson 99，具体内容如下：

---

[1] 李庭芗. 英语教学法 [M]. 北京：高等教育出版社，1983：316-317.

Lesson 99

Listen to the tape, then answer this question. Must Andy go to see the Doctor ?

听录音，然后回答问题。安迪需要去看医生吗？

ANDY : Ow !

LUCY : What's the matter, Andy ?

ANDY : I slipped and fell downstairs.

LUCY : Have you hurt yourself ?

ANDY : Yes, I have. I think that I've hurt my back.

LUCY : Try and stand up. Can you stand up ? Here. Let me help you.

ANDY : I'm sorry, Lucy. I'm afraid that I can't get up.

LUCY : I think that the doctor had better see you. I'll phone Dr. Carter.

LUCY : The doctor says that he will come at once. I'm sure that you need an X-ray, Andy.[1]

2. 教学目标

（1）学生能正确使用这些单词和短语：slip，fall，downstairs，hurt，back，stand up，help，at once，sure，X-ray。

（2）学生能理解宾语从句的概念并学会使用该句式转述别人的信息。

（3）学生能复述或背诵课文。

3. 教学过程

Step 1：初步感知

（1）提出问题，做好准备

教师通过电脑课件向学生提出一些准备性的问题，以集中他们的注意力。

（2）播放视频，展示情境

教师播放本课对话的视频，让学生对故事情节有一些感性认识，并对文本内容做初步的了解。

---

[1] 亚历山大，何其莘. 新概念英语［M］. 北京：外语教学与研究出版社，1997：201-202.

Step 2：分层理解

（1）教学生词，扫除障碍

①教师利用 PPT 向学生展示本课的生词和短语。

②学生跟着录音模仿它们的发音。

③教师逐个讲解与上述词汇、短语相关的读音和语法知识，如 stand up 的连读、fall 的过去式和过去分词等。为了加深学生的理解，在讲解过程中，教师利用幻灯片中的链接功能，将其涉及的内容又一次直观地呈现在学生面前。

（2）逐句解释，补充例句

①教师将本课对话所涵盖的句子全部展示在大屏幕上。

②按照这些句子的先后顺序，教师逐一解释其意思，尽可能用英语解释。

③遇到难以理解或比较重要的词汇，教师给出例句。

（3）提炼句型，讲解语法

①教师将与本课重要语法知识相关联的句型提炼出来，展示在学生面前。

②教师让学生通过观察，引出"宾语从句"这一语法概念并进行讲解，同时辅以例句进行补充说明。

③就"宾语从句"这一语言点在理性上做进一步的归纳和总结，并逐步拓展它的应用范围，在此基础上引入例句帮助学生理解。

Step 3：强化训练

（1）借助课文，训练结构

①再次播放视频，但在操作过程中，教师要按照对话的顺序，将视频分成几个片段依次播放。

②每播放一个片段，教师都要让学生围绕两个主人公的想法提出问题，之后再让其余学生用宾语从句给出答案。如 Andy says/thinks that…，Lucy says/thinks that… 等。

（2）借助图片，训练意义

教师在课件中给学生提供一些有实际情境的图片，学生按照指定的词汇用宾语从句句型结构来回答老师提出的问题。

（3）借助语言，形成概念

当顺利完成上述练习之后，教师引导学生用专业化的语言归纳本课需要重点掌握的语法知识，在此基础上形成规则并让他们记住。

Step 4：灵活运用

（1）利用情境，训练听说

①准备一段新的视频，第一次播放时去掉声音，学生边看画面，边猜测视频中的人物角色在说些什么或想些什么，将其所说所想用宾语从句的形式表达出来。

②第二次播放视频，此次播放要还原声音并要求学生仔细倾听。

③听完之后，根据记忆，学生尽可能地运用宾语从句叙述视频中的故事情节。

（2）借助作业，练习读写

①教师给学生提供一份发言稿，要求他们在课下读完之后用大约 30 个词概括发言稿的要点。

②学生围绕自己感兴趣的话题，写一篇 100 词左右的发言稿，题目自拟。写作中尽可能多地使用宾语从句。

七、认知法

（一）理论概述

从 20 世纪 60 年代起，科学飞速发展，国家之间的竞争，除在政治、经济、军事领域外，已深入到科技领域。为了适应时代的需要，美国著名心理学家卡鲁尔（T. B. Caroll）教授于 1964 年在《语法翻译法的现代形式》（*Modern Version of Translation Method*）一文中首先提出了认知法（Cognitive Approach）。[1]

认知法是以认知心理学为指导而建立的外语教学法，也叫认知-符号法。其产生有三个方面的条件：一是教育改革的需要；二是听说法的危机；三是认知心理学的支持。[2]

---

［1］　王武军. 认知法［J］. 中小学英语教学与研究，1983（1）：22-26.

［2］　周流溪. 中国中学英语教育百科全书［M］. 沈阳：东北大学出版社，1995：166-167.

认知法的理论基础主要来自布鲁纳、乔姆斯基和奥苏贝尔。20世纪50年代和60年代初，美国著名心理学家布鲁纳（J. S. Bruner）指出，不论我们选择什么学科，务必使学生理解该学科的基本结构。乔姆斯基（Noam Chomsky）认为语言是受规则支配的体系。要学好语言最主要的不是模仿而是掌握规则，主要是语法规则。奥苏贝尔（D. P. Ausubel）认为学习分为机械性学习和有意义学习两种。

一般认为，认知法的教学原则有以下五条：一是在理解、掌握语法规则的基础上学习外语；二是要从学习者已有的认知出发传授新的知识；三是口语和书面语相辅相成；四是利用形象（实物、图画、示意图和流程图）进行教学；五是以学生为中心，多创造让学生参加语言活动的机会，充分激发学生的学习动机和学习主动性，引导学生掌握科学的学习方法，养成良好的学习习惯和独立学习能力。[1]

认知法是翻译法的高级形式，有以下优点：一是重视认知规律在教学中的探索和应用；二是重视语法词汇阅读，强调书面语言理解；三是重视母语和翻译在语言教学中的作用；四是重视语言教学情感领域，关注师生态度；五是重视双语—双文化的熟练运用和适应。[2]

认知法的缺点有以下两点：一是忽视真实交际，真实语境欠缺；二是忽视语音教学，学生语音弱化。

（二）教学程序

认知法重视在外语教学中发挥学生的智力因素作用，重视学生对语言规则的理解，是着眼于培养实际且全面的语言运用能力的一种外语教学法体系或学习理论。其教学过程一般分为三个阶段：语言的理解、语言能力的培养、语言的运用。

1. 语言的理解

理解指学生理解教师教授的或者自己所学的语言材料和语言规则的意义、构成和用法。任何语言的学习活动都应该建立在理解的基础上，理解是外语学习的第一个阶段。

---

[1] 陈自鹏. 中国中小学英语课程教材教法百年变革研究［M］. 北京：光明日报出版社，2012：207.

[2] 周流溪. 中国中学英语教育百科全书［M］. 沈阳：东北大学出版社，1995：167.

2. 语言能力的培养

认知法认为外语的学习不仅需要掌握语言知识和结构，还要掌握正确使用语言的能力。外语语言能力的培养要通过有意识、有组织的练习获得。

3. 语言的运用

这个阶段的教学任务是将前两个阶段学得的语言知识内容与实际运用能力结合起来，使学生听、说、读、写各个方面的能力都得到发展。[1]

八、功能法

（一）理论概述

功能法（Functional Approach）自 20 世纪 70 年代问世以来，欧洲共同体国家，如英国、德国、法国、意大利和西班牙等国家对功能法在理论和实践上都做了积极的探索和实践。

功能法又称"交际法""意念法""语义—意念法""功能意念法"，是以体现语言功能项目为纲来培养交际能力的一种教学法体系。

功能法产生于 20 世纪 70 年代初期的欧洲共同体国家，中心是英国。20 世纪五六十年代西欧各国广泛采用听说法和视听法，着重语言形式体系的讲解和训练，忽视使用语言交际能力的培养。加之又无统一的大纲和教材，教学质量下降，较难达到掌握交际能力的目的，难以满足交际的需要。从根本上改变这种教学质量低下局面的办法是改革教学方法，制订一个欧洲共同体统一的外语大纲，设计统一的教材和测验标准。于是，1971 年 5 月欧洲共同体欧洲委员会文化合作委员会在瑞士鲁西利康（Ruschlikon）召开了对成年人进行外语教学的专题座谈会。1971 年 9 月又召开了一次多国专家会议，讨论制订欧洲现代语言教学大纲。会后一百多位专家经三年努力制订出了一份欧洲主要语言教学的新教学大纲《入门阶段》。1972 年威尔金斯著有《语法大纲、情景大纲和意念大纲》，1976 年又著有《意念大纲》。1978 年，威多森的功能法著作《交际法语言教学》也得以问世。[2]

---

［1］章兼中.功能法［J］.中小学英语教学与研究，1983（2）：29-33.
［2］同［1］.

功能，指语言所能做的事情，即传达信息和表达思想的语言行动，如介绍、询问、道歉、告别等。功能法有自己的理论基础，以往的语言学理论都把语言作为独立的符号系统来研究，研究语言的形式、规划或结构，完全不考虑或很少考虑语言受人类社会情境的影响所产生的各种变异因素。功能教学法就是以社会语言学为其理论基础，是以交际功能为纲的一种教学方法体系。

功能教学法的理论依据是语言即交际，其语言理论起源于功能主义学派，并与语用学密切相关。海姆斯（D. H. Hymes）的交际能力理论、韩礼德（M. A. K. Halliday）的语言功能与话语分析理论、威多森（H. G. Widdowson）的语言交际观等都是交际法的重要理论基础。英国语言学家威尔金斯（D. A. Wilkins）提出了以交际为标准而设计出来的功能意念大纲的基本要点，其《意念大纲》对功能教学法的发展影响深远。

功能教学法以培养学生的交际能力为目的，视语言为表达意义的工具；重视学习者情感和学习者需要分析，强调几乎凡事都有交际意图；倡导运用真实的语言材料，采用多种教学手段，开展接近真实情境的小组活动；通过学习者积极参与学习过程，实现教学过程交际化和技能运用综合化。功能教学法主张合理使用篇章型、任务型和实物型教材，以话语为教学的基本单位，让学生处于情境之中，鼓励学生多接触、多使用外语，对学生语言结构使用的错误采用包容的态度并鼓励学生运用交际策略。

功能教学法是目前流行的一种教学模式，有以下优点：一是教学强调真实性，语言环境真实；二是教学强调合作性，学生学会相处；三是教学强调互动性，师生、生生互动；四是教学强调主动性，学生学得自觉；五是教学强调发展性，利于全面发展。

功能教学法有以下缺点：一是打破了语法教学的系统性，不利于学生全面掌握语法知识；二是教师需有较高语言素质，尤其要有较高的口语交际能力，才能满足教学需要；三是科学评估流畅、准确、得体之间的关系的教学有困难。

（二）教学程序

功能法的教学过程一般说来主要包括接触、模仿范例练习和自由表达思想三个步骤。

接触是指一开始学生接触自然的对话，并在对话中接触多种多样的语言形式。

模仿范例练习是指从学生所接触的各种语言形式中抽出一两项语法内容进行模仿练习。

自由表达思想是指在整个语言学习过程中，教师应提供一定的情境，让学生运用所学的语言形式自由表达自己的思想。

（三）课例举隅（本节课例设计由高秋舫提供）

1.教学内容

本文选自义务教育课程标准实验教学用书（外语教学与研究出版社）初中三年级上册 Module 2　Unit 1 Confucius' works are read by many people。具体内容如下：

Listening and vocabulary

1.Work in pairs.Match the words in the box with the people in the pictures.

> great　influence　play　poem　respect　story　thinker　thought
> wise　writer

2.Listen and check your answer to Activity 1.

3.Listen and read.

Mr Jackson：Hello,Betty. What's up？ What are you doing in the library？

Betty：I was looking for some old copies of the school magazine. If I've got it right,it was called *New Standard*.

Mr Jackson：That's right. As far as I remember,it was started by Becky Wang. We don't have a school magazine any more. It's a pity.

Betty : Well, I'm thinking about starting it again.

Mr Jackson : Sounds like a good idea ! Go on.

Betty : I was also looking for something by Confucius and by Shakespeare.

Mr Jackson : Really ? That's a bit difficult for the school magazine.

Betty : Well, I'd like a monthly article called "Great Books" — you know, someone reads a favourite work of literature and writes an article about it.

Mr Jackson : I see. Confucius' works are still read by many people today, and we're still influenced by his thoughts. And Shakespeare's plays are seen by millions of people every year. But how about an American writer, Mark Twain, for example ?

Betty : I don't know. Mark Twain was an important writer, but he isn't known as a great thinker like Confucius.

Mr Jackson : No, but his books are still popular. In fact, he wrote my favourite book, *The Adventures of Tom Sawyer*. Perhaps that's what makes "Great Books" —they're still read today.

Betty : So why don't you write the first article on "Great Books" ?

4.Answer the questions.

(1) Who do you think Mr Jackson is ?

(2) What was Betty looking for in the library ? Why ?

(3) What does Betty think of Mark Twain's books ?

(4) What is Mr Jackson's opinion of what a great book is ?

Now listen again and check.

5.Complete the sentences with the correct form of the words in the box in Activity 1.

(1) *Teahouse* is a (n) _____ by Lao She.

(2) The Tang _____ are great works of Chinese literature.

(3) Confucius was a great _____ .

(4) Confucius is known for his _____ thoughts.

（5）Mark Twain is Mr Jackson's favourite _____.

（6）Confucius' _____ are mainly found in *Lunyu*.

6.Make a list of :

（1）two great plays

（2）two poems

（3）two wise thinkers

（4）two important writers

（5）two great stories

Now work in pairs and talk about your favourite from the list. Use the words in Activity 1 to help you.

Pronunciation and speaking

7.Listen and repeat.

Confucius' works are still read/by many people today,/and we're still influenced/by his thoughts./And Shakespeare's plays are seen/by millions of people every year.

8.Work in groups of three and look at the opinions in the table.

Idea	Your idea and reason
（1）*Teahouse* is one of the greatest works in Chinese literature.	
（2）Everyone should learn some Tang poems.	
（3）We should only read great works of literature.	

I agree /don't agree with...

I think...

9.Report ideas of your group to the whole class.

Most of us think... more than...

We think we learn more from... than from... [1]

---

[1] 陈琳，GREENALL S. 英语（新标准）初中三年级上册学生用书［M］. 北京：外语教学与研究出版社，2008：10-11.

2.教学目标

（1）知识与技能

①能正确使用 work，influence，as far as，not … any more，literature，millions of 等单词和词组；能理解单词 monthly 和 thinker。

②掌握一般现在时的被动语态的概念和用法。

③掌握表示同意和不同意的表达方式，如 I agree/I don't agree with…；掌握表达观点的表达方式，如 I/We think…。

④能正确朗读带有一般现在时被动语态的句子。

⑤能听懂谈论人物或介绍文学作品的对话。

⑥能运用本单元所学词汇、功能句及一般现在时的被动语态简单描述自己所喜欢的思想家、作家及其作品。

（2）过程与方法

在小组合作中促进学生相互学习、取长补短，实现策略共享。

（3）情感态度与价值观

①加深学生对中外著名作家、戏剧家及其文学作品的认识与了解。

②引导、教育学生多读书，养成阅读的习惯。[1]

3.教学过程

Step 1：接触

（1）教师出示本单元 Activity 1 中的三幅图片，之后向学生提出下列问题："Who are they？ What do you know about them？"

（2）教师指定学生回答。

（3）按照教材 Activity 1 中的相关要求,学生两人一组完成匹配练习。

（4）教师播放 Activity 2 的对话录音，学生订正上述练习的答案。

（5）教师再次播放录音，让学生根据录音内容将表格中的信息补充完整，其内容参考如下：

Name	Country	Achievement

[1] 陈琳，GREENALL S.英语（新标准）初中三年级上册学生用书［M］.北京：外语教学与研究出版社，2008：37.

（6）教师随机抽选几位学生汇报结果。汇报过程中，教师从学生所提供的信息中有针对性地选择与本课 Activity 3 相关的内容，并利用 Activity 1 中的词汇对其进行板书。如对孔子的描述和评价可以概括为 "Confucius was a great thinker in China. He is known for his wise thoughts. We are still influenced by his thoughts. He is respected by us."。

（7）教师对上述内容所包含的一般现在时被动语态的句子进行标注，待学生观察出它们的变化规律之后，再将与此相关的概念及用法进行解释与说明。

（8）教师播放 Activity 3 的对话录音。播放之前，教师先用幻灯片出示 Activity 4 的问题，让学生带着问题听录音。

（9）听完录音之后，学生逐个回答 Activity 4 中提出的问题。回答过程中，为了让他们理解 "I agree/I don't agree with…" 和 "I/We think…" 这两个功能句式的意义，教师要有意识地多邀请几个学生回答同一个问题，如果对方同意别人的观点，他可以说 "I agree with him/her."，如果不同意，他则需要说 "I don't agree with him/her. I think…"。

（10）学生两人一组分角色进行朗读，之后再就课文内容互相提问，教师则在教室里巡视。学生遇到不能解决的问题，教师要给予必要的帮助和指导。

Step 2：模仿练习

（1）完成 Activity 5 中的补全句子练习。该练习旨在让学生学会朗读并使用 Activity 1 中的词汇。操作过程中，先让学生单独在教材中书写词汇，之后再安排两人一组进行检查和朗读语句的练习。

（2）组织开展"连词组句"游戏。全班学生被分成 A、B、C、D 四个组，A 组负责句子的主语，B 组负责及物动词，C 组负责指定动作的执行者，D 组负责组合句子。前三组的成员把各自的内容写在一张白纸上，D 组成员则按照一般现在时被动语态的构成方式将句子串联起来。

（3）完成 Activity 7 的朗读训练。教师先指导学生个体按照课文所划分的意群朗读句子，接着再播放课文录音让学生集体跟读。

Step 3：自由表达

（1）按下列要求完成 Activity 6 的活动。将全班学生分成五个大组，每个大组负责一个话题。同一个话题的成员要做好任务分工：先由大家轮流发言，之后再选一人负责记录并汇报结果。发言时，教师要提示学生尽可能用到含有被动语态的句子，如"It's called.../It's written by.../His works are read by a lot of people ..."。

（2）组织学生就 Activity 8 中的观点分组进行辩论。辩论时，要求他们用所给的结构"I agree/I don't agree with..."和"I like..."来发表自己的见解。

（3）上述活动结束之后，按照 Activity 9 的要求，每组指定一人向全班汇报结果。

九、折中法

（一）理论概述

折中法（Eclectic Approach）是指通过综合各派各法的一些因素而成的教学方法。有人称之为"综合法"，有人称之为"妥协法"。

以上介绍的各类教学方法各有所长，各有所短，各有特点，各有其用。实际上，完美的教学方法是不存在的，也不存在最有效的教学方法，这已经成了外语教育工作者的共识。但是有没有一种方法能够兼容并蓄、优长互补呢？于是人们就想到了折中的方法，综合各家之长，为我所用。

折中法也是借鉴来的一种教法。周流溪介绍说，20 世纪 20 年代，英国的帕默（F. Palmer）、法国的潘洛什（A. Pinloche）以及德国的鲍曼（Baumann）和吉尔根（Gilgen）都采用折中法。

日本教学法家田岛穆认为，折中法有以下主要特点：一是取各家之长，不走极端；二是培养学生的听、说、读、写四种语言技能；三是根据具体情况灵活运用各种教学法。

田岛穆把折中法教学原则归纳为以下几条：一是听说领先，教学顺序是听、说、读、写；二是注重口头练习，从语音操练开始，进行听音、发音、掌握音标、看词读音等训练；三是语法讲求实用，讲解语法用归纳法，但不排斥演绎法；四是教课文一开始不排斥翻译，但随着教学过程的发展和学生外语程度的提高，要逐渐减少翻译，以培养学生直接用外语阅读和理解课文的能力；五是口头学过的语言材料要进行笔头练习。[1]

折中法有以下优点：一是结构功能相结合有利于学生全面掌握语言知识和技能；二是听说读写相结合有利于学生综合发展语言技能；三是教学法博采众长、为我所用、取长补短，教学效率高。

折中法有以下缺点：一是教法特点不明显，容易让初试者无从入手；二是教学强调面面俱到，不利于专门技能发展。

（二）教学程序

正如前面所述，折中法是一种融各种教学方法为一体的教学方法，因此不可能有一种固定的教学模式，在不同层次教学中侧重点也有所不同。从基础阶段到中级阶段再到高级阶段，侧重点应从培养语言能力向培养交际能力转移。

（三）课例举隅（本节课例设计由高秋舫提供）

1. 教学内容

本文选自人民教育出版社新版小学英语四年级下册 Unit 5 Lesson 25。[2]其内容如下：

（1）Just speak

Lisa：Mum，it's fine day today．Shall we have a picnic？

Mum：Yes．Why not？ Let's go and tell your Dad．

Lisa：Wow！ We have so many things for our picnic．

Dad：Yes，we have bread，sandwiches，chocolates，sausages，water，orange juice and apples．

Mum：What would you like，Lisa？

Lisa：I'd like some bread and sausages．

Mum：OK，here you are．

Lisa：Thank you，Mum．

---

[1] 周流溪．中国中学英语教育百科全书［M］．沈阳：东北大学出版社，1995：167-168．

[2] 郝建平，李静纯，DODDS C．义务教育课程标准实验教科书英语（新版）四年级下册［M］．北京：人民教育出版社，2003：56-57．

（2）Just read and write

picnic　　　　　　　sausage　　　　　　chocolate

（3）Let's paste

Let's have a picnic.

What would you like？

I'd like...

2. 教学目标

（1）能在课文对话情境图和语境的提示下认读 shall，why，tell，some 等词汇。

（2）能听、说、认读"picnic，sausage，chocolate"三个"三会"单词，能听、说、读、写"bread，juice"两个"四会"单词。

（3）能在周末活动的真实情景中运用"What would you like？ I'd like..."进行询问和回答。[1]

---

[1] 郝建平，李静纯，DODDS C. 义务教育课程标准实验教科书英语（新版）教师教学用书四年级下册［M］. 北京：人民教育出版社，2003：84.

3. 教学过程

Step 1 : 导入

（1）播放歌曲 *Days of the Week*，帮助学生快速进入学习状态。

（2）教师用英语发出一些指令，学生做出相应的动作。如"go roller skating""watch TV""go to bed"等。

（3）头脑风暴

①向学生提出下列问题。

May Day is coming. What will you do on that day ?

②将学生给出的答案依次写在黑板上。

Step 2 : 呈现

（1）学习新单词和短语

①学生以组为单位，分别猜测教师将在五一劳动节这一天会做什么。

②待猜测完毕之后，教师公布答案 : have a picnic。

③在教师的带领下学生朗读上述短语。

④以组为单位，学生继续猜测野餐那天教师将会携带哪些食物。

⑤用同样方法呈现其他新单词。

⑥用各种形式进行练习。

（2）学习新句型

①教师拿出一个包并告诉学生，里面有许多美味的食物，如果他们表现出色，将有机会获得一份美食作为奖励。

I have many things for you. Look ! I have...

②教师一一出示食物，用英语教学生表达，如 sausage、chocolate、sandwich 等。

③待学生熟悉这些单词的发音之后，教师对表现好的学生用"What would you like ?"进行询问。

④帮助学生用"I'd like..."这个句型进行问答练习。

⑤开展一个记忆游戏。先让学生听一个简短的对话，之后，根据对话内容，让学生快速说出每个人物想吃的食物。

（3）学习新对话

①在大屏幕上展示教师的野餐计划。例如 :"I will invite some

students for the picnic. The students will take some food, drink and fruit for the picnic. We will share the food, drink and fruit together."

②询问学生哪些人愿意和教师一同去野餐。

③向学生解释清楚，如果愿意和教师一起进行野餐，需在接下来的活动中完成下列任务：认真、仔细地倾听本课课文录音；准确地读出与本课对话相关的问题；积极地跟着录音进行朗读；针对教师提出的问题，用不少于两个单词的答案进行表述；按照上述顺序，依次完成各项任务。

Step 3：巩固

（1）跟教师朗读对话。

（2）分角色朗读对话。

（3）分组表演对话。

（4）根据对话内容，将信息补充完整。

Step 4：扩展

（1）学生以组为单位，针对所列情景创编一段新对话：如果你参与了野餐，想象一下各个人物之间将会说些什么。

（2）对能参与野餐活动的学生进行筛选和统计。

（3）完成活动手册中本课相对应的各种练习。

十、任务型教学模式

（一）理论概述

任务型教学法（Task-based Approach）或教学模式是在交际法基础上产生的一种教学法或模式。任务就是日常生活和工作中我们做的各种各样的事情，如打电话、就餐、购物、参加会议、填表、给孩子穿衣服等。语言教学课堂中的任务主要是那些接近或类似现实中各种真实事情的活动。学生在执行或完成这些任务的过程中接触语言、学习语言和使用语言。[1]

任务型教学模式有以下几个主要原则：一是交际为核心，意义为灵魂，强调通过语言交流来学习语言；二是强调接触真实语言的机会（exposure to "real language"），将语言运用于真实情境的机会（opportunities for

---

[1] 程晓堂.任务型语言教学［M］.北京：高等教育出版社，2004：2.

using language for real purposes），将真实的语言材料引入学习的环境以及把课内的语言学习和社会的语言活动结合起来；三是强调轻松学习和快乐学习，培养学生的自学能力、自我管理能力和主动探究精神；四是强调通过教师与学生互动和学生与学生互动来完成任务。

任务型教学模式有以下优点：一是重视任务驱动，学生学习动机强烈；二是重视真实交际，有利于掌握语言意义；三是重视语言情境，有利于培养反应能力；四是重视轻松学习，学生学得快乐高效；五是重视自主探究，有利于培养自学能力；六是重视合作互动，有利于提高教学效率。

任务型教学有以下缺点：一是不利于系统全面掌握语法知识；二是学生的读写技能培养容易被忽视。

（二）教学程序

任务型教学在英语课堂教学中分为：任务准备阶段（Pre-task），即输入阶段；任务实施阶段（While-task），即习得学习过程阶段；任务后期阶段（Post-task），即输出阶段。Willis 称之为"三段式教学法"：一是任务准备阶段（the Pre-task Stage），介绍教学主题并说明任务内容；二是任务执行阶段（the Task Cycle Stage），学生执行任务—计划报告内容—发表成果；三是语言加强阶段（the Language Focus Stage），进行语言结构分析与练习。[1]

（三）课例举隅（本课例设计由杨文清提供）

1. 教学内容

本课内容选自外语教学与研究出版社出版的高中英语必修五 Module 6 Animals in Danger[2]。

2. 教学目标

（1）鼓励学生学习更多关于濒危野生动物的知识。

（2）帮助学生掌握本模块的语言知识并鼓励他们多运用这些知识来提高英语口语表达能力。

（3）鼓励学生选取一个濒危物种并借助互联网等资源做调查，整合

---

［1］王淑仪.任务式教学法（下）——任务式教学法之活用［J］.敦煌电子杂志，2006（5）：29.

［2］陈琳，GREENALL S.英语（新标准）：第五册［M］.北京：外语教学与研究出版社，2008：57-60.

相关材料并设计一个介绍该物种的节目。

3.教学过程

（1）任务准备阶段（the Pre-task Stage）

①本次活动第一阶段是各小组由组长负责组织选出本组主题上报给教师。在教学中以小组的形式进行任务选择和分配，通过选取不同的濒危动物物种，激发学生思维，鼓励学生用英语组织语言，每组介绍一种濒危动物，从而提高学生的英语语言表达能力，培养学生合作学习的能力。

②把课堂活动延伸到课外活动，灵活运用本单元所学的语言知识，设计并制作一期关于濒危动物的电视节目。

（2）任务执行阶段（the Task Cycle Stage）

（由于完成本课任务需要各组在确定主题之后查阅大量的资料，有的组还需要借助电脑和电子白板制作幻灯片和视频，因此课下所需准备时间较长，任务的呈现方式也主要以电视节目为主，所以本课例分两个课时。）

第一课时

① Review

教师用电子白板呈现一些濒危动物的图片，让学生用英语来描述这些动物。这一步骤为学生提供一些任务中要使用的词语和句子，为之后的任务执行做铺垫。

② Lead-in

学生快速阅读上一节课的内容，并思考以下问题：Why are these animals endangered？ What should we do to protect them？ 这一环节的目的是通过快速阅读获取有关保护动物的信息，同时以问题形式引导学生直接进入任务的组织阶段。

③ Task：Design a TV program on Animals in Danger

教师让学生分组讨论本组选择的濒危物种的现状以及濒危的原因，并要求学生大胆设计电视节目。教师分别把各队挑选的主题写到黑板上，对各小组的选题和选用的节目形式及时做出评价并提出建议，说出自己的观点供学生参考。各个小组由组长分配任务，组员查找资料完成课题。这有利于培养学生解决问题和合作学习的能力。学生应运用本单元学过的语言和有关交际功能来设计自己的节目并表达自己的观点。该活动使学生完成了口头练习，确定了所选内容，明确了展示方法，为之后的任务设计和完成奠定了有利的基础。最后，教师检查各组完成情况，并做出相应指导。

第二课时

① Task show

本环节是任务成果展示阶段，学生以小组形式汇报任务成果。第一组的主题是"还北极熊一个冰雪世界"。一些可爱的北极熊的图片和北极熊在冰上随音乐起舞的视频立刻让大家对主题产生了浓厚的兴趣。接着，小组每个成员依次介绍北极熊的生活习性，目前全球气候变化，北极海冰逐渐消退的背景下北极熊这一物种所面临的生存危机。第二组选择的讨论主题是华南虎。他们通过专家访谈的形式展开话题，形式新颖，在让同学们学到了很多关于与华南虎有关的英语词汇的同时也引起了同学们对于一些社会现象的思考。第三组是麋鹿的专题介绍。他们以纪录片的形式汇报，大量的视频和资料加上一位男同学浑厚的英语配音，俨然是英语版的《动物世界》。第四组呈现的是由最具创意的张同学和英语文字功底很好的高同学自编自演的一段猎人和猴子对话的小短剧。在小短剧中猴子战胜了自恃聪明的想捕获猴子作宠物的猎人，诙谐易懂的语言和夸张的肢体动作让大家在欢笑之余明白了保护动物的重要性。

从这个典型的任务型教学课例的反馈来看，学生在此教学活动中积累了丰富的英语语言材料。学生普遍认为完成任务的过程激发了他们的英语学习兴趣，丰富了他们的英语知识，更获得了展示自己优点的机会。最后，学生呼吁大家要行动起来保护环境，保护动物。整个任务的准备、设计和展示过程在较为真实的英语语言环境中进行，锻炼了学生的口语和文字交流能力，学生能够将课文中学到的知识学以致用。

（3）语言加强阶段（the Language Focus Stage）

本环节采取学生互评和教师评价相结合的方式对学生的任务完成情况进行评价，总结出各组的优点和不足之处。

由于学生英语语言水平相当，学生在互评环节能对各组节目进行客观的评价。在互评过程中，多了一次发现问题和纠正问题的机会。学生能找出一些好的设计思路，能发现语言使用上比较明显的失误之处和典型的语法性错误。学生自己当了一回老师，自然很兴奋、很认真，印象也会更深。

教师评价主要从表扬学生在任务各个环节中的出色表现出发，总结出学生在任务展示环节用到的和动物保护相关的好的词汇和句式，带领大家反复练习、巩固，为语言学习积累材料。

十一、翻转课堂教学模式

（一）理论概述

在美国科罗拉多州落基山的一个山区学校——林地公园高中，教师们常常被一个问题所困扰：有些学生由于各种原因，将过多的时间花费在往返学校的巴士上，时常错过正常的学校活动，导致缺课过多而跟不上学习进度。

直到有一天，情况发生了变化。2007 年春天，学校的化学教师乔纳森·伯尔曼（Jon Bergmann）和亚伦·萨姆斯（Aaron Sams）开始使用软件录制 PPT 演示文稿并进行讲解。他们把结合实时讲解和 PPT 演示的视频上传到网络，以此帮助缺席的学生补课，而那时视频网站才刚刚开始起步。

更具开创性的是，两位教师逐渐以学生在家看视频听讲解为基础，节省出课堂时间来为在完成作业或做实验过程中有困难的学生提供帮助。不久，这些在线教学视频被更多的学生接受并广泛传播开来。"翻转课堂已经改变了我们的教学实践。我们再也不会在学生面前花费 30~60 分钟来讲解。我们可能永远不会回到传统的教学方式了。"这对搭档对此深有感触。逐渐有更多的教师开始利用在线视频对学生进行课外辅导，课堂时间则对学生进行协作学习和概念掌握的练习。

翻转课堂就是教师创建视频，学生在家中或课外观看视频中教师的讲解，然后再回到课堂上师生面对面交流并完成作业的一种教学形态。

翻转课堂教学模式（Flipped Class Model）有以下优点：一是小视频创设问题情境，学生听课带着问题来；二是学生课前预习，课上完成作业，能节省大量时间；三是教师学生角色翻转，学生主体作用发挥明显。

翻转课堂教学模式有以下缺点：一是制作视频需要教师课下花费一

定精力；二是学生看视频需要时间且难以有效控制；三是课堂翻转需要教师具备更为娴熟的课堂驾驭能力。

（二）教学程序

根据林地公园高中的经验，翻转课堂有以下的步骤：

1.创建教学视频。首先，教师应明确学生的学习目标，以及视频最终需要呈现的内容。其次，收集资料和创建视频，应考虑不同教师和班级的差异。最后，在制作过程中应考虑学生的想法，以适应不同学生的学习方法和习惯。[1]

2.组织课堂活动。教学内容已经在课外传递给学生，教师需要在课堂上进行质量更高的学习活动，让学生有机会在具体环境中应用其所学内容。学习活动包括学生创建内容，独立解决问题，探究式活动和基于项目的学习。

（三）课例举隅（本节课例设计由高秋舫提供）

1.教学内容

本课出自义务教育课程标准实验教学用书（外语教学与研究出版社）初中三年级下册 Module 10 Unit 2 I wish you success for the future。这是一篇毕业生晚会上的演讲稿，其内容如下：

Reading

1.Think about a speech at a school leavers' party, and answer the questions.There may be more than one answer.

（1）Who is likely to be thanked ?

（a）Family.　　　　（b）Schoolmates.

（c）Teachers.　　　　（d）Strangers.

（2）What is the speaker likely to say ?

（a）Thank you.　　　　（b）Good luck !

（c）I'm sorry.　　　　（d）Cheers !

（3）Which personal qualities are likely to be mentioned ?

（a）Good behaviour.　　　　（b）Bad temper.

（c）Patience.　　　　（d）Good fun.

---

[1] 翻转课堂翻转了什么 [EB/OL]. http://zhidao. baidu. com/link?url=fgp.

Now read the passage and check.

Head teacher, teachers, grandparents, parents and classmates, I'm very proud that I have been chosen to speak to you all today. I'm a bit nervous as I've never made a speech before to so many people, so please forgive me if it shows !

As we all know, this is the school leavers' party, and it's time to say goodbye to everyone. We're sorry to leave you at the end of our junior high school education, and we promise that we'll never forget the happy times we have spent in these buildings with you all.

I'd like to thank three groups of people for the three things I've learnt while I've been a pupil at our school. The three things are friendship, love and knowledge.

The first group is my friends, and what I've learnt is the importance of friendship. We've worked hard together, we've even shared some difficult times together, but we've also had a lot of fun. Many of us will go to new schools and we may not see each other so often in the future. Others will go on to senior high school and continue their close friendships. But friends don't have to see each other all the time. Sometimes the friends you treasure most are the friends you see less often. A life without old friends is like a day without sunshine. We'll always stay in touch.

The second group is our parents and grandparents. We thank you for the love you have shown us during our years at junior high school, for making a home where we feel both safe and relaxed, and where we can prepare ourselves for our schooldays. We also thank you for your help with our homework. How many of us owe our good grades to the suggestions you have made during those long evenings ?

And finally, the third group is our teachers. We can never pay you back for your kindness, your patience, and gift of knowledge which you have offered us. Sometimes you've been strict with us ; sometimes you've made us work very hard. But you have always been fair and you'll always be our role models. There's a saying from Ireland which is a favourite of mine : *Strangers are only friends you haven't met yet.*

I couldn't say it better myself. So from the bottom of my heart, I thank you all and wish you success for the future.

2.Answer the questions.

（1）"...so please forgive me if it shows ！" What does *it* refer to ?

（2）"A life without old friends is like a day without sunshine." So in other words, what are old friends like ?

（3）"How many of us owe our good grades to the suggestions you have made..." So do we know how many ?

（4）"We can never pay you back for your kindness, your patience..." So what should we do instead ?

（5）"I couldn't say it better myself." What does *it* mean ?

Now read the passage and check.

3.Find the sentences which show :

（1）the three things they have learnt

（2）the three groups of people they have learnt from

（3）what they have learnt from each group of people

4.Answer the questions about the style of the speech.There may be more than one possible answer.

（1）What's the purpose of the speech ?

（a）To thank people.

（b）To say sorry.

（c）To look forward to the future.

（d）To describe personal achievements.

（2）Which words can you use to describe the tone ?

careful   excited   humorous   moving   polite   proud

thankful   silly   troubled   warm   worried

（3）Which words and phrases do you often find in speeches ?

（a）I wish you success for the future.

（b）We'll always stay in touch.

（c）Sometimes you've been strict with us.

（d）We promise that we'll never forget...

Writing

5.Imagine you're going to give a speech at your school leavers' party.

· Start your speech by saying what your speech is going to be about.

Ladies and gentlemen, I'd like to thank you for...

· Say how you feel.

I feel a bit nervous as I've never given a speech before.

· Decide who you want to say thank you to.

There are many people who I'd like to thank.The first is/are...

· Decide what you want to thank him/her/them for.

He's/She's/They've always shown me great kindness...

· Think of examples of why you want to thank him/her/them.

One day, he/she/they helped do my homework...

· Think of a saying which you can use for a school leavers' party.

They say that your school days are the best days of your life.

· Finish your speech by giving best wishes for the future.

Thank you and good luck in the future.[1]

2.教学目标

（1）知识与技能

①能够正确使用这些单词和词组：forgive, treasure, stay in touch, owe, pay back, kindness, patience, gift, fair, model, role model。

②能够谈论自己的感受，发表感言，并介绍自己的未来计划，能够表达自己对他人的感激之情。

③能够读懂有关毕业生晚会上的发言，判断说话人的感受并转述主

[1] 陈琳，GREENALL S.英语（新标准）初中三年级下册学生用书［M］.北京：外语教学与研究出版社，2007：82-83.

要信息。

④能够完成分别聚会发言稿的写作，说出自己的感受，表达自己的谢意，畅想自己的未来。

（2）过程与方法

能够反思自己的学习，制订下一步的学习计划。

（3）情感态度与价值观

①能够表达对他人的谢意。

②了解不同国家的人在分别时的不同表现。[1]

3. 教学过程

Step 1：课前学习

（1）教师将自制的导学案发给学生。

（2）围绕本课课文，教师以微课的形式制作一段视频，其内容以翻译课文及讲解语言点为主。

（3）学生在家利用导学案进行自学。在自学过程中，如遇有不认识的单词，学生可在工具书的帮助下对它们的读音和汉译进行标注，之后再观看课文教学视频。

（4）在观看视频的过程中，学生根据教师的讲解在教材的相应位置或笔记本上做笔记。

（5）自学部分完成之后，如果学生还有不明白的问题，再把它们记录下来留待课上解决。

Step 2：课堂内化

（1）合作探究

为了检查学生在家自学的效果，教师安排以下几项练习：

①根据课文内容回答问题（Activity 2）。学生先进行充分的讨论，之后再由教师进行讲解。讨论可采用结对子或小组合作的形式进行。

②查找指定信息（Activity 3）。学生先单独阅读查找相关句子，然后两人一组讨论。

---

［1］ 陈琳，GREENALL S. 英语（新标准）初中三年级下册学生用书［M］. 北京：外语教学与研究出版社，2007：145-147.

（2）释疑拓展

①学生提出自学中的问题和困惑，教师一一记录。

②针对学生提出的全部问题，教师让学生借助小组合作或同伴互助的方式自行解决。对于解决不了的问题，教师再给出答案。

③对于学生未提及的问题，有必要的可由教师自己提出来让学生进行解答。同样，若学生解答不了，教师再给出正确答案。

（3）练习巩固

①完成教材 Activity 4 的练习。由于该练习的答案不是唯一的，所以最好采用小组合作的形式进行练习。为了真正了解学生的学习效果，教师在订正答案环节要求各个小组说出自己的理由。

②完成教材 Activity 5 的写作练习。具体步骤是先由学生单独完成写作练习，之后在小组内宣读自己的演讲稿。演讲完毕之后，每组选出最好的演讲者在班级内宣读其演讲稿，最后教师和全班学生发表感言。

（4）反思总结

①给学生布置任务，让他们以小组的形式就本课的学习内容进行汇总和小结。

②各组展示自己的汇总结果。

③根据结果，教师将各组的意见进行整合，形成一个全面的知识结构。

（5）达标检测

①学生完成 Workbook 中第 10 页的全部练习。

②当学生做完练习之后，教师集体订正答案。

③针对学生在练习中出现的问题，必要时教师需要反复进行强调。

第二节　国内经典的英语教学模式

多年来，中国的英语教师和研究工作者一直在探索适合中国国情的英语教学法，一直在努力构筑自己的高效教学模式。从早期引进和试用国外的英语教学法和教学模式到后来结合我国国情尝试创立并改进自己的英语教学法和教学模式，特别是近几十年，我国先后涌现出多种具有一定影响的英语教学法或模式。

一、辩证综合法

（一）理论概述

李庭芗建立的辩证综合法始于 20 世纪 60 年代的俄语教学法研究。外语教学中不可回避的因素有很多，如听说读写，语音、词汇和语法，教与学，知识与技能，本族语与外语等。孰重孰轻，外语教学界众说纷纭，莫衷一是，各有观点。我国外语教学界对此进行了独立探索。李庭芗等人在 1981 年 9 月明确提出"综合训练，阶段侧重"的观点，这一理念此后为外语教学界所普遍接受。[1]

"综合训练,阶段侧重"也被称为"四会并举,阶段侧重"，即对听、说、读、写综合进行训练，不厚此薄彼，口语领先，最后突出阅读。辩证综合法倡导的教学原则是交际性原则，阶段侧重原则，语音、语法、词汇综合教学原则，在外语教学里利用和控制使用本族语的原则以及以学生为中心的原则。1994 年李庭芗介绍了"综合训练，阶段侧重"教学法的具体模式，即教、学、用。主要内容有以下几个方面：

第一，教。教师每教一课，要当堂使学生理解所学课文（懂）；能朗读课文（会）;通过反复操练，能熟练运用课文、新单词和新语法点（熟）；再通过随后几课的学习和操练，能灵活运用所学的单词和语言点（用），进行听、说、读、写的交流活动。在懂、会、熟、用中，前一步的学习为后一步创造条件，后一步的学习又是前一步的提高。教的内容要由近

---

[1] 张正东.中国外语教学法理论与流派［M］.北京：科学出版社，2000：206.

及远，由简到繁，由改写材料到原文，并以课文为中心把语言三要素和四技能综合起来。教的方法要听、说、读先行，充分利用外部直观如身势和情境；力求用英语作为教学语言，以运用语内直观。教的活动要立足于让学生进行操练、实践，多进行小组练习。

第二，学。学是指学生的学习方法。听由听音会意开始，然后听音跟读，听问作答，听音书写。以听先行，把听与说、读、写结合起来。说要和朗读、听写、表演等活动相结合。读要在听说基础上培养朗读能力，进行背诵。要通过精读培养阅读技巧，如整句理解、猜测词义、评价内容、预习课文等。泛读要与精读相结合，力求读得多，读得快，读得独立（少依靠老师）。写要在口头练习的基础上进行，也就是经过口头练习后再进行有控制的笔头练习，同时要把书写与写作联系起来。此外，学习方法还包括复习方法。因为学生在课堂的学习和操练都属于强攻、强记，认得快，忘得也快，如果要不忘记或少忘记学到的知识，学生就得在遗忘之前复习或养成课后及时回想、定时诵读以及三三两两一起复习的习惯。

第三，用。从学生的角度来讲，有两种用：自觉运用和非自觉运用。自觉运用主要是指课堂上的操练。这时学生的注意力放在掌握所学的句子和句子里的单词、新习语和新语法点上，不是放在交流思想上。自觉运用向前发展可达到非自觉运用，即学生在生活中用英语或其他外语交谈、阅读与写作。这时，他们的注意力主要放在交谈的内容和了解对方表达的思想内容上。由自觉运用到非自觉运用是一个由不熟到熟，由操练语言形式到活用所学语言形式以交流思想，由量变到质变的过程，也可以说学生的用是熟能生巧的过程，是达到教学大纲要求的目的的过程。

教师在教学中运用外语是由非自觉运用到自觉运用。因为教师在教学中不能随心所欲地用外语教外语，而要自觉地限定自己选用学生学过的外语知识和技能去讲解语言材料，操练新授语言知识，既帮助学生掌握新授语言材料，又帮助他们复习已学知识和技能，提高其熟练程度，使学生每堂课都能"学新习旧"。[1]

---

[1] 李庭芗. 英语教学中的教、学、用 [J]. 中小学外语教学，1989（11）：1-3.

（二）教学程序

李庭芗在其主编的《英语教学法》一书第六章"英语课堂教学"中提出了英语课堂教学的基本环节：一是组织教学（以教学组织教学）；二是复习和检查；三是提出新材料或讲授新课（使学生感知和理解新材料，并初步运用新材料）；四是反复操练（目的是培养学生的英语语言能力和语言习惯，提高英语教学的质量。这是关键的一步）；五是布置家庭作业。在这五个步骤中，提出新材料是解决感知和理解的问题，初步运用是解决识记的问题，反复操练是解决复用和活用的问题。[1]

（三）课例举隅

阅读课示例

下面是 *The Trojan Horse* 的前三段，以这三段为例，说明阅读课的教学方法。

The Trojan Horse

About three thousand years ago, Greece was divided into a lot of city states. The rulers of these states were always fighting against each other or against a common enemy.

There was at that time a small state on the east side of the Aegean Sea, in what is now Turkey. It was called Troy, a very beautiful city with strong walls around it.

A Trojan prince named Paris went to one of the Greek states and visited its ruler, King Menelaus, who had a very beautiful wife named Helen. She was the most beautiful woman in the world. Paris fell in love with Helen. They two ran off to Troy when Menelaus was away on a journey.

1. 教学目标

学生能阅读 *The Trojan Horse* 的前三段，能分析各段的结构和长句，并能用自己的话叙述前三段的大意。

2. 教具

地图和图画。

---

[1] 李庭芗. 英语教学法［M］. 北京：高等教育出版社，1983：206-208.

3. 教学过程

（1）组织教学（1分钟）

本节课阅读 *The Trojan Horse* 的前三段，学习段落中的单词，做到能用自己的话叙述三段大意。

（2）复习检查（10分钟）

（略）

（3）进行阅读（18分钟）

①口述大意

Look at the map. This is <u>Greece</u>. This is <u>Turkey</u>. This is the <u>Aegean</u> Sea. The people of Greece are called <u>Greeks</u>. Many years ago, Greece was not like Greece today. Greece then was <u>divided</u> into many <u>states</u>. A state was a small country. Each state had a <u>ruler</u>, that is the <u>king</u> of the state. The son of the king was <u>prince</u>. In Turkey then there was a city state. The city was called Troy. The people of <u>Troy</u> were called <u>Trojans</u>. The king of Troy had a son, named Paris, the prince, was a very handsome young man. Once he visited a Greek state, the king of which was <u>Menelaus</u>. He had a very beautiful young wife, named <u>Helen</u>. Paris was well received in the Greek state. It happened that Paris and Helen fell in love. When Menelaus went on a journey, Paris ran off with Helen and went home. A war broke out between the Trojans and the Greeks. They fought for ten years. There lived at that time a blind poet, named <u>Homer</u>. He wrote two long poems about the war. *The Trojan Horse* or *the Wooden Horse* as it is known in China, is taken from <u>*Iliad*</u>, one of Homer's poems.

教师在叙述过程中要随手把画线单词写在黑板上。叙述完之后，教师可先领读黑板上的单词，再指着黑板上的单词把故事重述两遍，以加深印象。

②朗读课文（一次读一段）。

③讲解课文。

A. 分析各段内容

Ancient Greece : divided into small states, their rulers, fought against each other or a common enemy

Troy : on the east side of the Aegean Sea, a beautiful city with strong walls

The love affair : Paris's visit, Paris and Helen in love

B. 分析各段长句

a. The rulers of these states were always fighting against each other or against a common enemy.

Who were fighting ? The rulers of these states.

What were they doing ? Fighting.

Against whom ? Against each other or against a common enemy.

b. There was at that time a small state on the east side of the Aegean Sea, in what is now Turkey.

What was there ? A small state.

When ? At that time.

Where ? On the east side of the Aegean Sea.

Where was Troy ? In what is now Turkey.

c. A Trojan prince named Paris went to one of the Greek states and visited its ruler, King Menelaus, who had a beautiful wife, named Helen.

Who went to one of the Greek states ? A Trojan prince.

What was the name of the Trojan prince ? Paris.

Where did the Trojan prince go ? To one of the Greek states.

Whom did he visit ? Its ruler.

What was the name of the king ? Menelaus.

Who had a beautiful wife ? Menelaus.

What was the name of his wife ? Helen.

C. 提示下列动词的用法

be divided into, fight against, run off

（4）反复操练（12分钟）

①朗读课文。

②给各段加标题。

③就课文进行问答。

④用简易英语叙述课文大意：Greece about three thousand years ago，Troy，Love between Paris and Helen。

（5）布置家庭作业（2分钟）

①熟读前三段课文。

②写出前三段大意。

③以 named 作过去分词，造两个句子。

在教高中阅读课时，教师应注意以下五点：一是要求学生预习课文，理解课文，并初步掌握生词的意思和用法；二是在学生朗读课文后，引导学生通过上下文去确定词的意思，分析句子的结构，用简易英语说出句子的大意；三是在学生朗读每个自然段后，要引导学生找出该自然段的主题句或给该自然段加小标题，说出该自然段的简要内容；四是要求学生课上口述课文大意，课后写出各个自然段的内容；五是酌量使学生归集某一方面的词汇。[1]

二、十六字教学法

（一）理论概述

十六字教学法（Sixteen-character Teaching Approach），又称"张思中教学法"（Zhang Sizhong Teaching Method）。张思中十六字教学法源于部队教战士学文化的"祁建华速成识字法"和北京大学、清华大学所创的"循环记忆速成学习俄语集中识字法"。

十六字教学法可以用"适当集中，反复循环，阅读原著，因材施教"这十六个字来概括。"适当集中"是指集中教学，也就是集中内容、集中材料、集中时间、集中一切手段与方法。"反复循环"在教学中有两个层面：一是运用各种记忆法，二是运用多种循环方式。"阅读原著"是指教师指导学生阅读中外文对照的读物、外国中小学原版教科书和外国的书报杂志。"因材施教"是指要满足不同层次学生的不同要求，主要是考虑个体

---

［1］ 李庭芗. 英语教学法［M］. 北京：高等教育出版社，1983：222-226.

差距和群体差异的存在。

（二）教学程序

十六字教学法的教材处理模式：超前集中，语音、词汇集中教学，语法集中教学；课文教学，听说读写技能训练，词汇和语法随机集中与综合集中教学。课堂教学模式是：书面预习；课堂教学，采取一分钟进行两两对话或演讲，教师突出重点解难释疑，学生做口语或书面操练。[1]

在具体操作上，语音方面——国际音标对称排列法；词汇方面——重读音节发音相同归类集中识词与循环记忆；语法方面——超前集中、随机集中与综合集中三步走；篇章方面——背百篇、记千句、识万词；听说方面——两两对话分级训练；读写方面——阅读与翻译原著；课文方面——整体教学，有预习、朗读、理解、背诵、操练和复习等步骤。

三、英语"三位一体"教学法

（一）理论概述

英语"三位一体"教学法（The English "Three-In-One" Teaching Method）是指由马承教授发明的适合小学中、高年级和初中一年级使用的"字母、音素、音标"三位一体教学法和适合小学、初中、高中一体化教学使用的"词汇、语法、阅读"三位一体教学法。

1. "字母、音素、音标"三位一体教学法

"字母、音素、音标"三位一体教学法，也被称为"小三位一体"教学法。这种方法把字母、音素、音标的教学有机地结合起来。教师先教学生学会 26 个英文字母，在学生能熟读英文字母的基础上引出音素的教学内容，在教学生学习拼读单词时引出音标的教学内容，然后将音素与音标联系起来，其主要目的在于帮助学生解决发音和记忆单词的问题。教学原则是音不离词，词不离句，句不离文。

2. "词汇、语法、阅读"三位一体教学法

"词汇、语法、阅读"三位一体教学法，也被称为"大三位一体"教学法。它包括以下几个要点：一是要对词汇编码，提前记忆；二是语法提前略讲与随进度精讲相结合；三是阅读与词汇教学、语法教学同步进行。

---

[1] 周流溪. 中国中学英语教育百科全书［M］. 沈阳：东北大学出版社，1995：179.

英语"三位一体"教学法的教学原则是词汇集中记，语法集中学，阅读同步行。

（二）教学程序

在精读教学上，英语"三位一体"教学法提倡"三T教学模式"，即Text Retell（课文复述）、Reconstruction Task（语篇重建）、Team（or Group）Activity（小组活动）。不论是精读还是泛读，都要强调同步阅读，即用学过的词汇、语法、句型进行阅读。每个单元的阅读均放在"语音、词汇、语法、阅读"的整体系列之中，实行"词汇、语法、阅读"三位一体的教学模式，或实行"结构、会话、阅读"三位一体的教学模式。[1]

四、外语立体化教学法

（一）理论概述

外语立体化教学法（Three Dimensional Approach）是由西南师范大学（现西南大学）张正东教授创立和倡导的外语教学法。该教学法认为外语是学会的，习得的东西只起次要的作用。外语教学涉及的不仅是学生、目标语、环境、母语和目标语所属的文化，还受国家经济发展的影响。教师的作用是维系学生、目标语和环境之间的平衡。中等教育是为学生的将来打基础的，所以外语教学不应该过分采取实用主义的态度。

外语立体化教学法的教学原则可概括为24个字："自学为主，听读先行，精泛倒置，知集技循，整体多变，用中渐准。"在课堂上，该教学法强调学生要对自己的学习负责。听说领先，泛读多于精读，课堂时间多用来进行语言技能的培养，而语言知识只需简明扼要的讲解。语言实践总是在情境中进行的。教师采用一种自上而下的方法处理语言材料，以便学生从宏观的理解逐渐过渡到更详细的局部理解。教师通过循序渐进的实践来加强学生的语言知识并培养他们使用语言进行交际的能力。

从本质上讲，外语立体化教学法采取的是一种综合的外语教学观。该法的倡导者张正东教授说，外语立体化教学法源于李庭芗的关于外语教学法的辩证唯物主义的观点。在《英语教学法》一书中，李庭芗教授

---

[1] 马承，兰素珍. 马承：三位一体英语教学法［M］. 北京：首都师范大学出版社，2011：129-130.

提出五个原则，反映了他的辩证唯物主义外语教学观：一是英语教学里的交际性原则；二是阶段侧重原则；三是语音、语法、词汇综合教学原则；四是在外语教学里利用和控制使用本族语的原则；五是以学生为中心的原则。[1]

（二）教学程序

"外语立体化教学法的理论与实验研究"项目所创的教学模式可以被看作成套、成系列的教学方法，并可有层次大小之分，如阅读教学模式、课文教学模式等。在进行英语阅读或课文教学时，可按照"合—分—合""预习—阅读—讲练—讨论—小结""复—改—变—问"等教学程序来组织教学。[2]

五、整体教学法

（一）理论概述

整体教学法（Global Method）是在刘兆义老师和黄炳灵、金蒂老师提出的高中英语课文整体教学体系（Globe System of Teaching Senior English Text）基础上发展而来的。

整体教学法中"整体"的含义有以下几点：一是课文的内容是一个整体，强调信息的整体输入；二是课文句段中的语音、词汇、语法等是一个整体，是听、说、读、写的综合材料；三是英语教学过程也是一个整体，包括教、学、用三个方面。

整体教学法是以课文为基础而进行的自上而下的教学法，强调先要整体理解课文的意思，然后再去处理局部问题或细节。阅读既是手段也是目的。整体教学法的倡导人之一刘兆义认为，教法应反映学法，也就是说，教师不仅要研究如何教，还要让学生学会如何学。

（二）教学程序

"课文整体教学"的步骤是"整体—分散—再整体—运用"，这几个步骤逐步深入，环环相扣。具体来说，初中英语教学应按以下步骤进行：

［1］李庭芗.英语教学法［M］.北京：高等教育出版社，1983：27-54.

［2］舒白梅、陈佑林.外语教学法自学辅导［M］.北京：高等教育出版社，1999：226-227.

导入—理解—实践—总结—发展—应用—检测—巩固。高中英语教学则应遵循以下四个步骤：一是用问题来指导学生阅读课文，进行理解；二是从整体到局部地理解课文；三是学习语言结构；四是用语言知识表达意思。

整体教学的最终目的是培养学生独立自主地学习和使用语言。[1]

六、十字教学法

（一）理论概述

十字教学法（Ten-character Teaching Approach）是由章兼中所提出和倡导的一种英语教学法。十字教学法是指"情境、情意、结构、交际、策略"十字教学法体系，具体是指学生凭借特定的语言认知情境，怀着轻松愉快的情感和克服困难的意志，积极有效地进行功能对话，操练语言结构，点破并归纳语法规则，运用英语进行交际活动，同时采用适合自身的策略方法，进行自我监督和自我调节的学习进程。

"情境"是指人们在社会实践活动中的一切内部条件和外部条件的总和及其情境认知结构实体。语言交际情境既包括人物、事件、场景、时间、地点、上下文和社会文化条件，还包括在大脑中构成的一种情境认知结构实体。

"情意"有广义和狭义之分，广义的情意是指非智力因素。非智力因素是一个激励、推动、促进、发展积极有效学习的动力系统。英语教学中的情意是狭义概念，是指动机、兴趣、情感、意志、性格和良好的学习习惯等积极推动学生积极有效学习的动力系统。

"结构"是指英语语言知识结构系统，主要包括语言结构系统和语言规则系统。语言结构系统是指由语音、单词、句子、语段和语篇所构成的语言知识结构系统。语言规则系统则是指英语语法规则和转换生成语法规则。在语言交际过程中两者往往相互渗透、融通、整合呈现和使用。

"交际"是指交际性操练和交际性活动，具体是指交际双方或多方在创设的或真实的情境中运用英语交流信息、思想和情感的活动及其交际

---

［1］舒白梅，陈佑林.外语教学法自学辅导［M］.北京：高等教育出版社，1999：228.

过程，旨在发展学生运用英语进行交际的能力。交际能力是指在真实的情境中进行交际的能力。

"策略"主要指学习策略，具体是指学习者在学习过程中对学习目标、学习内容、学习过程以及自身与教师的特点进行分析后，有目的、有计划地采用的总的对策、措施和方法，以便更有效地达到学习目标。

（二）教学程序

十字教学法的产生与发展大致经历了视听说领先阶段、"情境、结构、规则、实践"教学法阶段、直接拼音教学法阶段和"情境、结构、规则、交际"教学法阶段，其目的在于探讨和建立一种积极有效的教学法体系。在教学程序的实施方面，该体系具有较强的兼容性和综合性，大致可理解为在英语教学过程中通过指导学生运用学习策略灵活而有效地落实"创设语言情境、激发学习动机、语言知识教学、语言能力训练"等活动。从章兼中所著《英语十字教学法》一书所提供的"语篇结构及其组织的案例"来看，英语阅读教学一般可分为 pre-class, lead-in, first-reading, second-reading, third-reading, critical thinking, assignments 等主要步骤，并可根据具体情况进行调整。[1]

（三）课例举隅（本课例设计由顾宏提供）

本课内容选自牛津高中英语模块三第三单元课文 *Lost Civilizations* 第一节课。具体内容如下：

Lost Civilizations

Day 1, 15 July

I feel lucky to have won a place on this trip. We are in Italy now, and tomorrow we are visiting Pompeii. Next week we are flying to China, and going to Loulan, which is known as China's Pompeii in the desert. Both Pompeii and Loulan became lost civilizations long ago.

Day 2, 16 July

This morning we attended a lecture about Pompeii. The city was founded in the 8th century BC. In 89 BC, the Romans took over Pompeii.

---

[1]章兼中.英语十字教学法［M］.福州：福建教育出版社，2016：1-8.

It then became a rich and busy city. Near the city was a volcano. On 24th August AD 79, the volcano erupted and lava, ash and rocks poured out of it onto the surrounding countryside. It continued to erupt for the next two days. Many people were buried alive, and so was the city. How unfortunate!

Day 3, 17 July

Today I saw the ancient Roman city of Pompeii as it was 2,000 years ago. How amazing! The city was forgotten for many years until the 18th century when a farmer discovered a stone with writing on it. People started to dig in the area for treasure, which caused much damage. Thus, in 1860, the area was put under government protection so it could be preserved and studied.

When I walked around the city, I saw streets just as they had been, with stepping stones along the road so you did not have to step in the mud on rainy days! I saw several houses which were decorated with wall paintings. I also saw the people who had been buried alive. It turns out that after the ash covered the people who failed to flee the city, their bodies nearly completely broke down and disappeared, leaving empty spaces in the ash. Years later researchers were able to use these empty spaces to produce true-to-life figures of the people who had died in the disaster. You can see them today in Pompeii, in the same places where the people fell. The volcano is still there, but looks very quiet now. It's hard to imagine how this peaceful volcano destroyed the whole city!

Day 10, 24 July

Finally, we arrived in Loulan after several days of travelling. This commercial city was busy and wealthy about 2,000 years ago. It was a stopping point on the famous Silk Road between the East and the West. It is believed to have been gradually covered over by sandstorms from AD 200 to AD 400. I am so excited to be here!

Day 11, 25 July

A scholar from the local cultural institute, Professor Zhang, told us that around the year 1900 the European explorer Sven Hedin discovered the ruins of the Loulan Kingdom. Sven found the remains of buildings buried beneath the sand, together with a lot of treasures, including coins, painted pots, materials such as silk, documents and wall paintings. When we went to the city, we saw the city walls, palaces, temples, workshops and towers. We found the ruins most interesting. There was an ancient water system that ran through the middle of the city. The desert was once a green land with huge trees, but they were cut down and that resulted in the city from being buried by sand—what a pity! [1]

1. 教学目标

（1）Students will learn some historical information about Pompeii and Loulan.

（2）Students will learn how to read diary entries.

（3）Students' awareness of protecting the lost civilization will be raised.

2. 教学过程

（1）Pre-class

Download the pictures about the civilizations throughout the world before class from the internet and show them to the students with music before the class begins.

在课前，学生在优美的音乐声中欣赏世界各地的文化遗址，如中国的莫高窟、意大利的比萨斜塔、希腊的雅典卫城等，给学生以感官的刺激，引起他们的兴趣，进入主题。

（2）Lead-in

T：Just now you were enjoying some pictures about the places of

---

[1] ALDRED D, KENT J C. 牛津高中英语（模块三·高一下学期）[M]. 南京：译林出版社，2010：42-43.

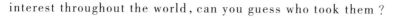

interest throughout the world, can you guess who took them?

S : The visitors.

T : I agree. Usually people would like to take pictures about the places they are visiting for memory. Besides pictures, they also like to write diary entries to record what they saw, the activities they did and their feelings. Today, we're going to read the diary by a student.

（3）First-reading

T : Please read the introduction part and answer the following questions :

Q1 : Who wrote the diary?

Q2 : What was the diary about?

Q3 : What do you expect Ann to write in her diary since the diary is about a culture tour?

学生带着三个问题阅读文章的导读部分，理解文章的主旨大意。对上述的三个问题，学生的回答依次为："Ann." "A cultural tour of places where there are lost civilizations." "Historical information about the two places." 在学生给出第二个问题的答案时，教师追问 "How do you understand lost civilizations?"，以帮助学生理解关键词。以上活动的意义在于使学生处于积极的准备状态，带着目的和愿望去读，充满信心地去读，变被动式阅读为主动式阅读。

（4）Second-reading

Step 1

T : Now let's read Ann's diary entries, which of course consist of dates and places. Please skim these diaries and find out how many days' diaries there are and list the dates and places.

学生通过 skimming 快速把握了作者文化之旅的日期和地点。教师告诉学生 "diary entries" 的定义，并告诉学生通常我们能在一篇日记中得知作者的旅游安排。

Step 2

T : Please read the first diary and think about the following questions :

Q1 : Loulan lies in the East while Pompeii lies in the West. These two places are far distant from each other, why does the writer keep diaries about Pompeii and Loulan ?

Q2 : How does Ann feel about this trip ?

Q3 : Why does she feel lucky ?

对于以上问题学生的回答为 : "Because both of them are lost civilizations." "She feels lucky." "Because she has won a place on this trip." 教师对学生的回答进行引导和强调，扫清学生理解上的障碍，从而帮助学生解读文本。

（5）Third-reading

Step 1

T : We' ve learned the two places are far distant from each other and the writer keeps these two places in her diary, there must be some similarities between the two places. Please read the second and the fourth diaries and find out the similarities between them. Also find whether there are some differences between the two places.

T : What are the similarities between the two cities ?

S1 : Both of them were rich and busy 2000 years ago.

S2 : Both of the two places were buried.

S3 : Both of the two places disappeared.

S4 : Both of the two places disappeared because of the natural disaster.

T : What are the differences between them according to the second and the fourth diaries ?

S1 : Pompeii disappeared because of the eruption of the volcano while Loulan disappeared because of the sandstorms.

S2 : Pompeii disappeared almost suddenly while Loulan disappeared gradually.

S3 : The people in the Pompeii died suddenly while the people in

Loulan had enough time to flee the city.

学生通过读前活动中的游记了解了一些具体信息，并且这两个地方有很多相似之处，教师可以让学生通过阅读第二则和第四则日记找出这两个地方的相似之处和不同之处。学生通过阅读、比较和归纳这两座城市的相似点和不同点，提升了阅读思维能力，了解到如何阅读游记，即游记可用以记录所参观地的历史信息。

Step 2

T：We have learned some historical information about the two places while we are comparing these two places. As you mentioned before，besides historical information，diary entries also contain the writer's feelings. Please read the third and the fifth diaries and find out the key words or sentences to show Ann's feelings while she was visiting the two cities.

教师试图通过让学生抓住作者在参观这两个地方的感受这条线，帮助学生理解课文，感受语言。

S：Ann felt amazing in Pompeii and sad in Loulan.

T：How do you know Ann felt sad in Loulan？

S：The writer uses "What a pity！"

T：Why did Ann feel "amazing"？ Read the third diary and find out.

S1：Pompeii was discovered by a farmer by chance，so it was amazing！

S2：Ann saw the streets as they had been，with stepping stones along road so people did not have to step in the mud on rainy days！ The people 2000 years ago were very smart to think of that idea. So it was amazing！

S3：Pompeii was destroyed by the volcano. Now the volcano is still here and peaceful. Nature is so powerful. It was amazing！

S4：The houses were decorated with wall paintings. The people 2000 years ago enjoyed a civilized life. So it was amazing！

T : I agree. The wall paintings were lost civilizations, too.

S5 : The people in Pompeii were buried alive. So we still can know their life 2000 years ago. It was amazing !

...

T : Why did Ann feel "What a pity !" ? Read the last diary and find out.

S1 : What we can find now in Loulan are ruins. It's sad.

S2 : Loulan was once a green land with huge trees. But now it's a desert. It's sad.

S3 : There was an ancient water system that ran through the middle of the city. But now we have lost the technology and can't analyze it. So it's sad.

S4 : The ruins like walls, palaces, temples, workshops and towers were interesting. Now we cannot see them as they had been. We could only see the ruins. It is sad.

...

(6) Critical thinking

T : We have read about what Ann saw and her feelings. What are your feelings now ? Why ? Please read through the whole passage and find out. You can use the information impressed you most in the diary entries.

S1 : I feel sad. Pompeii is lost because of the eruption of the volcano, which is beyond our power. However, Loulan is lost because of human being's activity. Loulan people cut down many trees and destroyed the environment. As a result, it was buried by the sand and lost. Otherwise, we would visit the fascinating place nowadays.

S2 : I agree with what my classmate said. But I feel lucky now. Because we can learn a lot from the disappearance of the two lost civilizations. For example, the human's activity contributed to the disappearance of Loulan. Loulan people cut down many trees and they didn't realize the importance of protecting the environment. Therefore, I believe we should start to take actions to protect the places of interest. Otherwise, we will have more lost civilizations.

学生将所阅读的内容与自己的知识、兴趣和观点相联系，批判性地接受作者通过文本向读者传递的信息。学生通过此活动，进一步理解、熟悉、记忆文本内容和语言知识，并进行语言实践，促进知识和技能的内化。教师通过学生的语言输出，对学生的阅读质量进行检测和评估，得到对自己教学效果的反馈。

（7）Assignments

① Read the passage three times.

② Write down your impression of Ann's diary.[1]

七、英语"五步"教学法

（一）理论概述

20 世纪 80 年代末 90 年代初，人民教育出版社与英国朗文出版公司根据中国英语教学实际联手编写了一套中学英语教材——《初中英语》《高中英语》。

中英合编教材之前的一段时间，我国采用人民教育出版社统编教材。这些教材基本上是以结构主义语言学为理论基础，优点是明显的，比如听说领先，重视句型，重视口语，阶段侧重等，然而缺点也很明显，比如忽视意念，忽视交际，忽视语境，忽视心理作用等。为了解决这一问题，张志公、唐钧、刘道义、魏国栋、龚亚夫、郝建平以及人民教育出版社外语室的同志们经过努力，先是引入听说法 / 结构法，后又在总结经验的基础上，引入结构功能法，并加以改造，形成了华式结构功能法。华式结构功能法与国外的结构功能法的不同之处在于它从中国外语教学的实际出发，继承了中国引入的不同外语教学法的经验，兼重语言结构与语言功能。

华氏结构功能法坚持学用尽可能地结合，从实际出发处理语言知识

---

[1] 章兼中.英语十字教学法［M］.福州：福建教育出版社，2016：163-168.

与语言能力的问题，从汉语与目的语的差异上解决形式与意念问题，并提出要有一定的词汇量、复现率、言语活动量、阅读量、学习负担量等。根据交际教学思想纯功能路子、结构功能路子、功能结构路子和题材范围路子，选择题材范围与结构功能路子相结合的交际教学观，不是简单地把题材范围与结构功能路子相结合，而是在继承我国使用翻译法和听说法的积极经验的基础上，构建了华式结构功能法。

英语"五步"教学法（The English Five-step Teaching Method）就是华氏结构功能法中的一种外语教学程式。华氏结构功能法倡导的教学原则有以下几点：一是教学要从易到难，从已知到未知；二是教学材料要循环进行介绍，以便复习、巩固和扩展所学的东西；三是在用中学，即鼓励学生主动地使用语言；四是教学材料要有趣，要符合学生的需要，以增强学生学习英语的动机。

为了将这些教学原则付诸教学实践，要求教师使用"五步"教学法，即复习（Revision），呈现（Presentation），操练（Drill），实践（Practice）和巩固（Consolidation）五个步骤。

华氏结构功能法诞生后，中小学启智性英语课堂教学模式也应运而生。中小学启智性英语课堂教学模式是人民教育出版社刘道义老师集五十年教学研究经验在"五步"教学法基础上创立的一种教学模式。该教学模式是"五步"教学法的进一步发展，有理论依据，有合理设计，有操作程序，有评价要求，符合现代英语教学目的论、过程论、方法论和模式论的要求。

刘道义提出，启智性课堂教学重视教学过程，在听说读的语境中介绍和呈现（Presentation）新的语言知识和信息，特别注意启发学生进行观察和发现。学生在用中学（Learning by Doing），学中用，学用结合。听说读写教学均有前、中、后三个活动步骤。前是指预备，中是指呈现与练习，后是指产出（Production）。启智性课堂重视以学生发展为目的的评价，教学反馈贯穿教学全过程，特别重视行为评价。通过自主评价、同伴评价和师生评价，充分肯定学生的进步（Progress），使他们享受成就感，并由此增强信心，产生新的动力。

启智性课堂教学模式有五个步骤，如图5-1所示。

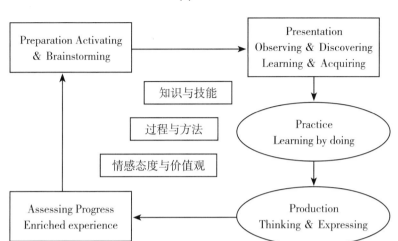

图5-1 启智性课堂教学模式

启智性课堂教学模式设计要求教学目标明确，尊重学生主体，启发激活思维，步骤有序合理，全体学生参与，互助合作探究，方法灵活有趣，评价激励发展。[1]

（二）教学程序

"五步"教学法既重视英语语言形式、结构和语法规则，又兼顾英语语言技能的训练。该教学法试图兼顾语言知识的学习和交际能力的培养，它不是简单地教学生一门语言，而是给学生提供大量的运用语言的机会，学生应该是为交际而学语言的。它所采用的不是某一种教学法，而是融合了听说法、认知法和交际法的有效方面。这个方法是折中的，但却是建立在合理的理论原则和有效的实践结果上的折中。[2]

表5-1 英语"五步"教学法的基本教学程序及教师角色

Steps（步骤）	Teacher's roles（教师的作用）
Step 1：Revision（复习）	Memory Reinforcer（记忆强化者）
Step 2：Presentation（呈现）	Demonstrator（示范者）

---

[1] 刘道义.启智性英语教学之研究［J］.课程·教材·教法，2015（1）：80-90.
[2] 舒白梅，陈佑林.外语教学法自学辅导［M］.北京：高等教育出版社，1999：225-226.

续表

Steps（步骤）	Teacher's roles（教师的作用）
Step 3：Drill（操练）	Organizer/Conductor（组织者/导演）
Step 4：Practice（实践）	Referee/Monitor/Supervisor（裁判/监控/指导）
Step 5：Consolidation（巩固）	Helper（帮助者）

（三）课例举隅（本课例设计由曹甘提供）

Teaching contents：人教版 *Senior English for China* 第一册（上）
Unit 2 Lesson 6 Reading

Look Carefully and Learn

My friend Paul will never forget his first chemistry teacher. He was a little man with thick glasses, but he had a strange way of making his classes lively and interesting. And his lessons were not easily forgotten.

Paul remembers one of the first lessons from this teacher. After the students were all in the chemistry lab, the teacher brought out three bottles. One was filled with petrol, one with castor oil, and one with vinegar. "Now watch carefully," said the teacher.

He then filled a cup with some of the petrol, some of the castor oil and some of the vinegar. As the students watched him quietly, he mixed the three together. After that, he held up one of his fingers and showed it to the class. He then dipped it into the cup. After a few seconds he took his finger out. "Now watch," he said. "Remember, you must do everything as I do."

He put a finger in his mouth, tasted it and smiled, looking rather pleased. Then he handed the cup around the class of students. Each student dipped a finger into the mixture and sucked it. Instead of smiling, each of them made a face. The mixture tasted terrible.

When the cup was at last returned to the teacher, he said sadly, "I'm sorry, none of you watched carefully enough. Yes I sucked a finger, but the finger I put into my mouth was not the one I had dipped into the cup."

It was Paul's first important lesson as a student of chemistry and he never forgot it. [1]

The Second Period : Reading

Teaching objectives : By the end of this lesson, students should be able to :

1.Master the following new words and phrases : taste, lively, oil, mix, mixture, dip, second (*n.*), suck, instead of, fill...with, sadly.

2.Find correct information in the text and improve their ability of reading.

3.Understand the important relationship between looking carefully and learning.

Teaching procedures :

Step 1 Revision

1.Brain-storm : Questions and Answers.

(1) What instructions must you obey when you use the science lab ?

(2) What can you often see in the chemistry lab ?

2.Collect the students' answers and help them to go over Lesson 5.

Step 2 Presentation

1.Show the pictures of this lesson on the screen. Ask the students to guess "Who are the old man and the two boys ？ What are they doing ？" Check the answers with the whole class.

2.Show the new words and phrases of this lesson on the screen, and then give the students a brief introduction.

Step 3 Drill

1.Play the tape for the students and ask them to read the new words

[1] JACQUES C, 刘道义. 全日制普通高级中学教科书（试验修订本·必修）英语第一册（上）[M].北京：人民教育出版社，2000：6.

and expressions of this lesson after the tape.

2.Work in pairs. Check the new words and expressions of this lesson orally.

3.Work in groups. Make sentences with the underlined words or phrases according to the examples given.

(1) Let me go instead of you.

(2) Please fill this glass with water.

(3) The mixture tasted terrible.

Step 4 Practice

1.Skimming for the general idea. Ask the students to read the pictures, the title and the story quickly and then get the general idea of this text.

2.Scanning for detailed information. Show the following questions on the screen. Ask the students to read the text quickly and find the correct information to answer the following questions.

(1) How did the students feel after they tasted the mixture?

(2) What did Paul's first chemistry teacher look like?

(3) What did the teacher do at the beginning of the lesson?

(4) What did the teacher do later on?

(5) What did the students do then?

Teacher helps the students to underline the correct information in the text and then check the answers with the whole class.

Step 5 Consolidation

1.Play the tape and let the students listen to the text. Then ask the students to finish Exercise 2 on page 63 (Fill in each blank with a proper word).

2.Check the answers of Exercise 2 and help the students to correct their mistakes, then deal with the language points of this lesson.

3.Homework: Finish Exercise 3 on page 63 (Fill in the blanks with the words in the box).

八、英语"双重活动"教学法

（一）理论概述

王才仁倡导双重活动法。他认为，英语教学的过程是非常复杂的系统过程。从语言活动的主体看，有教师和学生两个主体；从教学内容上看，有信息和情意两个层次；从语言教学对象上看，有物质性如语言的声音、形象，有观念性如语言的表层符号和深层意义；从信息输入的渠道看，有外界刺激和大脑的认知活动两个渠道；从输出的环境来看，有内在环境即心理环境和外部环境即对心理活动有着制约作用的家庭、学校、社会等外部存在及其活动；从教学的目的来看，英语教学有培养为交际而运用外语的能力和素质教育两个目的。基于此，王才仁提出外语教学应是活动的双主体、内容的双层次、语言教学对象的双重性、输入的双渠道、输出的双环境、教学的双目的，综合起来称为"双重活动"教学法，是一种辨证教学法。

（二）教学程序

王才仁的双重活动教学法具有可操作的五个步骤，即引入、启动、输入、加工、输出。广西师大实验中学双重活动教学法实验报告对五个步骤有详尽的介绍。转引主要内容如下，以资分析和研究。

第一步：引入。复习已学内容，将学生的已知信息有机地结合，进而引发动机以形成期待。"Daily talk"是常用的引入形式，一般为两人一组，教师不限定题材，学生可将课堂上所学内容与日常生活中的所见所闻相结合，自由发挥创作、表演、交流，以引发兴趣。教师进而消化教材，创设新情境，引入新教材。

第二步：启动，即呈现教学新内容。这是五步中的关键。教师引而不发，提供设问或关键词引导学生的思维活动，启动学生发挥想象和创造力，主动尝试。启动方式通常是设立情境、图画、电教媒体、对话、动作、表情、演示、实物等。以实物演示进行启动为例：教师在教名词性物主代词时先将几位学生桌上颜色、形状各异的笔一一收上来，然后故意将笔错还给学生，这时拿到别人笔的学生马上说道："This pen is not my pen. My pen is red. This pen is his pen."。此刻，教师立即板书"This pen is not my pen." "my pen=mine"，并引入"his、hers、ours、theirs"等，这样其他拿到别人笔的学生自然就会互相说道："This pen is not mine. It is yours. That pen is mine."可见，启动的关键是选好教学内容突破口，分步启动，逐一理解，循序渐进地逐步扩大深入，为学生整体接收新内容做好准备。

第三步：输入。指学生对课文内容信息的整体接收。最好用原版录音、录像进行输入。让学生带着问题有目的地听、看，教师只对必要的语言点进行讲解。要保证输入的密集、保真和有序。

第四步：加工。通过灵活多样的活动形式，帮助学生记忆语言规则，初步运用新内容。故句型的操练是本步的重点。例如：针对"May/Can I do？"这一句型，教师将画好图形的卡片发给学生，要求学生根据图片上的事物用该句型造句，并进行对话练习。帮助学生在掌握语言知识的过程中将其规则外化为语言行为，为真实交际打下坚实的基础。

第五步：输出。将新旧内容相结合，联系生活实际，开发学生的心理环境，创造条件让学生进行言语交流，实现准交际或争取真实交际。其关键是让学生说真话、做实事，在学生力所能及的范围内开展形式灵活多样的活动。可以采用编对话、游戏、归纳复述、讨论、小品等各种形式。以上海外语教育出版社 3L（look，listen，learn）教材第四册第107课 Fire-friend and enemy 为例，教师将全班分为五组，要求学生根据日常生活常识，在五分钟内讨论一种物质对人类既是朋友又是敌人的话题。然后，每组推选一人上台发言。全班同学都踊跃参与，有的谈 water，有的谈 electricity，有的谈 wind，有的谈 sun-lights，妙趣横生，其乐无穷。[1]

九、英语"四位一体"教学法

（一）理论概述

英语"四位一体"教学法（The English "Four-in-One" Teaching Approach）是由包天仁教授最先提出的适合中国国情的中学英语教学方法。其前身是英语"四位一体"复习教学方法。"四位一体"是指复习是由四个阶段构成的一个整体。"位"是指阶段，"四位"是指四个阶段，即阶段训练阶段、专项训练阶段、综合训练阶段和模拟训练阶段。

［1］张正东.中国外语教学法理论与流派［M］.北京：科学出版社，2000：275-277.

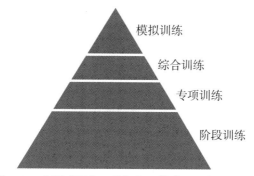

图 5-2 英语"四位一体"复习教学之"大四位一体"

包天仁教授在复习教学的基础上推出了英语"四位一体"课堂教学方法，也叫"4P"教学法。包天仁认为英语教学的所有课型都可以用英语"4P"教学法来进行。这里的"4P"是指 Preparation、Presentation、Practice 和 Production。这一理论框架可用下面的金字塔示意图（图 5-3）来表示。

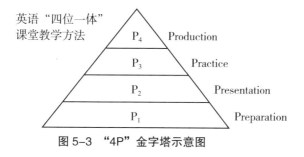

图 5-3 "4P"金字塔示意图

（二）教学程序

包天仁"四位一体"教学法如图 5-3 所示，包括如下程序。第一个 P 是 Preparation，即师生准备。第二个 P 是 Presentation，即呈现或授课。第三个 P 是 Practice，就是操练，或者叫实践。第四个 P 是 Production，就是 Output，输出，或者叫产出和使用，这一环节是课堂教学最后一个环节，也是最重要的环节。语言学习的目的是应用，但是课堂教学并不完全是应用，是一种模拟环境下的语言应用。英语"4P"教学法是循环式的、螺旋式的，是包含在课前、课中和课后过程中的。[1]

---

[1] 包天仁. 英语"四位一体"课堂教学方法在高中英语教学中的应用［J］. 基础教育外语教学研究，2012（4）：23-26.

（三）课例举隅（本课例设计由曹甘提供）

Teaching contents：外研版 *New Standard English* 高一 Book 1 Module 1 Reading and Vocabulary

My First Day at Senior High

My Name is Li Kang. I live in Shijiazhuang, a city not far from Beijing. It is the capital city of Hebei Province. Today is my first day at Senior High school and I'm writing down my thoughts about it.

My new school is very good and I can see why. The teachers are very enthusiastic and friendly and the classrooms are amazing. Every room has a computer with a special screen, almost as big as a cinema screen. The teachers write on the computer, and their words appear on the screen behind them. The screens also show photographs, text and information from websites. They're brilliant !

The English class is really interesting. The teacher is a very enthusiastic woman called Ms Shen. We're using a new textbook and Ms Shen's method of teaching is nothing like that of the teachers at my Junior High school. She thinks that reading comprehension is important, but we speak a lot in class, too. And we have fun. I don't think I will be bored in Ms Shen's class !

Today we introduced ourselves to each other. We did this in groups. Some students were embarrassed at first but everyone was very friendly and it was really nice. Ms Shen gave us instructions and then we worked by ourselves.

Ms Shen wants to help us improve our spelling and handwriting. We do this in a fun way, with spelling games and other activities. I like her attitude very much, and the behaviour of the other students shows that they like her, too.

There are sixty-five students in my class—more than my previous class in Junior High. Forty-nine of them are girls. In other words, there are three times as many girls as boys. They say that girls are usually more hard-working than boys, but in this class, everyone is hard-working. For our homework tonight, we have to write a description of the street where we live. I'm looking forward to doing it！[1]

The First Period : Reading and Vocabulary

Teaching objectives : By the end of this lesson, students should be able to :

1. Master the following new words and phrases : province, enthusiastic, amazing, information, instruction, method, bored, attitude, behavior, previous, in other words, look forward to.

2. Grasp the general idea of the text and improve their reading skills.

3. Understand the new teachers and adapt themselves to the new class.

Teaching procedures :

Step 1 Preparation

1. Ask the students to preview the new words and expressions of this lesson.

2. Prepare a self-introduction before class.

3. Ask the students to think about the differences between Junior High School and Senior High School.

Step 2 Presentation

1. Self-introduction

The teacher introduces himself/herself in English first. Ask the students to introduce themselves to their partners in groups, and then ask some volunteers to introduce themselves to the whole class in English.

2. New words and expressions

Show the new words and phrases of this lesson on the screen, and

---

[1] 陈琳，GREENALL S. 英语（新标准）：第一册 [M]．北京：外语教学与研究出版社，2008：2-3.

then explain them briefly.

3.Reading methods

The teacher explains two reading methods—skimming and scanning first and then emphasizes how to use skimming to get the general ideas and how to use scanning to find out the detailed information.

Step 3 Practice

1.Skimming

Ask the students to read the text quickly and choose the general idea of each paragraph. Show the following on the screen.

Main ideas	Paragraph
(1) I like Ms Shen.	_____
(2) Self-introduction.	_____
(3) Our activity in class.	_____
(4) Ms Shen's teaching method.	_____
(5) Feelings to teachers and their use of computers.	_____
(6) The numbers of students in my class and their homework.	_____

Five minutes later, check the answers and help the students to correct their mistakes.

2.Scanning

Ask the students to read the school diary quickly and find :

(1) Something about this school which is different from Li Kang's Junior High school.

(2) Two things that the English teacher thinks are important to do in class.

(3) Two things that the English teacher wants to improve.

Five minutes later, ask some volunteers to show their answers and help the students to correct their mistakes.

3.Class work

Play the tape for the students and let them listen to the text carefully, then finish Activities 4 and 6 on Page 3 and Page 4, and then check the answers.

Step 4 Production

Put the students into groups of three or four to discuss the following questions.

1. Is your English classroom like Li Kang's?

2. Is your class the same size as his? Is the number of boys and girls the same?

3. Are you looking forward to doing your English homework? Why?

At last, ask some volunteers to show their answers. Encourage the students to practice expressing their own ideas in English.

十、二十四字整体教学法

（一）理论概述

二十四字整体教学法（Twenty-four-character Global Teaching Method）是由刘振海于 1986 年针对我国外语教学中的分割式串讲法而创立的，它是对张思中十六字教学法的深化和发展。二十四字整体教学法可以用"超前集中，整体掌握，强化训练，习题精做，学一带四，课外阅读"这二十四个字概括。

"超前集中"主要是指始学阶段的语音（字母、音标）超前教学，随后各学年段的词汇和语法超前教学、超前阅读。"整体掌握"是指面向全体学生，将英语的四要素（语音、词汇、语法、句型）、五技能（听、说、读、写、译）与情境应用作为一个整体进行教、学、练、用。"强化训练"是指引导学生与教师一起归纳课文中出现的新词语或语法要点，着重将所学要点进行实际应用的口头训练和笔头训练。"习题精做"是指习题的精选、精练和精讲。"学一带四"是指与教材同步的限时阅读训练课，即在一节课内教师让学生自己完成四篇同步短文阅读训练。"课外阅读"是指将学过的词汇、句型和语法放在课外的大环境、大社会和大视野中去阅读、重现、体会和运用。

（二）教学程序

二十四字整体教学法通常是从学段、学期或单元英语教学考虑的，对于课时教学来说，需要加以灵活运用，不同的课型通常采用不同的教学程序。对话课一般包括"听、问、读、解疑、导背诵（导表演）、再创情景的模拟对话表演以及布置作业"几个步骤，课文课一般包括"听、问、读、解疑、导复述（导背诵）、再创情景的模拟对话表演、浓缩课文和布置作业"几个步骤。[1]

（三）课例举隅（本课例设计由曹甘提供）

Teaching contents：外研版 *New Standard English* 高二 Book 5 Module 2 Vocabulary and Reading

The Human Traffic Signal

1＿＿＿＿＿＿＿＿

At 3,500 meters, La Paz, in Bolivia, is the highest capital in the world. Life is hard at high altitude, and the mountains make communications difficult. Many roads are in bad condition and accidents are frequent. One road in particular, which goes north from La Paz, is considered the most dangerous road in the world. On one side the mountains rise steeply : on the other side there is a sheer drop, which in places is hundreds of metres deep. Although there is not a lot of traffic, on average, one vehicle comes off the road every two weeks. The drop is so great that anyone inside the vehicle is lucky to survive. In theory, the road can only be used by traffic going uphill from 8 in the morning, and by traffic coming downhill from 3 in the afternoon. But in practice, few drivers respect the rules.

2＿＿＿＿＿＿＿＿

But thanks to one man, the death toll has fallen. Timoteo Apaza is a gentle 46-year-old man who lives in a village near the most dangerous part of the road, known locally as *la curva del Diablo* (the Devil's

---

［1］张志远.英语课堂教学模式［M］.北京：中国物资出版社，2010：178-183.

Bend). Timoteo has an unusual job—he is a human traffic signal. Every morning he climbs up to the bend with a large circular board in his hand. The board is red on one side and green on the other. Timoteo stands on the bend and directs the traffic. When two vehicles approach from opposite directions they can't see each other, but they can see Timoteo. Timoteo is a volunteer. No one asked him to do the job, and no one pays him for it. Sometimes drivers give him a tip, so that he has just enough money to live on. But often they just pass by, taking the human traffic signal for granted.

3 _____

So why does he do it ? Before he volunteered to direct the traffic, Timoteo had had lots of jobs. He had been a miner and a soldier. Then one day while he was working as a lorry driver he had a close encounter with death. He was driving a lorry load of bananas when he came off the road at a bend and fell three hundred metres down the mountain. Somehow he survived. He was in hospital for months. Then, a few years later, he was called out in the night to help pull people out of a bus which had crashed at *la curva del diablo*. This last experience had a profound effect on Timoteo. He realised that he was lucky to be alive himself, and felt that it was his mission in life to help others. And so every morning, week in, week out, from dawn to dusk, Timoteo takes up his place on the bend and directs the traffic. [1]

The First Period : Vocabulary and Reading

Teaching objectives : By the end of this lesson, students should be able to :

1.Master the following words and expressions : accountant, miner, volunteer, offer, signal, sheer, respect, direct, encounter, mission,

---

［1］　陈琳，GREENALL S. 英语（新标准）：第五册［M］. 北京：外语教学与研究出版社，2008：12-13.

in particular, on average, in theory, in practice, take...for granted, take up.

2.Improve their ability of reading by comprehensive reading and answering relevant questions.

3.Fully understand the importance of servicing the society.

Teaching procedures

Step 1 Listening

Play the tape for the students. Listen to the words and expressions of this lesson and then deal with Activity 1 (Match the words in the box with their meanings). Check the answers and help the students correct their mistakes.

Step 2 Ask and Answer

1.Work in pairs. Finish Activity 2 (Look at the picture and answer the questions).

(1) Where is the man standing ?

(2) What is he holding ?

(3) Can the bus driver see the lorry ?

(4) Can the lorry driver see the bus ?

2.Ask some volunteers to show their answers to the whole class and help them to correct their mistakes.

Step 3 Reading

1.Skimming : Look at the picture, read the title and the first or last sentence of each paragraph to grasp the general ideas. Deal with Activity 3 (Read the passage and match the headings with the paragraphs).

2.Scanning : Read fast with specific questions to find detailed information. Deal with Activity 4 (Choose the correct answers).

3.Check the answers and explain how to use skimming and scanning to deal with reading tasks.

Step 4 Explanation

1.Show the following sentences and phrases on the screen. These sentences or phrases may be difficult for the students to understand.

（1）a sheer drop

（2）…on average one vehicle comes off the road every two weeks.

（3）But thanks to one man, the death toll has fallen.

（4）But often they just pass by, taking the human traffic signal for granted.

（5）He had a close encounter with death.

2.First ask students to guess the meaning of the sentences using the context. Then explain them to the students.

（1）"A sheer drop" means "a steep slope of a mountain".

（2）According to the average, the accidents often happen, about two weeks a time.

（3）Because Timoteo Apaza directs the traffic every day, the accidents don't happen so often. He saved a lot of people's lives.

（4）Most of the drivers just drive their cars away from him, as if they didn't take notice of him, or they think they have nothing to do with him.

（5）An accident almost killed him.

Step 5 Retelling

Ask the students to read through the text again and retell it in their own words according to the heading of each paragraph.

Step 6 Acting

Work in groups of four. Suppose one is Timoteo and the others are drivers, show how the human traffic signal works.

Step 7 Summary

Summarize the text in no more than 10 sentences.

Step 8 Homework

1.Read the text carefully again and finish Activity 5 on page 14.

2.Get students to introduce the human traffic signal to their friends in English.

第三节 其他有影响的高效教学模式

我国曾经或正在使用的中小学英语教学法或教学模式中有对引进的教学法的改良改造，也有我国众多理论工作者和实际工作者的探索创造。除了以上介绍的一些教学法和模式外，本节简要介绍一些其他具有代表性的教学法或模式。

一、二步教学法

二步教学法由浙江省萧山中学董慧铭老师设计并进行实验。该教学法主要是为了克服外语教学中"舍本求末"的弊端而倡导的整体教学方法。该方法共分为两个步骤。第一步，阅读理解教学，由三个程序构成：一是翻译—分段并总结段落大意—归纳中心思想—分析写作特点；二是主题词—情节（或例子）—表述主题及情节的词汇、句型等—分层次总结大意—归纳中心思想；三是问答—复述—中心思想。第二步，语言知识教学，包括确定语言知识点，将语言知识点渗透到情景中，学生的操练三个部分。从第一步课文阅读理解入手，然后过渡到语言知识教学，实际上是从内容和篇章结构入手，然后过渡到语言规则的学习，这有利于学生综合语言能力和分析语言能力的培养。[1]

二、三步教学法

三步教学法是河南许昌高中孟庆荣老师实验并总结的一种课文整体教学程序。该教学法的操作分三步进行。第一步，预习。先介绍课文中心思想，然后听单词录音和课文录音。第二步，讲解。先讲练课文的语言点，然后掌握课文内容。第三步，复习。复习环节有自学答疑，复述课文，听写，作业。作业内容包括课上作业、课后作业，以及教师选编的语音、词汇、语法练习，巩固课文内容的练习和阅读理解练习等。[2]

---

［1］冯克诚，西尔枭．实用课堂教学模式与方法改革全书［M］．北京：中央编译出版社，1994：547-549.

［2］同［1］593-595.

三、四步教学法

四步教学法是由哈尔滨市第六中学韦明老师探索并总结出的一种按"讲、练、查、补"四步来组织课堂教学的方法，韦明老师称其为"中学英语四步程序法教学法"。第一步，讲。讲是教学的中心环节。在学生百思不得其解之时，在疑难问题的关键之处，教师给予少、精、活、透的讲解是必不可少的教学环节。讲课是教学中主要的教学形式，对不同班级要采取不同的教法。第二步，练。练是掌握知识、提高能力的途径，又是巩固知识、检查课堂效果的重要一环。外语课就是听、说、读、写的实践课，学生必须经历多次反复的实际训练。第三步，查。查就是对所讲知识的验收，是教育对象接受力的反馈。在整个教学完成后，教师用不同的方式检查学生还未掌握哪些知识，还需要补充和提高哪些方面，学生还存在哪些问题，从而达到为学生查漏补缺的目的。第四步，补。补是四步程序教学法中落实教学效果的最后的阶段，是对学生已学知识的缺漏之处给予充实、完善和提高。补得越及时、越彻底越好。[1]

四、六步教学法

岳阳市教研室郝乐心老师创建了"初中英语六步循序教学法"。该教学法分为诊断导向、整体感知、明确要点、循序操练、效果检测、布置作业六个步骤。

第一步，诊断导向。具体做法如下：一是通过查、问、测了解学生对前一堂课的掌握程度；二是根据反馈信息弥补过去教学中或学习中的弱点；三是对旧教材进行复习和巩固；四是检查学生的预习情况。第二步，整体感知。包括创设情境、变式重复和感受印证，采取课文、对话—句子—单词—单音整体感知模式。第三步，明确要点。具体做法是先将课文或对话的句型、惯用短语和关键词用彩色粉笔板书出来并做简要的提示，然后分辨相似的新旧知识点，最后巧用英汉对比攻克难点。第四步，循序操练。操练的具体形式灵活多样，归结起来有双向替换式、一线穿珠式和模拟交际式三种方式。第五步，效果推测。首先，教师用黑板或幻灯片出示题目或试卷，学生在五分钟左右的时间内做完。接着，学生根据参考答案交换批改。对于批改结果，四人一组进行讨论，弄清出错的原因。教师则巡视、询问，以了解情况。最后，教师统计正误情况，对于普遍性的问题当即予以矫正。第六步，布置作业。教师根据教学目标和教学情况布置作业。布置的家庭作业既有复习性的，也有预习性的。[1]

五、情境教学法

情境教学法是天津陈自鹏老师创建的教学法。他提出创设英语语言情境和进入语言情境是学好外语的有效途径。

他指出，英语教学中设境的方式有两种：一是他设情境，二是自设情境。他设情境是指自然的外语情境，比如用英语直接与外宾交谈，听以英语为母语的人讲英语等。这种情境对英语学习较为有利，但对于大多数英语学习者来说却不那么容易实现。他设情境受客观条件的限制较多。自设情境则是非自然的外语情境，是英语学习者为学好英语而自我创造的一种情境。自设情境方便宜行、灵活实用，不受时空和客观条件的限制。自设情境的具体方法很多，比如人机对话法、模拟练习法、实物联想法和主动思维法等。

指导学生进入语言情境分为三个阶段：一是强迫入境阶段，二是自觉入境阶段，三是自然入境阶段。强迫入境也被称为"意识入境"，是语言学习的初始阶段，要求学生做到：聚精会神，专心致志；正确练习，保证质量。自觉入境阶段要在第一阶段机械练习的基础上加强活用练习，要求学生做到：激发兴趣，保持动力；巩固基础，提高能力。自然入境是指经过了强迫入境阶段和自觉入境阶段后自如地、不知不觉地进入到语言情境之中，这是教学要达到的最高境界。在此阶段应让学生做到：防微杜渐，克服随意；参照分析，长善救失。[2]

---

［1］郝乐心.初中英语六步循序教学的尝试［J］.湖南教育研究，1992（3）：32-34.

［2］陈自鹏.谈英语学习中的语境与入境［J］.天津教育，1995（4）：44-46.

六、启发式教学法

湖南零陵师专唐继南老师总结出启发式教学方法，包括直观启发、讨论启发、对比启发、提问启发和练习启发。

直观启发就是广泛利用实物、图画、动作等直观手段来吸引学生的注意力，激发学生学习英语的兴趣和积极性，并促使学生用英语和客观实物直接联系，增强运用语言连贯表达思想的能力。

讨论启发就是教师在课堂上成为活动的一员，鼓励全体学生（包括教师本人）相互之间开拓交流渠道，从而适当调节学生大脑的兴奋性，使学生有时间、有机会展开积极的思维活动，在交际中增强言语表达能力。同时，通过讨论启发，教师可从中得到教学效果的反馈。

对比启发是现代各种外语教学法都引用的基本方法之一。所谓对比启发，就是教师在课堂上尽力启发学生去找出英语中的音与音、词与词、句与句以及英汉两种语言之间的关系和联系，使学生形成接近联想或对比联想，建立起英语概念体系，培养学生的观察、分析和归纳能力，并使学生从大量陌生的语言材料中找出多种联系，加深理解和巩固记忆。

提问启发就是在课堂上通过提问的形式，让学生用英语问答，达到反复多听多说的目的。这里的提问不只是教师提问，更主要的是训练学生多提问。

练习启发是指在课堂上每讲完一个内容，都要让学生在识记（通过机械练习）的基础上再进行复用练习和活用练习，把当堂所学的语音、词汇、句型、语法等知识加以巩固，并能用来描述自己的生活实际，表达自己的思想、感情和见解。常用的练习方式有背诵、默写、答问、提问、造句、多种答案选择、听力理解、看图说话、复述、听写、英汉互译等形式。[1]

七、"点、线、面、体"教学法

上海十七中学王韶琴老师创立了"点、线、面、体"教学法。她认为，学习外语可以有不同的途径：一是直接模仿或直接与所代表的事物相联系；二是利用已知的外语来解释或比较；三是利用已知的本族语来解释、

---

[1] 冯克诚、西尔枭. 实用课堂教学模式与方法改革全书 [M]. 北京：中央编译出版社，1994：517-519.

对比、翻译。

联系教学实际，王老师把这一教学过程概括为"点、线、面、体"教学法。其中"点"是指单词、语音教学；"线"是指词组、句型教学；"面"则是指课文整体教学；"体"是指运用语言能力的教学。

她提出，点、线、面、体逐步扩展，共同构成完整的教学模式。

八、SEFC课文教学五说法

天津俞声弟、湛立为解决阅读中的问题提出了 SEFC（*Senior English for China*）课文教学五说法教学模式。五说法把阅读课文分为概说、变说、补说、评说、推断说五步，以期训练学生达到 reading for information，fun，pleasure，knowledge，imagination，evaluation 的目的。

概说（General Description）是指学生在通读课文后或在预习课文的基础上，认真领会文章中心思想（Main Idea）或主要内容，用三五句话加以概括。变说（Paraphrase）是指用两个词或短语来说明另一个词语的意义。补说（Making-up）是指在特定语言环境中扩展联想，进而由学生对原文进行补充性讲说。评说（Discussing and Commentation）要求学生加深对文章中心思想的理解、鉴赏并挖掘课文的真正思想。推断说（Inference）用以培养学生用英语进行推断性讲述，也是训练学生用所学语言进行联想和创造以提高语言水平的过程。[1]

九、"三皮"英语教学法

据芮学国介绍，"三皮"教学法理念是其20多年一线英语教学的实践总结，操作方便，是新课程背景下有效的教学模式。具体操作方式包括八个环节、三大方面和六件装备。

"第一皮"——"厚着脸皮"。鼓励学生努力克服心理障碍，通过各种方式（"八个环节"）大胆进行语言实践，以发挥心理优势，激发学习兴趣，培养文化意识和积累情感体验。"八个环节"的内容：一是引导学生学会发展"陪练"，创造"小环境"；二是鼓励学生"从错误中学习"，认清正

---

[1] 冯克诚，西尔枭. 实用课堂教学模式与方法改革全书［M］. 北京：中央编译出版社，1994：555-556.

确与流利的关系；三是从口语入手，打开学生开心学英语的真正"缺口"（口语突破）；四是激励学生大胆体验，积极参与课堂语言教学实践活动（发言、表演、板书、提问、注意力转换和感官体验）；五是引导学生多提问，及时解决学习上的疑难困惑；六是引导学生学会合作，善于向他人学习（合作学习）；七是鼓励学生积极参加各种英语活动和竞赛（English Day，English Talent Show 等），追求更高目标；八是利用网络和智能手机等信息技术资源（博客、电话热线等），构筑对学生立体化的教育模式。

针对英语作为语言的学习特点，提出"第二皮"——"磨破嘴皮"。引导学生重视平时的口语交际、模仿、朗读、背诵并注意探索有效的方法（"三大方面"），"从嘴突破"，以寻找最佳突破口、培养语感。"三大方面"的内容：一是重视语音，引导学生多模仿标准录音；二是培养语感，强化学生朗读和背诵；三是因人而异，探索朗读和背诵方法。

为了培养学生良好的英语学习习惯和形成有效的学习策略以积累语言知识和培养语言技能，提出"第三皮"——"硬着头皮"和"六件装备"。"六件装备"的内容：一是坚持阅读一份英文读物，培养良好阅读习惯（内容、目的和方法要注意）；二是以一部语言复读机为主，拓展一切听力渠道（精听和泛听相结合）；三是通过一本便笺不断积累，克服母语干扰，提高写作和翻译能力（写作翻译积累）；四是适时翻阅语法参考书（语法资料），弄清语言规则；五是根据自身需要，学会勤翻词典（了解构词、用法和句型）；六是随时随地利用好一本词汇手册，通过各种方法记单词（科学记忆方法，因人而异）。

这"三皮"环环相扣，相辅相成，缺一不可。[1]

十、JEFC对话课的教学模式

党永升、刘纪萍等老师创立了 JEFC（*Junior English for China*）对话课的教学模式。对话课（Read and Act）既能激发学生学习英语的兴趣，又能体现英语运用的实践性。JEFC 教学重视对话课，旨在使学生通过大量得体的对话实践，获得英语基础知识和技能，发展运用英语的能力。

1.直观导入。精心设计好新课的导入是保证课堂教学成功的重要条

［1］芮学国. 三皮教学法［EB/OL］. http://blog. sina. com. cn/ruixueguo.

件。教师要以新旧知识的内在联系为纽带，灵活采用多种形式，如唱歌、做游戏、画简笔画、运用实物（或挂图、卡片）等，以集中学生的注意，激发他们的学习兴趣。导入这一环节用时要短，一般控制在 5~8 分钟。

2. 精讲点拨。教师画图引出词汇，板书简明扼要地呈现词义和用法。

3. 分层导练。教师要充分发挥指导作用，调动学生的学习积极性，做到导与练有机结合。根据练习的性质和作用，可将它分成机械性操练、有意义性练习和准交际性练习三个层次。此环节所用时间要占最大比重。

4. 转化问答。教师让学生根据所学内容自由对答。转化问答有两种：一是学生根据实际情况，用五个 Wh- 问句对答（教师可给出部分学过的短语）；二是对五个 Wh- 问句做替换变式，让学生到讲台前做"信息差"游戏。

5. 书写巩固。教师启发学生归纳对话中的重点和难点，然后让学生做书面练习加以巩固。

JEFC 对话课模式的特点在于口笔兼顾，讲练结合，导入兼有揭示全课的提纲作用。[1]

十一、阅读课中的词汇教学模式

浙江省瑞安市瑞安中学金敏子老师阅读课中的词汇教学模式将阅读课第一课时的词汇教学目标确定为读前感知（词汇）、读中理解（词汇）和读后运用（词汇）三部分，并设计了如图 5-4 的教学模式：

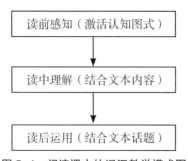

图 5-4 阅读课中的词汇教学模式图

在教学实例与反思中，有四个方面的分析。基本环节和活动如下：

---

［1］张正东，黄泰铨.英语教学法双语课程［M］.北京：科学出版社，1999：68-72.

1. 教材分析。

2. 语言知识目标分析。

3. 语言技能目标分析。

4. 词汇教学片段分析。

（1）读前预热，浅尝感知。

①导入。

②头脑风暴，以旧带新。

（2）读中穿插，深化理解。

（3）读后活动，内化运用。

①活动一（对话操练）。

②活动二（讨论与巩固）。

③活动三（思考与讨论）。[1]

十二、"观察—发现—讨论—归纳—巩固—应用"语法教学模式

江苏省常州市丽华中学张金初老师创立了"观察—发现—讨论—归纳—巩固—应用"语法教学模式。该模式由六个环节组成，每个环节都有自身的作用。六个教学环节及其作用介绍如下：第一个环节，观察环节——变换情景，突显语法；第二个环节，发现环节——聚焦特征，诱思规律；第三个环节，讨论环节——交流意见，发现规律；第四个环节，归纳环节——总结观点，归纳规律；第五个环节，巩固环节——梯度操练，初步应用；第六个环节，应用环节——创设情境，实际应用。[2]

十三、黄远振和兰春寿初中英语深层阅读教学模式

福建师范大学外国语学院黄远振和兰春寿老师提出的"读、思、言"深层阅读教学模式结构要素体现了阅读教学的三大环节。

---

[1] 金敏子.阅读课中的词汇教学模式初探［J］.中小学外语教学（中学篇），2011（5）：23-27.

[2] 张金初."观察—发现—讨论—归纳—巩固—应用"语法教学模式初探［J］.中小学外语教学，2010（6）：18-22.

读，即阅读，包含导读、默读和朗读三种方式。导读是读前指导，旨在激活学生头脑中关于课文的背景性知识，在学生明确了阅读任务和要求后开始阅读。默读是无声阅读，学生应当静静地、持续地读完全文，在独立阅读中输入语言信息，理解课文大意。朗读是口语化阅读，是在理解课文意思的基础上，让学生流利、准确地朗诵作品，声情并茂地感受语言。

思，即思考，包括思索、探究和交流三个层面。思索是个体与文本之间的互动，如在读中发现课文的新词语，理解篇章结构和段落大意等。探究是读中发现问题、分析问题和解答问题的过程，学生需要运用各种思维技能获取新信息，证实自己的判断或猜测。

言，即表达，包含说和写两种语言表达技能。说或写是思维活动的产品，也是评价思维成果是否达成预期目标的环节。通过搭档活动或小组活动，让学生与同伴交换意见或分享观点，教师给予必要的评价和反馈。[1]

十四、"三案六环节"教学模式

"三案六环节"教学模式是连云港市教研室新浦区教育局教研室易立老师创立的。"三案"是指教案（教学设计）、学案和巩固案；"六环节"是指自学质疑、交流展示、互动探究、精讲点拨、矫正反馈和迁移应用。基本要求有以下几点：（1）在自学质疑环节，教师要指导学生围绕学习目标阅读相关学习素材，并进行自主学习，尝试知识建构，基本解决学案中的学习问题，提出疑难问题。（2）在交流展示环节，学生要交流和解决学案中的学习问题，展现和讨论思维过程和解题方法。在此环节中，教师要善于组织互动交流活动，促使学生积极思维。（3）在互动探究环节，教师要选择具有探究价值的问题，组织学生进行互动和探究；要为学生的互动和探究活动提供材料和方法指导；要注意面向全体学生，注重因材施教和分层指导，营造民主、平等、和谐的课堂教学氛围。（4）在精讲点拨环节，教师要针对教学重点和教学难点进行点拨；要注重剖析知

---

［1］ 黄远振，兰春寿. 初中英语深层阅读教学模式研究［J］. 中小学外语教学，2015（2）：11-15.

识要点，分析知识点之间的内在联系，突出解决问题的思维方法和过程，注重培养学生运用所学知识的能力。（5）在矫正反馈环节，教师要从学生中收集反馈信息，让学生完成相应的习题，并进行针对性的矫正教学。（6）在迁移应用环节，学生要及时巩固学习效果，拓展思维，形成相关技能，培养举一反三的能力。[1]

除以上 14 种教学模式外，还有以阅读为主导的教学模式、以听说为主导的教学模式等，见表 5-2。

表5-2　其他课堂教学模式[2]

特征	模式名称及作者
"阅读主导"的教学模式	"拼读入门，阅读主导"教学模式（杜培俸、苏纪容；唐健乐、陈永科）
	"语篇微型情景"教学模式（朱崇军）
	"导、读、练"阅读教学模式（王中文、肖曼池）
	"课文教学与书面表达二合一"教学模式（陈静波）
	"阅读整体教学五阶段"教学模式（张献臣）
	"读写结合、循序训练、自学自得"教学模式（陈茂锐）
	"导练式阅读"教学模式（骆东风）
	"课文整体教学四步法"教学模式（申开来、卢盛莽）
	"课文教学读、讲、译、练四步"教学模式（张洪贵）
"听说主导"的教学模式	"字母、音素、音标"三位一体教学模式（刘笃军）
	"听说训练引路，优先发展听说能力"立体化教学模式（曾葡初等）
	"视听导学、整体训练"教学模式（徐世平）
	"录音伴学"教学模式（潘洪沛）
综合性教学模式	"综合分析五步"教学模式（章洪华）
	"归纳—综合循环"启发式复习法（詹士维）
	"复习、归纳、练习、小结"四环节复习法（孙吉钊）

[1] 易立."三案六环节"教学模式的实践［J］.中小学外语教学，2010（7）：39-44.
[2] 程可拉，邓妍妍，晋学军.中学英语新课程教学论［M］.广州：广东高等教育出版社，2007:140.

自改革开放以来，特别是新课改以来，我国理论工作者和一线教师创造的英语课堂教学模式不胜枚举，用一两本书的篇幅专文介绍恐怕也会挂一漏万。如上介绍和研究，可以给我们提供一个找寻和借鉴的途径，相信以后的研究和实践会进一步深化。

另外，需要提出的是，不论是国外教学模式，还是国内教学模式，不论是传统教学模式，还是现代教学模式，它们都是在某种或某几种理论指导之下为了达到某一个教学目的应一时之需建立起来的。这些模式可能在某些知识或技能的传授和培养方面有效或者高效，但是并不存在一种万能的放之四海而皆准的高效教学模式。在日常的英语教学中，究竟哪种教学模式更为有效，应该根据教学目的、教学内容、教学任务、教学环境和教学对象来确定。这是我们广大英语教师需要高度注意的。

第六章 规律论

英语教学涉及两个方面的规律：语言规律和语言教学规律。要实现高效教学，我们需要认真研究、遵循、运用好英语语言规律和英语语言教学规律。

第一节　英语语言规律

什么是规律呢？一般认为，规律是指事物发展变化过程中的本质的联系和必然的趋势。语言规律则是指语言发展变化过程中的本质的联系和必然的趋势。

我们知道，世界上有数千种语言，这些语言分别属于不同的语系（即有共同历史来源的一组语言）。现有的语系有多种，如印欧语系、汉藏语系、马来-波利尼西亚语系、阿尔泰语系、亚非语系、尼日尔-科尔多凡语系等。语系之下又根据各语言间关系的远近分为语族或语支。有资料指出，英语属印欧语系中的日耳曼语支。日耳曼语支由西日耳曼语、北日耳曼语和东日耳曼语组成。其中，西日耳曼语包括低地德语和高地德语，高地德语发展为现代德语和依地语，低地德语则发展为低地德国语、荷兰语、弗里斯兰语和英语。[1]

属于印欧语系的英语是一种拼音文字，长期以来有不少专家对其语言学和语用学特点进行研究。语言规律比较复杂，我们从八个方面对语言规律尤其是英语语言规律进行分析，以期对实现英语高效教学有所助益。

一、层级组合规律

层级组合是指语言本身是由一个个不同的层级组成，强调的是语言的结构性。比如我们平时阅读的英语片断是由一个个句子组合而成，句子又是由一个个短语组合而成，短语则是由单词组合而成，而单词则是由音素组合而成。

研究发现，英语任何层次级别上的搭配组合都有规律可循。大体上看，组合方式有以下三种：

第一，结构组合。结构组合是一种形式组合。组合方式如下：

---

[1] CANNON G. A history of the English language [M]. New York: Harcourt Brace Jovanovich, Inc., 1972: 42.

1. 英语片段。它由简单句、并列句或复合句组合而成。

（1）简单句。它包括五种基本句型：

①主语＋link *v.* ＋表语　例如：I am an engineer.

②主语＋*vi.*　例如：He escaped at last.

③主语＋*vt.* ＋宾语　例如：She met her former English teacher there.

④主语＋*vt.* ＋间宾＋直宾　例如：My father gave me a mobile phone.

⑤主语＋*vt.* ＋宾语＋宾补　例如：The story made me happy.

（2）并列句是以"简单句1 + 并列连词（如 and、but 等）+ 简单句2"为主要组合方式。如：I don't know Japanese and English is Greek to me.

（3）复合句包括主语从句、宾语从句、定语从句、状语从句、表语从句和同位语从句。 如：（1）What he said at the meeting frightened the audience.（2）He told me what happened at the meeting.（3）The speaker who spoke at the meeting is an honest man.（4）Because he knew the fact, he told us the truth at the meeting.（5）His story is what I want to learn about.（6）The audience learned about the fact that the speaker used to be a policeman.

2. 句子。它由名词短语、动词短语、介词短语、副词短语、形容词短语、现在分词短语、过去分词短语、不定式短语和动名词短语等组合而成。

3. 短语。它由名词、动词、副词、形容词、介词、分词、不定式、动名词和感叹词等组合而成。

4. 词。它由不同音素和字母组合而成。

第二，约定组合。约定组合是一种固定组合，是语言在长期发展过程中的一种约定俗成。

1. 常用习语。如：set aside、set off、set down 等。

2. 固定句型

（1）There be 句型。

There are 365 days in a year.

（2）强调句型，"It is（was）＋被强调部分＋that（who）＋其他成分"。

It was Mr. Smith who murdered that millionaire.

（3）倒装句型。

No sooner had he sat down than the meeting began.

Hardly had he sat down when the meeting began.

Scarcely had he sat down when the meeting began.

第三，关系组合。关系组合更多的是一种语法意义组合，比如性、数、格的应用。

1. 性。

如：The actor has spoken out his mind.

2. 数。

如：The police are after the thief.

3. 格。

如：She fixed her eyes on him.

三种组合涉及阴性、阳性，单数、复数，主格、宾格、所有格等，多数情况下相互包含，需要逐一认识，全面把握。

二、聚合交际规律

英语具有结构性，即语言形式的一面，但语言不仅仅是一种形式的存在，它还具有功能性，即社会性的一面。我们知道语言本身具有结构和功能、自然属性和社会属性两个方面。对于此，语言学家们争论不休，他们的争论为我们的教学和研究提供了启示。

刘润清教授介绍说，英国语言学家韩礼德曾说过，世界上的语言学不是什么结构主义和生成语法的对立。更根本的分歧是：有些人的取向基本上是研究组合关系（Syntagmatic Relation）的，即研究语言形式，其渊源追溯到逻辑和哲学；另一些人的取向基本上是研究聚合关系（Paradigmatic Relation）的，即研究语言功能，其渊源可追溯到修辞和人种学。形式派把语言解释为遗传结构，不同结构里呈现有规律的关系，所以才引进结构转换的概念。他们强调语言的普遍特征，语法堪称语言的基础（故称语法是任意的），语法围绕句子而展开。功能派把语言解释为一个关系网，其结构是为了实现这些关系而存在的。他们强调语言之间的变异，把语义看作语言的基础（故称语法是自然的），语法围绕着篇章或语篇展开。[1]

组合关系与聚合关系各有旨趣，语言归根到底还是一种聚合关系，语言学习和语言教学应该重视语法结构教学，但在教学中更应该对语义、语用和交际给予关注。

语言的聚合交际规律强调的是语言的功能，交际是语言学习的起点和归宿。我们在教学中就应该注意语言的社会功能，把英语当作活的、有用的语言来学习，做中学，学中做，真正高效率地学到地道的语言。

三、逻辑判定规律

传统逻辑的创始人亚里士多德认为我们判断的主词和宾词的联系就反映了事物之间的客观关系，我们语言教学中所说的逻辑就是这种逻辑。英语的语言逻辑性很强，因此，学习使用该语言时需要判定逻辑关系，或者简单地说，需要判定主谓关系或者动宾关系，这是语言教与学过程中一个比较大的难点。要运用好这一规律，在教学中需要做好两件事情：

一是掌握主动和被动语态。英语的语态有主动和被动之分，采用主动语态还是被动语态完全取决于主语和谓语动词的逻辑关系。一般说来，主谓关系用主动，动宾关系则用被动。如：

（1）He told me how to operate the machine.（主动）

（2）He was told how to operate the machine.（被动）

二是掌握非谓语动词与其相关成分的逻辑关系。非谓语动词包括动词不定式、动名词和分词，而及物动词的非谓语动词多数又都有主动形式和被动形式。

表6-1　非谓语动词的主动形式和被动式（以speak为例）

相应形式非谓语动词	主动形式	被动形式
动词不定式	to speak	to be spoken

[1]刘润清.西方语言学流派［M］.北京：外语教学与研究出版社，2013：317.

续表

相应形式非谓语动词		主动形式	被动形式
动词不定式		to be speaking	/
		to have spoken	to have been spoken
		to have been speaking	/
动名词		speaking	being spoken
		having spoken	having been spoken
分词	现在分词	speaking	being spoken
		having spoken	having been spoken
	过去分词	/	spoken

采用主动形式还是被动形式，这要取决于该非谓语动词与其相关成分的逻辑关系。请比较下面三组句子：

（1）They seemed to have completed the task.

（2）The task seemed to have been completed.

（1）Would you mind my closing the window?

（2）Would you mind the window being closed?

（1）He entered the classroom, following some teachers.

（2）He entered the classroom, followed by some teachers.

理清主谓动宾关系、施动施受关系是教学的难点，也是重点。有经验的教师会集中精力讲清、讲透、讲明其中的关系，强调注意事项并指导学生通过练习和比较来巩固这些知识。

四、例外任意规律

任何规律都有例外，这本身也是一条规律。英语虽然是一种逻辑比较严密的语言，但语音、词汇和语法方面都有例外任意的现象，我们在教学中应当十分注意。

首先，英语的发音一般是比较规则的，但也有很多例外的情况应引起注意。比如 have、says、said 等。

其次，词汇拼写中的不规则问题我们也需要注意。英语词汇由于历史的原因有很多不规则的或者不符合规律的拼写方式，如 far—further—furthest，bad—worse—worst，woman—women，sheep—sheep 等。

最后，词法、句法上的个例等应予以特别关注。如英语中有个别词可以用主动语态形式表示被动语态意思，这些词的用法需个别记忆。比如：

（1）The magazine sells well.

（2）The cloth washes well.

（3）Cakes cut easily.

例外任意规律是一条重要的规律。教学中，英语教师对例外案例要格外强调。学生要牢牢记住这些例外案例以更准确地掌握目标语言。认识英语的这些例外有着特殊的意义：一是可以帮助我们发现并持续关注这些个别语言现象，二是可以帮助我们采取特殊的方法实施记忆以不断改进教学方法和效果。

五、时间印记规律

时间性是英语的突出特点。任何一个英文句子都要有时间印记，不做时间分析，就难以正确表达。教学中可以从以下几方面入手：

第一，学会确定时间基点和过程状态。对于任何一个句子都要从两个方面进行考察：一是时间基点，主要有现在、过去、将来和过去将来；二是过程状态，主要有一般、进行、完成和完成进行。"时间基点＋过程状态"就是时态。比如"他现在正在树下读一本叫《西行漫记》的书"，"现在"为句子的时间基点，"正在读"为过程状态，所以用"现在进行时态"来表达：He is reading a book named *Red Star Over China* under a tree.

第二，掌握各种时态表示方法。英语的时态有 16 种，这些时态中的绝大部分在听、说、读、写、译中是常用的，我们应熟练掌握。

表6-2　英语16种时态（以do为例）

时间基点 ＼ 过程状态	一般	进行	完成	完成进行
现在	do/does	is/am/are doing	have/has done	have/has been doing
过去	did	was/were doing	had done	had been doing
将来	shall/will do	shall/will be doing	shall/will have done	shall/will have been doing
过去将来	should/would do	should/would be doing	should/would have done	should/would have been doing

第三，综合分析，全面考虑。有时一个篇章中可能只有一个时间基点，也可能有两个甚至更多的时间基点，处理起来就复杂一些。如下文：

In or Out?

Our dog, Rex, used to sit outside our front gate and bark. Every time he wanted to come into the garden, he would bark until someone opened the gate. As the neighbors complained of the noise, my husband spent weeks training him to open the gate by himself. Rex soon did well in opening the gate. However, when I was going out shopping last week, I noticed him in the garden near the gate. This time he was barking so that someone would let him out. Since then it has had another bad habit. As soon as he opens the gate from the outside, he will come into the garden and wait until someone lets him out. After this he immediately lets himself in and begins barking again. Yesterday my husband removed the gate and Rex seemed to be unhappy, for it couldn't play the "game" again.

这篇幽默小文描述了 our dog 的"过去习惯""现在习惯"和"昨天趣事"，对于这样的篇章就需要综合分析，全面考虑。

掌握时间印记规律，有助于师生在听、说、读、写等语言实践中掌握"时间"概念，这也是教学中的一个关键点。抓住了这个关键点，熟练正确地运用各种时态，英语学习才会有效率，有效果。

六、时空位移规律

有专家指出，人类语言具有位移性（Displacement），我们可以用语言指称或谈论远离当时当地的东西，谈论过去或将来，谈论千里以外的事情。如"二十年前我开始英语教学""明年我要移居新西兰""大西洋深处发生八级地震"，这是语言时空位移性的具体体现。

语言的位移性特点使得我们用语言描述、记述、论述成为一种必然。以时间和地点为转移，是语言位移性规律的生动写照，也是语言口头表述和书面表述的重要方式之一。在教学中，我们要特别注意时间和地点的准确性。如在写作教学中我们就要特别掌握时间和地点的表述方法。我们可以用时间展开法和空间描述法指导学生写作。

时间展开法是指在英语段落或文章写作过程中以时间为顺序展开描述。这类写作法最大的优点是脉络清晰，文意一目了然，说明文、记叙文等一般可采用这种写作法。

时间展开法以时间为序展开描述，常用的方法至少有以下三种：一是以时态为标志，叙述不同时间完成的事情；二是以具体的时间为标志，描述不同时间发生的事件；三是以某些介词短语或副词，如 at first、later、then、after that、at last、in the end、in the morning、at noon、in the afternoon、in the evening、in 1999 等作为句与句之间的过渡，描述不同时间先后发生的动作。

现以 1998 年天津市高考英语试题为例予以说明：

5 月 3 日，你参观了一个农场。请根据下列图画用英语写一篇日记。

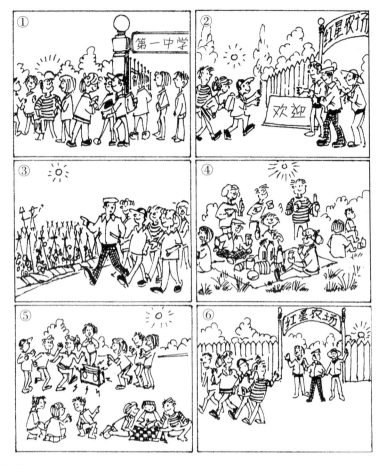

注意：

1. 日记必须包括所有图画的内容，可以适当增减细节，使日记连贯；

2. 词数 100 左右。

这是一篇记叙体日记，可采用时间展开法进行写作，我们在文中可用 early in the morning、then、at noon、after that 等。参考范文如下：

Today we visited a farm. Early in the morning we met at the school gate and went there together. The farm workers gave us a warm welcome. Then the head of the farm showed us around. How glad we were to see the crops and vegetables growing very well！At noon we had a picnic lunch in the sunshine. After a short rest, we had great fun singing and dancing, telling jokes or stories. Two of us even played a game of chess. The time passed quickly. Before we knew it, we had to say goodbye to the workers.

空间描述法也是较为常见的一种写作方法。空间描述法大致适用于以下两种情况:一是表方向,二是表方位。前者多用表示动作的词或短语,一般是动态描述;后者多用表示存在的词或短语,一般是静态描述。

表示方向的词或短语有很多,如 walk straight, turn left, turn right, turn back, go straight for 3 blocks, go westward/eastward/northward/southward, go in, come out, go there, come here, go back, come back, go over, go across, go through, go from...to 等。

表示方位的词或短语更多,如 be located in, lie in, to the east/west/north/south/southwest of, in the east/west/north/south/southwest of, to our left, to our right, in front of, in the front of, at the back of, on one side of, on the other side of, before, behind, in, under, below, around, near, above, by 等。

现以 1995 年全国普通高等学校招生统一考试英语书面表达题为例予以说明:

假定你是李华。你和几个朋友约定星期天在人民公园野餐(to have a picnic)。你们的英国朋友 Peter 也应邀参加。请你根据下面的示意图,给他写封短信,告诉他进公园后如何找到你们。

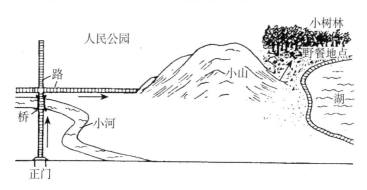

注意:

1. 词数 80~100。

2. 开头语已为你写好。

June lst，1995

Dear Peter,

We're so glad you're coming to join us on Sunday. Here is how you can find us.

这是一个表示方向或有方位性描述的说明文，可采用空间描述法写作。文中可用的词或短语有 in，by，cross，walk straight，walk round，turn right，come to 等。参考范文如下：

June 1st，1995

Dear Peter,

We are so glad you are coming to join us on Sunday. Here is how you can find us. We'll have our picnic in the People's Park. You know where that is, don't you？ After you enter the park by the main gate, walk straight on till you come to a stream. Cross the stream and turn right. After walking for a while, you'll come to a hill. Walk round to the other side of the hill. There you'll see a lake. We'll have our picnic here in the small woods by the lake. I'm sure you'll have no trouble finding us. Do come！

Li Hua

掌握时空位移规律让我们有话可说，有事可写，表述过程中总有一条线索可循，一条路径可取。因此，时空位移规律在语言学习中应该受到重视。

七、文化遗传规律

刘润清教授指出人类语言具有文化遗传性（Cultural Transmission）。他认为动物的呼叫系统基本上是与生俱来的，如世界上的狗有极为相似的叫声，世界上的猫叫声也基本相同。但人类就不一样，正常儿童都能自然学会语言，但学哪种语言则因文化环境而异。父母是中国人的儿童生长在伦敦，自然而然地就学会英语。英国儿童在中国幼儿园长大，大多也能学会汉语。这证明人类儿童都有学会自然语言的能力，但是具体学什么语言是文化环境决定的。[1]

不仅学习什么语言是由文化环境决定的，学习语言的形式也是如此。比如有的民族只有口头语言，那学习者学到的只是口头语言。

另外，语言学习的效率、效果也是由语言文化环境所决定的。有一个好的语言文化环境，学习者学习的效率就高，学习的效果也好，其中有方法的因素，也有学习材料的因素。吴阶平就曾讲过一个例子，说中华人民共和国成立以前他曾遇到一个外国人，那人说话的方式有些特别，仔细一问，发现原来他是从《水浒传》上学的汉语。[2]可见，学习语言不仅要从书本上学，还要从生活中学；不仅要学习规范的语言，更要了解和学习非规范的语言；不仅要了解语言的传统用法，还要了解语言的现代表述方式。

语言的文化遗传规律证明语言可以传承，这就是为什么英语一直在发展、丰富、繁荣的原因。语言的传承使得语言在一定时期保持语音、词汇和语法的稳定，使得教与学成为可能。语言的文化遗传性也充分表明语言可以习得，语言文化环境对于语言习得起着重要的作用。为此，在语言教学过程中，教师应该努力创设语言文化环境，浓厚语言文化氛围，增加语言习得因素，以提高学习效率，改进学习效果。

八、创新创造规律

英语与其他语言一样，具有创生性，这就使得语言具备了创新、创造的可能，语言的创新、创造增加了语言的丰富性和趣味性，这样我们才有语言文学和语言艺术。语言的创新创造规律也使得语言教授和学习有了诸多可能。

大家的一点共识是，语言能力是人类大脑功能的重要组成部分。一个正常的孩子不用接受正式教学，就能在父母等亲人的耳濡目染中自然而然地习得口头语言。因为语言是大脑的一种能力，我们在教学中就要高效率地唤醒、挖掘和运用这种能力进行创新和创造。就像专家们坚持

［1］刘润清.西方语言学流派［M］.北京：外语教学与研究出版社，2013：4.

［2］黄钟宝.为四化培养合格的外语人才：茅以升、张维、吴阶平、沈鸿四位老科学家畅谈中小学外语教学［J］.中小学外语教学，1981（1）：3-4.

认为的那样，正因为语言是大脑的一种能力，我们才能运用有限的语言手段创造出无限的语言行为。语言的创新创造规律有助于我们在课上课下的语言实践活动中学会创生和活用语言。

指导学生创新创造语言，一是要鼓励、激励学生大胆实践，不怕出错；二是要鼓励、激励学生做好语言形式训练，特别是模仿、替换、造句练习；三是要鼓励、激励学生活用英语自由地表达自己的思想，在语言运用中展示个性和智慧，享受快乐。

语言规律是实现英语高效教学的关键，研究、遵循和运用这些规律，语言教学就会有的放矢，少走弯路，提高效益和水平。[1]

［1］陈自鹏.研究英语语言规律，实现英语高效教学［J］.中小学课堂教学研究，2016（5）：10-15.

第二节　英语教学规律

毋庸讳言，不仅语言有自身的规律，语言教学也有其自身的规律。语言教学要尊重规律，研究规律，遵循规律，运用规律，只有这样，课堂教学才能实现高效率。

国内外教学理论专家和教学实践专家对语言教学规律的探究从未停止。虽然他们没有明确提出自己的研究就是规律探索，但是其研究已经接近规律探索。

国外有专家从习惯入手进行研究，指出高效能教师有以下九个习惯：独立思考，建立自信，正确处理压力，从容把握时间，构建和谐关系，有效的用心倾听，用行为制造影响，扩大影响力，深化影响力。[1]

国内有专家提出学好外语应该做到以下三点：一是必须掌握英语的语音、语法和词汇，二是必须重视实践，三是必须把语言和文化结合在一起学。[2]国内还有专家经过研究提出，影响外语学习的因素有三个：一是非智力因素；二是智力因素；三是教学因素，包括外语课程设置对外语学习的影响，外语教师素质对外语学习的影响，外语教学方法对外语学习的影响等。[3]也有专家从学习者的差异方面进行研究，提出造成差异的因素有以下几点：一是英语学习者的动机，二是英语学习者的焦虑，三是英语学习者的智力，四是英语学习者的潜能，五是英语学习者的学习风格，六是英语学习者的学习策略，七是英语学习者的性格，八是英语学习者的年龄。[4]

还有专家系统地建议，英语教学中应恪守五条客观原则并正确处理七种关系。五条原则包括以下内容：一是相信一切正常人都能学会第二

［1］特布尔.高效能教师的九个习惯［M］.北京：中国青年出版社，2011：9-10.

［2］胡文仲.胡文仲英语教育自选集［M］.北京：外语教学与研究出版社，2005：16-17.

［3］程可拉，邓研研，晋学军.中学英语新课程教学论［M］.广州：广东高等教育出版社，2007：120-132.

［4］贾冠杰.英语教学基础理论［M］.上海：上海外语教育出版社，2010：73-101.

286

语言；二是教师的英语水平要高；三是英语教师应尽量扩大自己的知识面；四是外语教师最好懂一点普通语言学和应用语言学理论；五是教师从事一定的科研活动会对教学有很好的推动作用。七种关系包括以下内容：一是听、说、读、写四种技能一起培养，不能截然分开；二是语言知识是语言能力的基础，以为强调语言能力就可以忽视语言知识的看法是不对的；三是在外语教学中，正确处理语言知识与学科知识的关系；四是正确处理教材与教法的关系；五是正确处理教学与考试的关系；六是正确处理准确与流利的关系；七是正确处理母语文化与目的语文化的关系。[1]

国内外专家的研究非常有价值，在此基础上，我们强调至少以下十个方面应是在英语高效教学中要认真研究并遵循的规律。

一、明确目的规律

毋庸讳言，英语教学是具有目的性的认知活动，目的性是教学的出发点和归宿。语言教学的目的决定着语言教学的方向，决定着语言教学知识和技能目标的达成，决定着语言教学应该达到的层级水平。

从教学目的方面考察，语言教学因人而异，因校而异，因阶段而异，因任务而异，呈现出不同的目的观，如知识观、技能观、智能观、交际观和素养观等。我们认为，知识观、技能观、智能观和交际观等都是教学目的规律的反映，但在教学中不能以偏概全。素养观是现代的教学目的观。

教学的预设是目的，教学的生成也是目的。教学过程、教学方法、教学模式和教学评价等都要围绕教学目的，特别是教学目标是否达成、达成到什么程度进行。从教学目的的设计到教学效果的评价构成了一个完整教学活动的起点和终点，是一个教学过程从开始到结束的标志。所以教学目的研究是教学活动的首要任务。

要带着目的教学，为实现目的组织教学，明确方向，抓住过程，改进方法，最终实现高效教学。

---

［1］ 刘润清. 刘润清英语教育自选集［M］. 北京：外语教学与研究出版社，2007：71-75.

二、重视实践规律

英语是一个实践性很强的学科，没有大量的听、说、读、写、译的实践，学生不可能学到语言知识和语言技能。

学习英语既要重视语言知识学习，更要重视语言实践。语言实践的缺失是造成目前英语教学效率不高、教学效果较差、教学效益低下的主要原因。因此，在教学中，教师应该着力加强语言实践。

俗语说，熟能生巧。学生进行语言实践的过程就是他们从知到能，从能到熟的过程。语言实践强调语言练习。语言练习要做到以下几点：在课堂教学中，教师要创造语言情境，给学生提供语言练习和实践的机会；教师要指导学生充分利用已有的语言环境和条件，如英语电视节目、英语广播节目、网络英语节目等创造听、说、读、写的机会；学生也应该为自己创设英语语言环境，并不失时机地进入英语语言环境，强化练习和实践，不断提升语言学习质量和水平。

学生的语言实践一要有教师的指导，以避免学习过程中走弯路；二要围绕教学目标开展练习，以提高学习的效率；三要多听本族语者说外语，多读原版或经改编简写的英语教材，真正学到地道的英语；四要与生活、工作、学习相联系，真正提高用英语做事的能力。

三、聚焦主体规律

语言学习是主体性的认识活动。束定芳在《外语教育往事谈·第二辑：外语名家与外语学习》中收录了孙骊教授的文章。文章说："事实上，好像还没有人是主要依靠课堂中教师的教学与课堂活动真正掌握了外语的……外语课的目的应当是传授必要知识的基础上，帮助学生学到运用外语的技能，而且要利用各种办法扩展他们的文化视野，发展他们求知的好奇心，使他们有兴趣走到课堂以外根据不同情况去运用所学语言技能。'师父领进门，修行在个人'的老话是很适合外语学习的。"[1]

在英语学习的过程中，学生的主体作用发挥得如何，直接决定着学生的学习质量和水平。学生只有亲自参与大量的听、说、读、写练习，

---

［1］束定芳. 外语教育往事谈·第二辑：外语名家与外语学习［M］. 上海：上海外语教育出版社，2005：118–119.

其语言知识才有增进，语言技能才能提升。

学习金字塔表明，在不同的教学模式中，由于学生主体参与度不同，其对知识的吸收率也是不同的。（见图6-1）

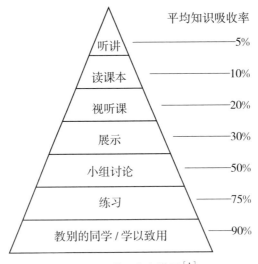

平均知识吸收率

听讲	5%
读课本	10%
视听课	20%
展示	30%
小组讨论	50%
练习	75%
教别的同学 / 学以致用	90%

图6-1　学习金字塔图[1]

学习金字塔图（图6-1）显示，知识的平均吸收率与学生主体作用发挥得如何大有关系。其中，学生只听讲课，知识吸收率为5%；只读课本，知识吸收率为10%；采取视听的方式，知识吸收率为20%；展示教学，知识吸收率为30%；小组讨论，知识吸收率为50%；学生练习，知识吸收率为75%；教别的同学或学以致用，知识吸收率为90%。只听讲课，学生主体参与度不高，知识吸收率最低。教别的同学或者学以致用，学生主体参与度最高，知识吸收率也最高。

学习金字塔图告诉我们，语言教学过程中教师要发挥主导作用，更重要的是学生要发挥主体作用。学生的主体作用主要体现在学生在学习过程中是否做到了多练习，多活动，多思考，多概括，多归纳，多总结，多提炼。

四、因材施教规律

人们常说，理想的教育是面向全体，而有效的教育是因材施教。因

[1]　麦克唐纳，赫什曼. 如何打造高效能课堂［M］. 车蕾，龚锐，译. 北京：中国青年出版社，2011：150.

材施教是高效教学的铁律。因材施教的提出可以追溯到先圣孔子，这一理念可谓源远流长，但大家清楚，在我们的课堂教学中，因材施教是个难题。难在哪里？主要还是"因什么材"搞不太清楚，造成施教无的放矢，效果不佳。

如何做到因材施教？首先要了解差异。差异就是知识基础差异、成长背景差异、智力水平差异、非智力水平差异和认知方式差异等。比如，每个人的认知方式都有自己的偏爱，这就是差异。此外，从神经学上来说，教师在设计主要教学技能时，也必须对不同的脑半球学习风格给予考虑，并相应地进行调整。左、右脑偏爱型学习者有不同的学习风格（见表6-3）。

表6-3　L/R模式学习风格[1]

具有左脑模式优势学习风格的个体	具有右脑模式优势学习风格的个体
（1）不愿自发地谈话，谈话中极少主动	（1）更愿意也能够参与谈话，讨论中通常较主动
（2）能较好地控制词汇，但在创造性地用词方面整体能力较差	（2）表现出更丰富多变的使用词汇的能力
（3）喜欢慎重对待自己讲话的得体性	（3）更喜欢使用语法形式，甚至在没有掌握之前就开始使用
（4）认识到单个的发音（善于拼写和发音）	（4）主要认识到整句话
（5）不大能够提炼出新颖的口语材料中的内在含义	（5）对新颖的口语输入有较强的理解力
（6）音调模式往往单调	（6）音调模式往往更加生动活泼
（7）更能记忆抽象的语法概念	（7）更倾向于记忆意义而不是个别语法概念
（8）不善于使用体态语	（8）善于使用体态语

蒋祖康指出，学习风格在本质上不存在好坏之分，不应该将学习风格分为对立的两极，每个人都有自己的学习风格，也有自己学习风格上的长处和局限性。学习风格上的差异往往是"度"的差异。因此，学习风格研究的目的不应该是为了寻找有利于语言学习的学习风格，然后加

[1] 贾冠杰.英语教学基础理论［M］.上海：上海外语教育出版社，2010：90.

以推广。学习风格研究的主要目的是对语言教学提出具有指导意义的研究结论，让学习者了解自己学习风格的长处和局限性，根据学习需要恰当地调整，并培养和丰富自己的学习风格以适应不同的学习任务。

我们认为，英语教学要做到因材施教，达到高效，至少有以下几个要素需要明确：（1）基础。学生的学习基础千差万别，了解差异，才能做到方法对头，对症下药。（2）任务。每个学校、每个学段、每个年级、每堂课都有不同的教学任务，要根据不同任务设计出最合理、最科学、最有效的方案。（3）内容。教材是教学内容的集合。教学内容决定着采用什么样的教学手段和组织方式高效进行教学。（4）条件。师资和设备设施是教学不可或缺的条件。要合理利用现有条件，使得师资发挥最好水平，设备设施得到最合理的配置和使用。（5）情势。学生兴趣、学习风格、课堂气氛等都是教学必须要考虑的重要因素。教师要根据不同的学情，因势利导，调节气氛，使得学生能够情绪高涨，乐学、肯学、会学。

五、教育为先规律

德国教育家赫尔巴特曾经说过："我不相信有什么没有教育性的教学。"任何教学都有教育性，英语教学也不例外。

英语作为一门外国语，具有两个方面的属性：一是自然属性，强调知识和技能；二是社会属性，强调素养形成。这两种属性使得英语教学具有工具性和人文性的特点。一方面，通过英语教学，要使学生掌握语音、词汇、语法知识，培养听、说、读、写的技能。另一方面，要通过英语教学，使学生开阔视野，了解世界文化，培养思维能力，提高核心素养。为此，在学习过程中要强化学生的学习意志，培养他们的兴趣爱好等。

学习意志对学生的学习效果有重要影响，学生的学习兴趣的培养在英语学习中占有特别重要的位置。

赵世开在回忆自己初学外语的情景时说："70年前，我刚开始接触英语。那是在上海念小学，同学中传诵着 'one，two，three，four，来叫come 去叫 go，24 叫 twenty-four' 的顺口溜。"[1]他发现在现实生活中语言

---

[1] 束定芳.外语教育往事谈·第二辑：外语名家与外语学习［M］.上海：上海外语教育出版社，2005：39.

具有实用性。英语的实用性让他对英语开始感兴趣。

因为对英语有了兴趣，喜欢英语并努力学习英语，最后又学好英语的人，比比皆是。教学中不能缺了兴趣培养这一课。英语教学中的教育优先可以保障学生英语学习的动机和动力始终如一，可以保障学生的发展全面、协调、可持续。

六、重视虚拟规律

中国的英语语言教学通常是在非自然、非真实的环境中进行，语言知识的学习，语言技能的掌握即听、说、读、写能力的训练和培养是在虚拟环境中完成的，因此语言教学具有虚拟性。虚拟性使得语言教学有比较大的主动性、自主性和灵活性。

教学的主动性是指我们在语言教与学的过程中可以发挥师生的主观能动性，主动地试误、矫正、探索、创新，获得语言知识和语言技能。教学的自主性是指在语言教学过程中师生都可以根据语言教学的目标自主地选择语言材料、教学方法和教学模式以提升教学效率，改进教学效果。教学的灵活性是指在语言教学过程中师生可以根据教学任务和教学环境的变化灵活地运用教学策略、教学手段和教学机制以发展和培养语言综合运用能力。

虚拟练习或交际是外语教学中一个必不可少的阶段，也是外语学习一个重要的特点。忽略了这个阶段，或者在这个阶段没有打牢知识基础和技能基础，学生的学习效果就会大受影响，学生的语言发展能力也会大打折扣。虚拟练习或交际是真实交际的基础。没有虚拟交际，即没有知识和技能的学习，真实交际也不可能实现。

七、真实交际规律

英语是活的语言，因而交际是真实存在的。真实存在的语言要教得真实：一是语言知识要真实，要帮助和指导学生掌握真实的语音、词汇、语法知识，做到学用一致，避免学用两张皮；二是语言技能培养要真实，要充分考虑在真实的语言情境中如何运用语言。

保证语言教学的真实性要求师生在任务教学的模式中学习语言。教学中要给学生布置一定的任务，让学生用语言沟通、做事、分析问题、解决问题。沟通、做事、分析问题、解决问题的这个过程也是语言知识和语言技能提高的过程，更是真实语言能力发展的过程。李观仪教授的回忆正好印证了这一点："我是小学三年级开始学英语的。从三年级到六年级都有英语课。我上的是一所普通小学。已记不起所用英语课本的编者姓名、书名和出版社名称了。那是当时（20世纪30年代）多数普通学校所使用的课本。从初中一年级到初中三年级又继续学了三年英语。初中一、二年级用的是一般学校使用的课本，初中三年级我认得是用一本英文原著，名为 *New China*。这七年的英语课堂教学应该说是完全的语法翻译法：教师教生词，教课文，用汉语讲解课文，用汉语分析语法。没有会话之类的口语练习，有时老师用英语问问课文内容。记得我读初中时有这么一回事：有一熟人建议我到原霞飞路（现淮海中路）上俄罗斯人开的面包房去买面包时用英语和店员对话。这么一件简单的差事，对我这个已学过六七年英语的中学生来说，还真是无法完成的任务，因为我没有学过到店铺买东西的英语，终究未能交差。"[1]

这样的现象大多是因为在一些课堂教学中"为交际"的思想未能较好实现。"为交际"是语言教学的主要目的之一。"为交际"要求教学目标的制订、教学环境的设定、教学过程的确定、教学方法的选定和教学效果的评价等都应该是真实有效的，这也是保证教学效率和效果的关键所在。

八、利用习得规律

语言学习既有习得也有学得。乔姆斯基（Noam Chomsky）认为，人的大脑中有一种适于人类学习语言的内部习得机制（Language Acquisition Device，简称 LAD）。我国学者也有类似主张，夏谷鸣于2000年曾撰文说："今年四月，我曾教过的一个学生带着她三岁的孩子来看望我。她的孩子是中英混血儿，现在一家人定居以色列。令我惊讶的是这孩子能讲四种语言。她用汉语和母亲交谈，用英语同父亲交流，

---

[1] 束定芳. 外语教育往事谈·第二辑：外语名家与外语学习［M］. 上海：上海外语教育出版社，2005：278-279.

用希伯来语与她的以色列小伙伴交往，用俄语跟周围邻居沟通（她们的邻居大多数是俄罗斯犹太移民）。这件事一直萦绕在我的脑海里。近日，结合语言习得理论细想此事，并对目前外语教学做了一点反思，略有心得：第一，儿童习得语言有得天独厚的内部因素，即语言习得机制；第二，儿童所习得的内容往往是他们自己所能理解的；第三，他们具有为生存而习得语言的强烈动机。"[1]

语言习得要注意利用年龄优势和语言环境优势。徐烈炯撰文说："当代的心理学家告诉我们：婴儿学母语就像学走路，基本上是一种生理现象。不论学习环境好不好，儿童都能在两三年内学会母语。一旦过了适当年龄（Optimal Age）就较难彻底学会一种语言……我们在重音、结构和理解方面的语感和英美人是有差距的，语言应用方面也有差距。我在香港的大学里工作近十年，整天用英语教课、演说、发表学术论文、主持会议、撰写公文，书面语言还能应付，口语听说方面却始终有很大局限性……听电视中 Jay Leno 或 David Letterman 讲笑话时，好多话我都听不懂，当然除语言之外还有文化背景知识方面的问题。我有个女儿，十几岁去美国，她每晚要听 Jay Leno 的节目，每句话都听得懂，边听边笑。她说英语时一般人不容易察觉她不是美国人，这是习得和学得的不同。"[2]

习得是在自然的语言环境中发生的，对于语言教学有着重要意义：一是通过耳濡目染进行学习，无意注意占据主要地位，学习省时省力；二是在自然语境中学习，学习的语言真实地道。

利用习得条件学习英语，教学中要做到以下三点：一是积极创设真实的语言环境，提供语言习得的条件，使得无意注意、无意学习成为可能；二是充分利用有利的语言环境，运用语言习得机制，提高语言学习的效率；三是强化学习动机，使学习动力更为强劲，学习兴趣更为浓厚。

［1］ 夏谷鸣. 母语习得与外语教学——从一个案反思外语教学［J］. 中小学外语教学，2000（10）：9.

［2］ 束定芳. 外语教育往事谈·第二辑：外语名家与外语学习［M］. 上海：上海外语教育出版社，2005：246-247.

九、强调学得规律

英语教学不仅要重视习得，更要强调学得。学得是在非自然的语言环境中获得语言知识和语言技能的过程。进一步学习习得的语言也主要靠学得，特别是书面语的学习主要靠学得，强调要经过艰苦的努力。

我们知道，斯金纳（B. F. Skinner）等行为主义理论者认为，语言学习是习惯形成的过程，强调刺激—反应，强调语言学习过程中应经历模仿—强化—成形等几个阶段。显然，行为主义理论是赞成学得的。

如上所述，习得省时、省力、自然，但是有专家认为习得论是有条件限制的，或是有阶段性的，所以必须重视学得。黄国斌认为，在母语习得过程中，孩子从降生到能说"妈""（吃）奶""门门（出门玩儿）"等非常简单的话大约需要将近一年的时间。之后，孩子才会说大量的生活用语。这表明，孩子经过近一年的听的输入和积累，具备了向说的质的飞跃的基础，包括口腔运动的生理技能基本成熟。这个过程就是习得的过程。孩子到两三岁时，什么话都会说了，很多话连大人听了都惊讶。这表明，孩子的母语（听说）习得大约只需两三年的时间。这个事实也说明，听说训练需要一个相对集中的时间进行，没必要小学、中学、大学十几年时间不停地练。但是，这里所说的母语习得从听说的内容和范围来看，只是日常生活方面的，扩大到日常生活语言之外就听不懂、说不出了。这说明，成人以后，每个人都是社会人、科学人、政治人、职业人，而小孩子的母语习得则属于自然人。可见，母语习得只是指自然人。社会人、政治人、职业人的听说大都不能靠母语环境来习得，文字语言要靠后天学得。母语习得仅仅是指口语听说的习得，指有声语言的习得；文字语言则要靠学得，而不是靠习得。[1]

学得在语言学习特别是外语学习中十分重要。在外语教学中我们应该注意以下几点：一是文字语言要注意学得，要多写，多记，多练习，只靠习得是掌握不好文字语言的；二是在学习的过程中要强化毅力，要克服学习中的困难，克服"高原现象"，不断获取新的突破；三是认真总结学得的经验，认真梳理学得的方法，不断改进学得的方式，不断提高

［1］宁新.黄国斌对"母语习得论"提出质疑［N］.英语周报，2007-4-11（2）.

学得的效率，不断提升学得的水平。

十、顺应综合规律

语言教学有不同的教学路子或教学模式，究竟哪种教学路子或教学模式更为高效，目前还没有定论，但功能与结构相结合即综合的教学路子或教学模式是英语教学发展的必然结果，也是世界外语教学发展的新趋势。人民教育出版社张志公和刘道义等人创立的华氏结构功能法是综合法一个很好的范例。

功能与结构相结合是一种综合，一种折中，是实证主义与理性主义相结合的产物。我们知道，实证主义与理性主义的对立在英语教学中表现为功能与结构的相左。功能与结构两种对立观又表现在处理五种重大关系的截然不同的主张上。章兼中认为，一是言语和语言的关系，是强调言语实践即听、说、读、写交际和能力的培养，还是强调语言理论、语音、词汇、语法知识的传授；二是口语和文字的关系，是以口语为外语教学的基础，还是以文字材料为外语教学的基础；三是外语和母语的关系，外语教学过程中是用外语教外语甚至完全排斥母语，还是依靠母语来教外语；四是整体和局部的关系，外语教学是以单词为教学的基本单位还是以句子和语段为教学的基本单位；五是掌握运用外语和发展智力的关系，外语教学是强调掌握外语还是强调发展学生的智力。[1]

我们分析，两种主张各有道理，又各有偏颇。英语或外语教学不仅要传授知识，更要发展能力，发展智力。知识、能力和智力三位一体，缺一不可,综合语言运用能力的培养和语言素养的形成也有赖于此。因此，在我国，结构与功能或功能与结构的融合在 20 世纪 80 年代已经开始并渐成趋势，目前这种趋势逐步增强，已反映在课程和教材特别是中小学英语教学法中。21 世纪，结构与功能相结合的教学路子将会更加科学和完善，这是两种教学主张或教学流派相互借鉴相互融合的必然结果，也是两种教学主张或教学流派相互综合、相互折中的结果。我们的英语课堂教学要研究这一趋势，顺应这一规律。

---

[1] 章兼中. 外语教学法的发展趋势 [J]. 中小学英语教学与研究，1983（3）：20.

总之，我们在教学过程中需要重视英语教学的目的性、实践性、主体性、适切性、教育性、虚拟性、真实性、习得性、学得性和综合性。只要我们遵循并运用英语教学规律，优化教学过程，就能够打造出高效英语课堂。[1]

---

　　[1]　陈自鹏．运用语言教学规律，打造高效英语课堂［J］．中小学课堂教学研究，2016（2）：15-17．

参考文献

（一）专著文集

［1］BROPHY J，GOOD T. Teacher behavior and student achievement［M］//WITTROCK M C. Handbook of research on teaching. 3rd Ed. New York：McMillan，1986.

［2］CHICKERING A W，GAMSON Z F. Seven principals for good practice in undergraduate education［M］. Racine，WI：The Johnson Foundation Inc，1987.

［3］CANNON G. A history of English language［M］. New York：Harcourt Brace Jovanovich，Inc.，1972.

［4］DALTON S S. Five standards for effective teaching：how to succeed with all learners，grades K-8［M］. San Francisco，CA：Jossey-Bass Publishers，2008.

［5］HATCH E M. Discourse and language education［M］. Cambridge：Cambridge University Press，1992.

［6］REID J M. Learning styles in the ESL/EFL classroom［M］. Boston：Heinle & Heinle Publishers，1995.

［7］RICHARDS J C. Teaching listening and speaking：from theory to practice［M］. New York：Cambridge University Press，2008.

［8］麦克唐纳，赫什曼. 如何打造高效能课堂［M］. 车蕾，龚锐，译. 北京：中国青年出版社，2011.

［9］布莱森. 英语简史［M］. 北京：中国人民大学出版社，2013.

［10］巴班斯基，波塔什尼克. 教学活动最优化问答［M］. 李玉兰，译. 北京：北京师范大学出版社，1988.

［11］薄冰，赵德鑫，等. 英语语法手册（修订版）［M］. 北京：商务印书馆，1978.

［12］陈爱勤．英语口语发音技巧理论与实践［M］．成都：西南交通大学出版社，2012．

［13］陈自鹏．老师帮你记单词［M］．北京：中国文史出版社，2003．

［14］陈自鹏．高考英语作文六步法及训练［M］．北京：人民日报出版社，2004．

［15］陈自鹏．我做管理——从班主任到教委主任［M］．北京：线装书局，2010．

［16］陈自鹏．中国中小学英语课程教材教法百年变革研究［M］．北京：光明日报出版社，2012．

［17］陈自鹏．教师幸福追求之道［M］．北京：人民教育出版社，2017．

［18］程可拉，邓妍妍，晋学军．中学英语新课程教学论［M］．广州：广东高等教育出版社，2007．

［19］程晓堂．任务型语言教学［M］．北京：高等教育出版社，2004．

［20］程晓堂，郑敏．英语学习策略［M］．北京：外语教学与研究出版社，2002．

［21］费舍，弗雷．带着目的教与学［M］．刘白玉，包芳，潘海会，译．北京：中国青年出版社，2004．

［22］冯克诚，西尔枭．实用课堂教学模式与方法改革全书［M］．北京：中央编译出版社，1994．

［23］胡庆芳．优化课堂教学：方法与实践［M］．北京：中国人民大学出版社，2014．

［24］胡庆芳等．精彩课堂的预设与组成［M］．北京：教育科学出版社，2007．

［25］胡文仲．胡文仲英语教学自选集［M］．北京：外语教学与研究出版社，2005．

［26］顾明远．教育大辞典（上）［M］．上海：上海教育出版社，1998．

［27］季羡林，等．外语教育往事谈——教授们的回忆［M］．上海：上海外语教育出版社，1988．

［28］贾冠杰．英语教学基础理论［M］．上海：上海外语教育出版社，2010．

［29］特布尔．高效能教师的九个习惯［M］．北京：中国青年出版社，2011．

［30］李庭芗．英语教学法［M］．北京：高等教育出版社，1983．

［31］林崇德．教育的智慧：写给中小学教师［M］．北京：开明出版社，1999．

［32］刘道义．英语教育自选集［M］．北京：外语教学与研究出版社，2007．

［33］刘龙根，苗瑞琴．外语听力理论与实践［M］．北京：外语教学与研究出版社，2011．

［34］刘润清．刘润清英语教育自选集［M］．北京：外语教学与研究出版社，2007．

［35］刘润清．西方语言学流派［M］．北京：外语教学与研究出版社，2013．

［36］柳斌．柳斌谈素质教育［M］．北京：北京师范大学出版社，1999．

［37］鲁子问．中小学英语阅读教学理论与实践［M］．北京：中国电力出版社，2005．

［38］鲁子问．英语教学论［M］．2版．上海：华东师范大学出版社，2010．

［39］马承，兰素珍．马录：三位一体英语教学法［M］．北京：首都师范大学出版社，2011．

［40］潘洪建．有效学习的策略与指导［M］．北京：北京师范大学出版社，2013．

［41］舒白梅，陈佑林．外语教学法自学辅导［M］．北京：高等教育出版社，1999．

［42］束定芳．外语教育往事谈·第二辑：外语名家与外语学习［M］．

上海：上海外语教育出版社，2005.

〔43〕宋洁,康艳.英语阅读教学法〔M〕.北京:首都师范大学出版社,
2015.

〔44〕汤颖,GRIFFITHS C.高效英语学习秘诀〔M〕.南昌：江西教育出版社,2014.

〔45〕王笃勤.英语教学策略论〔M〕.北京:外语教学与研究出版社,
2002.

〔46〕王义智.实用教学艺术〔M〕.天津：天津科学技术出版社,
1995.

〔47〕武和平,武海霞.外语教学方法与流派〔M〕.北京：外语教学与研究出版社,2014.

〔48〕阎承利.教学最优化通论〔M〕.北京：教育科学出版社,
1992.

〔49〕杨金梅,等.教育评价理论、技术与实践〔M〕.北京:海洋出版社,1997.

〔50〕章兼中.英语十字教学法〔M〕.福州：福建教育出版社,
2016.

〔51〕张正东,黄泰铨.英语教学法双语课程〔M〕.北京:科学出版社,
1999.

〔52〕张正东.中国外语教学法理论与流派〔M〕.北京:科学出版社,
2000.

〔53〕张志远.儿童英语教学法〔M〕.北京:外语教学与研究出版社,
2002.

〔54〕张志远.英语课堂教学模式〔M〕.北京：中国物资出版社,
2010.

〔55〕甄德山,王学兰.教学成效相关研究〔M〕.天津：天津人民出版社,1997.

〔56〕周道凤,顾小燕,马友.当代英语写作教学理论与实践探究〔M〕.北京：中国书籍出版社,2014.

〔57〕周流溪.中国中学英语教育百科全书〔M〕.沈阳：东北大学

出版社，1995.

［58］朱晓燕.英语课堂教学策略——如何有效选择和运用［M］.上海：上海外语教育出版社，2011.

［59］左焕琪.外语教育展望［M］.上海：华东师范大学出版社，2002.

（二）报刊

［1］FELDMAN K A. Effective college teaching from students' and faculty's view：matched or mismatched priorities［J］. Research in Higher Education，1988，28（4）：291-344.

［2］FEYTEN C. The power of listening ability：an overlooked dimension in language acquisition［J］. The Modern Language Journal，1991，75（2）：173-180.

［3］GRAHAM S. Listening comprehension：the learner's perspective［J］. System，2006，34（2）：165-182.

［4］GRIFFITHS C. Patterns of language learning strategy use［J］. System，2003，31（3）：367-383.

［5］POLK J. Traits of effective teachers［J］. Arts Education Policy Review，2006，107（4）：23-29.

［6］VANDERGRIFT L. Recent developments in second and foreign language listening comprehension research［J］. Language Teaching，2007，40（3）：191-210.

［7］YOUNG S，SHAW D G. Profiles of effective college and university teachers［J］. The Journal of Higher Education，1999，70（6）：670-686.

［8］包天仁.英语"四位一体"课堂教学方法在高中英语教学中的应用［J］.基础教育外语教学研究，2012（4）：23-26.

［9］曹甘.问题与对策：高中英语高效教学探究［J］.天津教育，2014（7）：49-51.

［10］陈琳.颂"学生发展核心素养体系"［J］.英语学习（教师版），2016（1）：5-6.

［11］陈萍．探究高中英语高效教学的几个方法［J］．中学教学参考，2014（18）：48．

［12］陈自鹏．谈英语学习中的语境与入境［J］．天津教育，1995（4）：44-46．

［13］陈自鹏．英语词汇记忆方法四十种［J］．天津教育，1996（1）：45-48．

［14］陈自鹏．运用语言教学规律，打造英语高效课堂［J］．中小学课堂教学研究，2016（2）：15-17．

［15］陈自鹏．研究英语语言规律，实现英语高效教学［J］．中小学课堂教学研究，2016（10）：10-15．

［16］程红，张天宝．论教学的有效性及其提高策略［J］．中国教育学刊，1998（5）：37-39．

［17］崔允漷．有效教学：理念与策略（上）［J］．人民教育，2001（6）：46-48．

［18］冯丽玲，刘辉．新课程理念下的初中英语听说课教学探究［J］．中小学外语教学，2014（6）：8-13．

［19］郭志明．中学英语教师高效教学行为归因研究——教育信念的分析视角［J］．齐鲁师范学院学报，2011（2）：134-140．

［20］郝乐心．初中英语六步循序教学的尝试［J］．湖南教育研究，1992（3）：32-34．

［21］黄远振，兰春寿．初中英语深层阅读教学模式研究［J］．中小学外语教学，2015（2）：11-15．

［22］黄钟宝．为四化培养合格的外语人才：茅以升、张淮、吴阶平、沈鸿四位老科学家畅谈中小学外语教学［J］．中小学外语教学，1981（1）：3-4．

［23］金敏子．阅读课中的词汇教学模式初探［J］．中小学外语教学（中学篇），2011（5）：23-27．

［24］李庭芗．英语教学中的教、学、用［J］．中小学外语教学，1989（11）：1-3．

［25］刘道义．启智性英语教学之研究［J］．课程·教材·教法，2015

（1）：80-90.

［26］龙艳春．高中英语阅读课堂有效教学的尝试［J］．中小学外语教学，2013（1）：41-46.

［27］宁新．黄国斌对"母语习得论"提出质疑［N］．英语周报，2007-4-11（2）.

［28］盛群力．高效教学的首要原理［J］．新课程（综合版），2009（1）：1.

［29］宋秋前．有效教学的含义和特征［J］．教育发展研究，2007（1）：39-42.

［30］王淑仪．任务式教学法（下）——任务式教学法之活用［J］敦煌电子杂志，2006（5）：29.

［31］王武军．翻译法［J］．中小学英语教学与研究，1982（1）：24-26.

［32］王武军．认知法［J］．中小学英语教学与研究，1983（1）：22-26.

［33］夏谷鸣．母语习得与外语教学——从一个案反思外语教学［J］．中小学外语教学，2000（10）：9.

［34］杨勇．有效教学与有效学习的方法和路径［J］．课程·教材·教法，2014（3）：20-25.

［35］易立．"三案六环节"教学模式的实践［J］．中小学外语教学，2010（7）：39-44.

［36］俞约法．直接法简介［J］．中小学英语教学与研究，1982,（2）：24-40.

［37］张金初．"观察—发现—讨论—归纳—巩固—应用"语法教学模式初探［J］．中小学外语教学，2010（6）：18-22.

［38］张亚星，胡咏梅．国外有效教学研究回顾及启示［J］．课程·教材·教法，2014（12）：109-114.

［39］章兼中．功能法［J］．中小学英语教学与研究，1983（2）：29-33.

［40］章兼中．外语教学法的发展趋势［J］．中小学英语教学与研究，

1983（3）：20.

　　［41］郑刚.中国教育方针的百年变迁历程［J］.教育探索,2005（9）：37-38.

　　［42］左焕琪,李谷城,杨子健.英语测试的类型和流派［J］.中小学英语教学与研究，1984（1）：39-41.

　　［43］郑一丹.三位一体教学法为学英语快速奠基［N］.中国教育报，2007-8-24.

　　（三）课程标准

　　［1］课程教材研究所.20世纪中国中小学课程标准·教学大纲汇编：外国语卷（英语）［G］.北京：人民教育出版社，2001.

　　［2］中华人民共和国教育部.全日制义务教育普通高级中学英语课程标准（实验稿）［S］.北京：北京师范大学出版社，2001.

　　［3］中华人民共和国教育部.义务教育英语课程标准（2011年版）［S］.北京：北京师范大学出版社，2011.

　　［4］中华人民共和国教育部.普通高中英语课程标准［S］.北京：人民教育出版社，2017.

　　［5］中华人民共和国教育部.义务教育英语课程标准（2022年版）［S］.北京：北京师范大学出版社，2022.

　　（四）英语教材

　　［1］JACQUES C,刘道义.全日制普通高级中学教科书（试验修订本·必修）英语第一册（上）［M］.北京：人民教育出版社，2000.

　　［2］陈琳,GREENALL S.英语（新标准）：第五册［M］.北京：外语教学与研究出版社，2008.

　　［3］陈琳,GREENALL S.英语（新标准）：第一册［M］.北京：外语教学与研究出版社，2008.

　　［4］陈琳,GREENALL S.义务教育课程标准实验教学用书·英语·初中三年级上册［M］.北京：外语教学与研究出版社，2008.

　　［5］陈琳,GREENALL S.义务教育课程标准实验教学用书·英语·初中三年级下册［M］.北京：外语教学与研究出版社，2007.

　　［6］郝建平,李静纯,DODDS C.义务教育课程标准实验教科书

英语（新版）教师教学用书四年级下册［M］.北京：人民教育出版社，2003.

　　［7］郝建平，李静纯，DODDS C.义务教育课程标准实验教科书英语（新版）四年级下册［M］.北京：人民教育出版社，2003.

　　［8］唐钧，刘道义，王美芳.初级中学课本英语：第1册［M］北京：人民教育出版社，1982.

　　［9］文幼章.直接法英语读本：第3册（第二编）［M］.上海：中华书局，1932.

　　［10］伍光建.帝国英文读本卷二［M］.上海：商务印书馆，1906.

　　［11］亚历山大，何其莘.新概念英语［M］.北京：外语教学与研究出版社，1997.

图书在版编目（ＣＩＰ）数据

英语高效教学论 / 陈自鹏著.—南宁：广西教育
出版社，2018.12（2023.1重印）
（中国外语教育研究丛书 / 刘道义主编）
ISBN 978-7-5435-8615-4

Ⅰ．①英… Ⅱ．①陈… Ⅲ．①英语—教学研究 Ⅳ.
①H319.3

中国版本图书馆CIP数据核字(2018)第286991号

策　　划　黄力平　　　　　　　装帧设计　刘相文
组稿编辑　邓　霞　黄力平　　　责任技编　蒋　媛
责任编辑　陶春艳　潘　安　　　责任校对　石　刚
　　　　　　　　　　　　　　　封面题字　李　雁

出 版 人：石立民
出版发行：广西教育出版社
地　　址：广西南宁市鲤湾路8号　　邮政编码：530022
电　　话：0771-5865797
本社网址：http://www.gxeph.com
电子信箱：gxeph@vip.163.com
印　　刷：广西桂川民族印刷有限公司
开　　本：787mm×1092mm　1/16
印　　张：20.5
字　　数：308千字
版　　次：2018年12月第1版
印　　次：2023年1月第3次印刷
书　　号：ISBN 978-7-5435-8615-4
定　　价：48.00元

如发现印装质量问题，影响阅读，请与出版社联系调换。